Heraldos del Pachakuti

Heraldos del Pachakuti
La pentalogía de Manuel Scorza

Adriana Churampi Ramírez

CONSEJO EDITORIAL

Luisa Campuzano
Adriana Churampi Ramírez
Stephanie Decante
Gabriel Giorgi
Gustavo Guerrero

Francisco Morán
Waldo Pérez Cino
José Ramón Ruisánchez
Nanne Timmer

© Adriana Churampi Ramírez, 2014
© de esta edición: Almenara, 2014

www.almenarapress.com
info@almenarapress.com

ISBN 978-90-822404-3-6

All rights reserved. Without limiting the rights under copyright reserved above, no part of this book may be reproduced, stored in or introduced into a retrieval system, or transmitted, in any form or by any means (electronic, mechanical, photocopying, recording or otherwise) without the written permission of both the copyright owner and the author of the book.

Índice

Prefacio 9
Introducción 15

I. El relato histórico y las movilizaciones campesinas 25
    La situación socioeconómica 26
    El escenario político 29
    El malestar campesino 31
    La Convención (Cuzco), centro emisor de inquietud 35
    Los sindicatos campesinos 41

II. El enfrentamiento con la historia oficial 53
    La historia de la Historia 53
    La Amnesia se vuelve relato épico 75
    Otra narración del pasado: la historia como instrumento de cambio ... 79
    La superación del esquema tradicional 82

III. Los símbolos patrios 87
    El largo camino de los símbolos 88
    Bandera, himno y uniforme en la pentalogía 95
    Los ensayos de la recreación simbólica 102
    Los signos anunciadores 108
    Enfrentamiento final: Wifala y Bandera 110

IV. *Redoble por Rancas*: Héctor Chacón, El Nictálope 115
    Héctor Chacón, el airado 115
    El enigma de la nictalopía de Chacón 122
    La misión del Nictálope 129

El Nictálope, un solitario 134
El destino del Nictálope..137

v. Garabombo el invisible... 145
¿Cuál invisibilidad? 145
El caso de Garabombo 147
Y ahora es invisible…..148
Cómo es *vista* la invisibilidad 153
La invisibilidad revelada..154
Misión Invisible 157
La inconcebible osadía del Invisible..162
La invisibilidad, arma del poder 166
Los (post)modernos invisibles...173

vi. Raymundo Herrera, el Jinete Insomne
Herrera, su insomnio y otras peculiaridades................................177
La inusual longevidad de Herrera...182
La raza de insomnes 189
¿Es subversivo el insomnio? 193
Leyendo la historia escrita en la tierra..197

vii. *La tumba del relámpago*: la tumba de la epopeya 203
Genaro Ledesma, el abogado trujillano 204
Raymundo Villena, el intérprete de ponchos............................... 205
El relámpago que ilumina la historia campesina..........................211
Un prematuro epitafio 224

viii. El lugar de las comunidades 227

Bibliografía 239

A Evien y Alice, mi entrañable *dream team*, por todo.

A quienes me ayudaron a reencontrar los sueños, uno de los cuales nutre este libro.

Al Lilo y a la Gra, siempre.

Prefacio

La pentalogía de Manuel Scorza sintetiza una hazaña: convertir en epopeya las luchas de las comunidades campesinas de Cerro de Pasco (1960 a 1962), un tema que se mantiene tercamente vigente hasta nuestros días. Hoy por hoy comunidades de otros rumbos retoman enérgicamente el simbolismo de sus héroes, pero la trayectoria ha sido accidentada al extremo de desdibujar, por momentos, la frontera entre lo real y lo ficticio. Manuel Scorza, el escritor, continúa sin embargo relegado a las brumas del olvido, víctima de lo que en su momento alguien denominara «la conjura del silencio» (Orrillo 1975: 14).

A la luz del presente resulta especialmente interesante retomar el diálogo entre la novela y la realidad, sobre todo en la medida en que ese mundo indígena, cuya memoria de represiones, luchas y heroísmos Scorza intentó preservar, se yergue enarbolando un discurso que ya no consigue ser postergado. Fue en este contexto que la referencia en una proclama del Movimiento Indígena Ecuatoriano (1999) a Garabombo el Invisible y las alusiones al mismo en artículos sobre *la guerra del agua* en Bolivia (2000) me hicieron regresar al autor de las hazañas de este personaje, a Scorza. En sus novelas no sólo aparecía un germen de la dirección que tomaron algunas de las más importantes propuestas reivindicatorias de los movimientos indígenas a finales del milenio, sino que la pentalogía se revelaba además como una osada fuente de ensayos visionarios en la comprensión de las comunidades indígenas. Describir esa mirada –un intento pionero de acercamiento, no exento de crítica, al mundo andino– anima este libro.

Scorza requiere un lector esforzado, atrevido y dispuesto, no simplemente a presenciar la casi inhumana condición del *otro*, sino sobre todo a identificar en sí mismo aquello que limita su *entendimiento* con ese extraño. Esa disposición a identificar en el propio razonamiento las raíces de un discurso marginante es el punto de partida para renovar la actitud y *mirar* con ojos diferentes a ese otro que muchas veces no es más que la negada y postergada parte de uno mismo. Esta tarea resulta aun más complicada para quienes no sólo son espectadores sino también actores de este drama enajenante, los peruanos. Pero tal vez sea allí, en esa dificultad, donde comience el acercamiento a la esquiva y compleja noción del *nosotros*.

Las páginas que siguen recorren una línea similar a la que el propio Scorza asumió en su aproximación al tema andino. La interrelación de elementos ficticios y reales –como se observa en las novelas– también se encuentra presente en esta lectura. He recurrido, a manera de instrumentos de trabajo, al uso de determinadas propuestas provenientes de diversas corrientes. Una de las estrategias de trabajo fue el diálogo entre textos literarios y aquellos considerados no literarios. La intención, por supuesto, ha sido mantenerse lo más cerca posible de la fuente literaria, la saga scorciana. Ahora bien, para ello se ha seguido una lectura paralela con aquellos textos no ficcionales que constituyen los medios por los cuales la colectividad accede a las nociones de Historia y a los símbolos de la patria. Así, por ejemplo, se trabaja aquí también con textos escolares tradicionales de Historia y de Educación Cívica de Educación Primaria, con calendarios cívicos y manuales de edición popular y con los programas curriculares, emitidos por el Ministerio de Educación, que determinan el contenido de los primeros cursos escolares de Historia. Por otra parte, si efectivamente la pentalogía scorciana podía ser considerada como una propuesta de contribución a la discusión sobre la presencia campesina en el devenir nacional, el mejor escenario donde se podría comprobar sus efectos sería en los diarios de circulación nacional, reflejo directo de las inquietudes al momento de aparición de las novelas. Delimitando ese material se ha dado preferencia a la consulta de los suplementos culturales de los principales diarios de circulación nacional: *El Comercio, La Crónica, La Prensa, Expreso, Ojo* y *El Correo*[1]. El diálogo, la interrelación –que casi se convierte en mutua invasión–, esa ruptura de fronteras entre realidad y ficción fue el aspecto destacado de manera mayoritaria en la limitada producción (58 artículos) dedicada a la pentalogía en el Perú de la década del setenta.

---

[1] En concreto, los suplementos *Dominical* de *El Comercio, Variedades* de *La Crónica*, Suplemento de *Ojo, Estampa* de *Expreso, La Imagen, 7 Días* y *La Jornada* de *La Prensa, Suceso* de *El Correo*. También se han seguido las revistas *QueHacer* (década del ochenta), *Socialismo y Participación* (1977 a 1984) y *Marka Actualidad y Análisis* (1975 a 1980).

Al describir el contexto histórico se han privilegiado en alguna medida las obras de autores como Wilfredo Kapsoli, Hugo Neyra, Alberto Flores Galindo, Carlos Iván Degregori, José Matos Mar, Heraclio Bonilla, Ernesto Yepes y Carlos Franco, entre otros. La elección de esta *generación* o *línea* de historiadores y científicos sociales obedece a la intención de mantenerse lo más cerca posible de la visión del autor de la pentalogía.

En consonancia con esa misma línea, el punto de partida presta especial atención a dos nociones fundamentales: la de Historia y la de los símbolos que representan, en concreto, la idea de patria peruana. La Historia, tal como se le revela al ciudadano de a pie en diversos momentos de su vida (en textos escolares, en el calendario nacional, en las celebraciones y homenajes), es sometida en las novelas a un profundo y minucioso tratamiento, no exento de ironía. Retomaremos descripciones que evidencian cómo una comunidad mayoritaria, la indígena, a su vez personaje central de la pentalogía, no se encuentra reflejada ni encuentra reconocimiento a su protagonismo en la Historia. Una evaluación de todo este proceso mostrará al final una historia desmitificada, desacralizada. En las novelas el análisis se centra en los relatos que adjudican una intensa carga emocional a los símbolos representantes de la patria peruana, otro de los pilares fundacionales del concepto de nación que la narrativa de Scorza pone en tela de juicio –se siguen, por ejemplo, la trayectoria de la bandera y del himno nacional, símbolos oficialmente reconocidos en la Constitución como síntesis del ideal de la unidad del Perú, al ser esgrimidos por humildes peruanos de las comunidades de Cerro de Pasco.

La pentalogía denuncia y revela las profundas grietas que recorren el cuerpo de la ficción unificante del concepto de nación peruana, pero va más allá: cada protagonista simboliza elementos de una posible propuesta de solución a la postergación histórica de los indígenas. En ese sentido, se imponen como punto de partida las características *fantásticas* que poseen Héctor Chacón El Nictálope, Garabombo El Invisible, Raymundo Herrera el Jinete Insomne y el abogado Genaro Ledesma (si bien él viene a ser la excepción de esta regla), conductores de cada capítulo de la epopeya que conforma *La Guerra Silenciosa*. Detenernos en cada uno de estos atributos nos ayudará a comprender que no sólo simbolizan fases esenciales de un proceso de toma de consciencia colectiva de la necesidad de cambio, sino que también constituyen una descripción de cómo un pueblo oprimido, negado e invisibilizado revierte la estereotipante carga negativa de su existencia hasta transformarla en su mejor arma. La oscuridad, la invisibilidad, el insomnio, sinónimos de lo nocturno, del submundo, de lo desconocido, se revierten en las novelas como categorías identificatorias de un mundo *diferente* pero también paralelo, que desde el territorio de la *otredad*, en la que se lo ha ubicado tradicionalmente, contempla al mundo que lo define revelándole su carácter incompleto, mutilado. El sistema hegemónico, que califica y define, se revela al fin y al cabo relativo y limitado –un sistema más, cuyo poderío unigénito resulta cuestionado, precisamente, por la sola existencia de esa otra forma de vida, la indígena.

La última novela merece especial atención ya que la figura de Genaro Ledesma escapa de la «mitificación para convertirlo en héroe maravilloso[2]», como denominó Scorza mismo al tratamiento dado a sus protagonistas en la pentalogía. En ese sentido *La tumba del relámpago*, la quinta novela, resulta diferente a las demás. Las novelas scorcianas evolucionan desde un intento de acercamiento al universo mágico y simbólico indígena hasta un claro planteamiento político. ¿Padece también Scorza lo que algunos llaman *la enfermedad libresca de los intelectuales peruanos*, lo cual a la larga revela su alejamiento de la realidad que intenta trasmitirnos? Esa rebeldía de la cual los campesinos han dado incontables muestras no siempre culmina con *la toma del poder*, al menos no en los términos entendidos por los teóricos.

La línea de reflexión de Scorza, su propuesta de describir un mundo indígena paralelo, puede considerarse pionera en su tiempo. Precisamente por ello la conclusión a la que llega en *La tumba del relámpago* Genaro Ledesma –que el fracaso de la lucha de liberación indígena que él lidera implica el final del relámpago revolucionario de los Andes– nos parece prematura si la comparamos con la línea de lectura de las demás novelas. A través de toda la pentalogía de Scorza tiene lugar un intento de descripción del universo indígena como un sistema de vida paralelo al modelo hegemónico imperante. El análisis de la evolución de la *mirada* del protagonista de la última novela nos conduce a ubicar su perspectiva dentro de los parámetros de una lógica alejada del mundo andino; allí radica el detalle que distingue a esta novela de las anteriores, que se esfuerzan por describir desde una perspectiva indígena.

La «intrusión de la realidad[3]», que desde el comienzo se constituyó en activa participante del universo literario scorciano, es un elemento también presente

---

[2] Entrevista realizada en París en 1983, meses antes de publicarse *La tumba del relámpago*. Modesta Suárez conversa aquí con Scorza sobre el ciclo de *La Guerra Silenciosa* (Suárez 1984: 93).

[3] En el Epílogo de *Redoble por Rancas*, Scorza consigna, asombrado, la manera en que «Indiferente a la voluntad del autor, la realidad de la que nacieron estas novelas sigue (y acaso

–y de manera necesaria– en estas páginas. Comunidades indígenas de nuestro tiempo, desde diversos lugares, alzan su voz reafirmando que el epitafio a la tumba de los levantamientos campesinos está lejos de constituir una necesidad o una realidad. He ahí otro de los propósitos de este libro: revelar la continuidad de la resistencia de esos pueblos. Cada uno de los análisis sobre las facetas de la resistencia campesina concluye con una reflexión que se extiende hasta las primeras propuestas de lucha de movimientos campesinos que, con el arribo del siglo XXI, alcanzarían mayor protagonismo. En la lucha del EZLN (Ejército Zapatista de Liberación Nacional) mexicano, en las movilizaciones de la Confederación de Nacionalidades Indígenas del Ecuador (CONAIE) o en las masivas protestas campesinas de Bolivia se reconoce la voz scorciana en los términos de la formulación de su historia, en el reclamo de sus símbolos propios y sus estrategias de lucha.

La peculiar aproximación al tema del poder político, inconcebible en los sesenta, aún hoy resulta de difícil comprensión. Con sus propuestas, los movimientos indígenas sumen, a menudo, al mundo entero en el desconcierto. Sin embargo la reformulación de este concepto ya se encuentra presente en la actualidad política, (re)escribiendo así, o tal vez simplemente completando, un capítulo más de la epopeya campesina que, en su tiempo, protagonizaran El Nictálope, Garabombo, Raymundo Herrera, Agapito Robles y Genaro Ledesma.

---

seguirá) escribiendo capítulos que nunca figuraron en La Guerra Silenciosa» (RPR: 235; en lo adelante, se consignan únicamente las iniciales para las novelas de la saga). La amnistía del Nictálope por el presidente Velasco Alvarado en 1971, el juicio millonario por difamación y calumnia –en 1978– iniciado por el subprefecto de Yanahuanca, que creyó reconocerse en el Arquímedes Valerio de la novela, y el secuestro y ejecución de la temida esposa del Juez Montenegro por combatientes de Sendero Luminoso, en 1983, son algunas de las intrusiones que el autor enumera.

Introducción

> ¡Y si después de tantas palabras
> no sobrevive la palabra!
>
> César Vallejo

En *The Small Voice of History*, Ranajit Guha señala que distinguir el lugar del subalterno presume saber escuchar (1996: 1-12). Este ejercicio, trascendiendo la frontera física, se revela como un proceso de reconocimiento de la existencia del otro que muy pronto puede devenir en asunto polémico e incluso en práctica amenazante y subversiva.

Este libro recorre la epopeya narrada en la pentalogía scorciana en busca de las voces de los sin voz que el autor tenía la intención de perennizar. Es evidente en la narrativa de Scorza un intento osado de revelar al lector el mundo de las comunidades campesinas: su descripción marcha paralela a la ficción, desafiando al ideal hegemónico de unidad que sustenta la noción del Perú. Pero, ¿cómo implementar un ejercicio de lectura de las voces de un texto de ficción, lectura que incluye finalmente la voz narradora? ¿qué instrumentos usar, de qué valerse? o quizás, sobre todo, ¿de qué despojarnos y de qué limitaciones tomar consciencia para intentar superarlas en este acercamiento al otro?

Esta lectura intenta poner en práctica un acercamiento *desarmado* a una realidad aún por conocer, de manera que no sería adecuado (de)limitar el análisis a las coordenadas de un planteamiento generalizado que defina los términos de la interpretación. Tomando en cuenta lo anterior, se ha optado por seleccionar y adoptar algunos conceptos del Nuevo Historicismo[1] en tanto pueden

---

[1] Greenblatt, el mayor exponente del Nuevo Historicismo, se muestra reticente a plantear una doctrina o a teorizar. Esta actitud emana por un lado del rechazo de una teoría unificada de significado y de la deuda a de Certeau y Foucault, que de alguna manera precisamente proble-

aportar claves de lectura enriquecedoras. Si bien el diálogo interdisciplinario entre la literatura y la historia estará presente en esta línea interpretativa, he preferido tomar distancia del intento de alinear las novelas bajo una determinada etiqueta o de deslindar rígidas fronteras entre lo que es veraz y lo que es ficticio, en el caso de Scorza: el debate entre historia y literatura permite llegar a elucubraciones más enriquecedoras. El Nuevo Historicismo se plantea precisamente superar esa ruptura que el siglo XX había producido en la «hermandad milenaria» entre literatura e historia (Penedo 1998: 7). Louis Montrose con su trabajo *Eliza, Queene of Shepheardes* (1980) y el libro del representante más notorio de esta corriente, Stephen Greenblatt, *Renaissence Self-Fashioning: From More to Shakespeare* (1980) presentan el concepto del Nuevo Historicismo a la crítica literaria norteamericana. El hecho que la teoría literaria en Estados Unidos hubiera evitado, en las décadas previas a los ochenta, toda aproximación histórica a los textos literarios, hizo que el Nuevo Historicismo causara revuelo. En Europa, en cambio, el «regreso a la historia» no resultó polémico, porque el enfoque neohistoricista ya se había perfilado en el trabajo de varias disciplinas, no sólo en el de la crítica literaria[2].

El Nuevo Historicismo parte de una concepción que refuta la ilusión de autonomía de los textos literarios, integrándolos de esa manera al contexto social. Esta aproximación permite indagar hasta qué punto la literatura desempeña un rol en la formación de los supuestos ideológicos dominantes de una época, y cómo en los textos literarios pueden identificarse las representaciones culturales de un determinado momento. Lo que se toma del Nuevo Historicismo ha sido elegido consecuentemente con la propuesta de Scorza, quien

---

matizan la primacía de cualquier discurso filosófico general. «Towards a poetics of culture» de Greenblatt, que muchos asumen como manifiesto, aclara que los nuevos historicistas rechazan toda teoría general preformulada sobre la relación entre texto e historia. Es precisamente la interacción entre el texto y la realidad, entre la materialidad del texto y los significados producidos entre arte e historia lo que debe ser el objeto de investigación (Colebrook 1997: 26).

[2] *La nouvelle histoire*, el título de la colección de ensayos editados por Le Goff, demostraba, en Francia, el interés por la nueva historia, que no era otra que aquella asociada con la llamada École des Annales, reunida en torno a la revista homónima, *Annales: économies, societés, civilisations*. La *histoire des mentalités*, así como la escuela de Constanza y la teoría de la Recepción, interesadas también en «refundar la historia de la literatura a partir de una historia del lector» (Penedo 1998: 10), constituyen otros de los varios matices que asumió el enfoque historicista en Europa.

hizo literatura, precisamente, integrando textos *históricos*[3] dentro de una obra que por definición pertenecía al mundo de la ficción.

El neohistoricismo aspira a desenmascarar «el espejismo de la autonomía artística»; esta independencia ficticia «resulta una maniobra de ciertas prácticas sociales para camuflar sus componentes políticos y sociales», que de esta manera aspiran a «convertirse en un mecanismo privilegiado de control» (Penedo 1998: 13).

La lectura no sólo recorre las novelas de la pentalogía paralelamente con sus *co-textos*[4] de carácter histórico; el corpus presenta, a menudo, alusiones a costumbres o formas de organización campesina[5]. En estos casos se recurre a menudo a las investigaciones del Derecho Antropológico para entender mejor la manera en que estas comunidades se han apropiado del derecho, lo han reformado o recreado en una noción propia. Esta vertiente ejemplifica también la manera en que una disciplina responde ante el desafío de un contexto sociocultural como el peruano. El Derecho Antropológico busca extender los límites disciplinarios del derecho tradicional en su afán de comprender a plenitud el funcionamiento y la definición de *la justicia* en contextos socioculturales plurales. La propuesta nuclear del Derecho Antropológico sustenta «la necesidad y la existencia de una manera de pensar el derecho distinta a los razonamientos clásicos o a los razonamientos contemporáneos» (Peña Jumpa 2001: 166)[6]. Admite, así, la «existencia de diferentes formas de pensar el Dere-

---

[3] Este es el caso, por ejemplo, de la nota a pie de página –método original en una novela– de *El Jinete Insomne* (EJI: 170). Allí se aclara que el texto que los campesinos leen de manera ritual en la escena descrita, coincide literalmente con un documento original expedido por la Audiencia de Tarma en 1705. En la misma línea se ubican los extractos de artículos aparecidos en diarios nacionales dando cuenta de los acontecimientos en las sierras de Cerro de Pasco. Scorza los integra, por ejemplo, en varios capítulos de *La tumba del relámpago* (LTDR: 188-193, 203-206)

[4] El Nuevo Historicismo no se limita a realizar lecturas literarias ubicándolas, «como joyas», en el trasfondo de textos históricos que desempeñarían el rol de contextos, de telón de fondo, por lo tanto de otro valor al literario, sino que analiza también estos últimos al mismo nivel. Es por eso que mejor cabría hablar de co-textos más que de contextos (Wilson 1992: 8).

[5] Nos referimos, entre otros, al ritual de la lectura de los Títulos de Propiedad que precedía a los acontecimientos importantes, a la toma de posesión de terrenos revolcándose en ellos (EJI: 171), a las atribuciones y al poder concedidos al Personero (RPP: 45), al sistema de elecciones de autoridades (CDAR: 116), a los mecanismos de preservación de la memoria (EJI: 213).

[6] Véase también de Peña Jumpa, conocido mentor del pluralismo jurídico en el Perú, *Justicia comunal en los Andes del Perú, El caso de Calahuyo* y *Un análisis socio-antropológico del Derecho para el Perú*.

cho y reconoce y acepta todas ellas» (Peña Jumpa 2001: 166). Esta línea de razonamiento sustenta también la posibilidad de una fructífera contribución entre la literatura y el Derecho Antropológico. *Ushanan Jampi* (Castigo Final), la impresionante y feroz descripción de la justicia campesina que narró el escritor peruano Enrique López Albújar (1872-1966), se encuentra mencionada entre las prácticas comunales que son materia de estudio de Antonio Peña Jumpa.

El intento de aproximarse a textos literarios asumiéndolos como parte del *continuum* de acontecimientos que constituyen el pasado y no como una abstracción que desarrolla temas fantásticos que sólo *se basan* en acontecimientos reales proviene en parte del Nuevo Historicismo. Si bien no puede afirmarse que el corpus que nos ocupa constituya una fuente histórica, tampoco se sostiene la afirmación de que *La Guerra Silenciosa* constituye, sobre todo, una perla de belleza estilística y fantástica[7]. Vislumbrar el pasado en su complejidad implica también reconocer que el presente del observador tampoco escapa a las leyes de la historia (Penedo 1998: 15).

Una de las lecciones que resulta de la deconstrucción de conceptos fundacionales como la Historia, la simbología patriótica o las estrategias de enfrentamiento campesino que lleva a cabo Scorza en la pentalogía es hacernos comprender que el acercamiento al *otro* reportará mayores posibilidades de éxito si nos atrevemos a superar el encasillamiento que representan semejantes conceptos. Pero, ¿de qué manera nos limitan conceptos tan enraizados en el imaginario colectivo y esenciales para la sustentación de una nación? Ese discurso confiable que la nación maneja es una versión hegemónica, excluyente –sugiere Scorza– y procede a deconstruir algunos de sus sólidos pilares. La lectura propuesta va recuperando *otra voz* que al asomarse revelará las ausencias, omisiones, incluso –citando a Hobsbawm– «muchas veces mentiras» (270) en la versión oficial.

Una vez asimilada la descripción de la flagrante exclusión de los indígenas de los paradigmas que definen la Historia, ¿se puede concluir entonces que este colectivo ha quedado *en el vacío* al margen del curso de los acontecimientos que vive el resto del mundo? Pensar de esta manera constituiría la mejor prueba de

---

[7] El Nuevo Historicismo, en sus análisis, parte a veces de circunstancias «pequeñas», como una anécdota, para descubrir allí tramas similares a las que conforman la estructura cultural. Esto no tiene por objetivo «[...] mostrar que el texto literario refleja el hecho histórico, sino crear un campo de energía entre ambos, de manera que el hecho sea percibido como texto social, y el texto literario como hecho social» (Brook 1991: 317; traducción en Penedo 1998: 16).

que el razonamiento planteado se ubica dentro de una lógica hegemónica[8] que presume que fuera de ella no existe nada más. Al contrario, fuera de esa lógica se abre el vasto territorio de los *otros*. Sin embargo, la dificultad radica en que para acceder al contenido de otras lógicas de pensamiento es necesario hallarse dispuesto a la confrontación con lo que se supone desconocido. Si la Historia según los parámetros de la lógica hegemónica se sustenta básicamente en lo gráfico (lo escrito), ¿cómo *asimilar* y denominar –por poner un ejemplo– aquello que los campesinos, en la pentalogía, reelaboran partiendo de la *lectura* de las piedras, de los ponchos, del color de la tierra y de las construcciones antiguas? Es igualmente significativo el hecho de que aquellos excluidos del mundo de lo oficial, de lo formal, de lo establecido queden automáticamente condenados a un mundo de brumas, de oscurantismo, de tinieblas, de oscuridad. ¿Va el pensamiento hegemónico de la mano con la claridad?

La Ilustración sentó muchas de las bases valorativas de ese pensamiento: la difusión del conocimiento se consideraba como una conquista ya que el mundo *entero* se encontraba en la era del saber. El símbolo representativo de esos tiempos era la luz radiante sobre la oscuridad de la ignorancia. La luminosidad acabó con las tinieblas de la superstición, barriendo todo lo que impidiera la realización plena del hombre. Fue el período del imperio de la razón, que presidía una época en la que se pretendía forjar un mundo mejor. La mejoría significaba erigirse sobre el fanatismo, la irracionalidad y todo aquello que caracterizaba el *oscurantismo* del período anterior. El legado de Occidente[9], o

---

[8] En su artículo «The small voice of history» Guha analiza cómo el efecto de la presencia del subalterno en una lectura transforma los signos y patrones establecidos por el aparato cultural, e introduce una noción de Hegemonía: aquel consenso construido por la Historia, con el objetivo de narrar la unidad de la gente alrededor del concepto del Estado. La hegemonía es así un acuerdo con y dentro del Estado, es decir, una concesión de la sociedad civil al Estado. Para Guha, la historia construye hegemonías en los países centrales y dominios en las zonas periféricas regidos por las élites en esos espacios (Guha 1996: 1-12).

[9] Fernando Coronil define el Occidentalismo como el conjunto de «[...] representational practices whose effects is to present non Western peoples as the Other of a Western self [...]. While any society may produce stereotypical representations of non-Western societies as part of its own self production, what is unique about Occidentalism is that it entails the mobilizations of stereotypical representations of non Western societies as part of the West's self-fashioning as an imperial power. Occidentalism is inseparable from Western hegemony not only because as a form of knowledge it expresses Western power but because it establishes a specific bond between knowledge and power in the West» (Coronil 1996: 56).

lo que de él se asimiló, fue esta radical separación que valora lo iluminado y relega al oscurantismo lo que no se rige por sus normas de pensamiento.

Los héroes scorcianos, sin embargo, se rebelan y redefinen este universo negativo, que constituye su morada. La magnitud de su hazaña emerge *pese* a las limitaciones de su mundo y se alza hasta enfrentarse a esa mirada de desprecio con que el mundo de la claridad –del poder hegemónico– los contempla. El desafío ya está incluído en la osadía de emprender, en igualdad de condiciones, este duelo contemplativo. Mundos paralelos, modos de vida coexistentes, universos que marchan juntos pero absolutamente extraños entre sí.

Mundos, en plural, porque el mundo indígena es el *otro* que nos ocupa pero sin embargo no es el único cuya existencia desafía la presencia de lo hegemónico. Junichiro Tanizaki, uno de los grandes escritores japoneses contemporáneos, abordaba en su *Elogio de la sombra* una idea medular del pensamiento oriental. El concepto auténtico de belleza no puede ser concebido, para los orientales, sin los efectos de la sombra[10]. Si no se comprende este precepto, sostiene, el color de las lacas, de la tinta, los trajes del teatro Nô, la magia del papel o la cerámica, así como la opacidad de los materiales y el espacio arquitectural japoneses pierden el espíritu que los hace peculiares. Su pregunta sobre la diferencia de apreciaciones revela la diversidad de mundos:

> ¿Pero por qué esta tendencia a buscar lo bello en lo oscuro sólo se manifiesta con tanta fuerza entre los orientales? [...] ¿Cuál puede ser el origen de una diferencia tan radical en los gustos? Mirándolo bien, como los orientales intentamos adaptarnos a los límites que nos son impuestos, siempre nos hemos conformado con nuestra condición presente; no experimentamos por lo tanto, ninguna repulsión hacia lo oscuro; nos resignamos a ello como a algo inevitable: que la luz es pobre, ¡pues que lo sea!, es más, nos hundimos con deleite en las tinieblas y les encontramos una belleza muy particular. (Tanizaki 2003: 70-72)

Evidenciar la complejidad del mundo del *otro* no es el único logro de Scorza. Lo revelador es que este acercamiento, esta disposición, parece plantearse incluso con anterioridad a cualquier propuesta de diálogo presentada o existente.

Es necesario prestar atención a los resultados del tratamiento scorciano tanto de la Historia, de la validez de la simbología patriótica como de la rever-

---

[10] «Así como una piedra fosforescente, colocada en la oscuridad, emite una irradiación y expuesta a plena luz pierde toda su fascinación de joya preciosa, de igual manera la belleza pierde su existencia si se le suprimen los efectos de la sombra» (Tanizaki 2003: 69).

sión de las estrategias de lucha ya que todo ello comprueba la exclusión de los campesinos. Las comunidades en su *orfandad* generaron procesos que se contemplan con asombro. Se ha llegado a un punto donde sólo queda o bien perennizar la idea de que fuera de la lógica dominante sólo existe la *invisibilidad*, o bien esforzarse en iniciar la contemplación de ese *otro* universo en el que va germinando una propuesta propia. Los intentos conceptuales de la lógica o del pensamiento hegemónico de integrar, incluir o imponerse al *otro* no parecen haber dado resultados eficaces, quizá porque no se trata de una comunidad o un pueblo cuya tradición constituya una *tabula rasa*. Scorza describe en sus cuatro primeras novelas el complejo y fascinante universo del otro, del *marginal*[11], del desconocido. *Escucharlo*, en la acepción de reconocer y aceptar la descripción de su existencia paralela, no resulta tarea sencilla ya que la posición desde la cual contemplamos no es neutral ni desprejuiciada, se encuentra profundamente delimitada por definiciones destinadas a brindar seguridad en el caos. Reconocer la vigencia de múltiples formas de pensamiento de alguna manera amenaza las seguridades[12] y el carácter (que se cree) unívoco de los pilares sobre los que descansa nuestro pensamiento. Esa, sin embargo, es la base necesaria a partir de la cual iniciar el movimiento de acercamiento al *otro*. El éxito, por lo tanto, el establecimiento de ciertas representaciones, sólo revela la eficacia de su distribución y funcionamiento para generar orden en un momento determinado. Pero es innegable que este intento de regulación va aparejado con el surgimiento de resquebrajaduras. Registrar y evidenciar estas grietas[13] que constituyen contradicciones, tensiones y resistencias, no hace más que contribuir a obtener una imagen más real y completa.

---

[11] Conviene aplicar con el cuidado necesario un término como *marginal*, ya que su uso podría tener el efecto de destacar, precisamente, aquello que critica: la existencia del centro. De la misma manera, en términos de Gayatri Spivak, el peligro de oponer la periferia al centro es que se cae en el juego de otorgarle una posición fija y definir su relación con respecto a las otras coordenadas, con la limitación previsible (Veeser 1989: 281).

[12] Edward Said, reflexionando sobre las reacciones tan intensas ante la publicación de *Orientalismo*, señala: «[…] a nadie le resulta fácil vivir tranquilo y sin temor con la tesis de que la realidad humana se hace y se deshace constantemente y de que algo parecido a una esencia estable está bajo una permanente amenaza» (Said 2003: 438).

[13] Concentrarse en revelar estas grietas en lugar de participar de la corriente que las desdibuja es una tendencia a la que se adhiere el Nuevo Historicismo. En su ensayo «Murdering Peasants» Greenblatt demuestra, al analizar los grabados de Durero, cómo un período o manifestación cultural sólo puede ser entendido si se registran las contradicciones y tensiones que operan contra las posturas representativas dominantes. «While each symbolic practice

La fase que Scorza revela implica una disposición ubicada incluso con anterioridad a la discusión de los conceptos, porque ¿qué sentido tendría discutir la integración, la marginación o la inclusión en la Historia, la patria o la nación de la comunidad con la que se dialoga si ella no concibe la misma esencia de dichas nociones, o si el concepto, estando presente, se halla construido en base a parámetros diferentes?

Respecto al análisis que aquí se sigue de los protagonistas, se los asume como actores *reales* de las gestas que las novelas describen[14]. Tal aproximación no es novedosa, ya que en realidad los *héroes* fueron personajes existentes en la vida real. Más bien fue su presencia en las novelas lo que de alguna manera desdibujó sus contornos cotidianos. Este análisis se inició aspirando a descubrir si la epopeya narrada podía ser leída como un intento de planteamiento sobre el destino de la lucha campesina; qué mejor punto de referencia, entonces, que la revisión de los protagonistas, a cuya perennización contribuyó Manuel Scorza: «He creado mitos para que no se pierda la memoria de estos héroes históricos y se vea el gigantesco valor de su lucha» (Suárez 1984: 93).

El *close reading* aplicado recorre las proezas novelescas de los protagonistas así como los reportajes de los enfrentamientos campesinos aparecidos en los diarios de circulación nacional, siguiendo una estrategia intertextual que el mismo Scorza utiliza en sus novelas. El Nuevo Historicismo concibe el momento histórico en el cual emerge una obra como un protagonista más, si bien silencioso. El análisis de los personajes revela, como se verá, que el momento histórico ha dejado una huella indeleble en la pentalogía, sobre todo en el último episodio de la gesta scorciana.

Por último, se considera aquí al autor mismo –que también es un personaje– como participante, en su tiempo, en un serio proyecto de comprensión y acercamiento al campesino peruano. La pentalogía, de esa manera, es susceptible de ser leída no sólo como un logrado intento de acercamiento al mundo

---

may have a role to play in the maintenance of social boundaries, Greenblatt's reading draws attention to the active drawing of those boundaries, rather than accepting them as hidden facts which the text reveals or represents. It is this treatment of representation as an active play of forces which characterises much new historicist work» (Colebrook 1997: 207).

[14] José Bengoa, en su estudio sobre la emergencia indígena, cita como ejemplo a Garabombo El Invisible cuando traza en su capítulo segundo el perfil del líder campesino de los años sesenta. Recomienda además la lectura del ciclo épico de Scorza para entender la relación entre el abogado trotskista joven e idealista y los dirigentes indígenas durante las luchas campesinas en el centro del Perú (Bengoa 2000: 82).

campesino desde la literatura, sino también como un reflejo del esfuerzo de un segmento intelectual peruano (representado por el autor) por romper el abismo que separa las *naciones* que conviven en el Perú.

En tiempos de reflexiones sobre subalternidades, otredades y periferias, esta lectura de Scorza revela el aporte que ya desde los años setenta hiciera el autor a un debate actual. Quién era y cuál era el lugar del *otro*, en esos tiempos, era dolorosamente evidente en el contexto peruano. La trascendencia de su universo, sin embargo, su forma de pensamiento y su forma de vida permanecían absolutamente ignoradas y su tratamiento pertenecía aún al tabú o al folklorismo. Aún no se proponía en voz alta, como ha venido ocurriendo en los últimos tiempos, la necesidad de un cambio del lugar de reflexión para llevar adelante el diálogo con *el otro*.

La propuesta scorciana fue bastante lejos, ya que al revelar el universo campesino puso también en evidencia el poder del pensamiento hegemónico que dificulta el acercamiento de unos a otros. Una situación dramática, en el caso de los peruanos, para quienes la marginación de un segmento mayoritario equivale a una automarginación. En palabras de Raimon Pannikar, «el otro es la parte de mí que no puedo amputar sin eliminarme a mi mismo» (Sendrin 2003: en línea).

Tomar consciencia de que vivir y pensar dentro del *radio de acción* de una lógica determinada trae consigo el surgimiento de subalternidades u otredades implica también indagar quién, qué o dónde se encuentra/n el/los dichoso/s *otro/s*. Esta tarea, a la larga, nos confronta con la evidencia de la lógica dominante enraizada en el sistema de pensamiento propio, que imposibilita la libertad de acceso a la evidencia de formas de pensamiento paralelas. Definir el objetivo de la *aproximación* –un término preferible al de *estudio*– al *otro* como un intento de darle voz implica asumir un riesgo: el de empezar hablando *de* él para luego, llevados por el entusiasmo, terminar hablando *por* él. Al respecto, resulta más que pertinente la observación de Gayatri Spivak, que dice que el objetivo es más bien asumir y desempeñar lo más crítica y eficazmente posible el rol de «namers of the subaltern», porque en el momento en que éste asuma su voz habremos, por fin, dejado de hablar de subalternidades[15].

---

[15] «What I'm interested in is seeing ourselves as namers of the subaltern. If the subaltern can speak then, thank God, the subaltern is not a subaltern any more» (Spivak 1989: 283).

I.

El relato histórico
y las movilizaciones campesinas

Para poder enmarcar las novelas de Scorza en el contexto histórico peruano es necesario adentrarse en algunos acontecimientos fundamentales de fines de la década de los cincuenta y comienzos de la década de los sesenta. Al realizar esta contextualización se asume la tarea no sólo de resaltar determinados fenómenos cuyo desconocimiento dificulta la lectura de las novelas, sino a la vez de descubrir hasta qué punto los relatos de Manuel Scorza se revelan como productos intelectuales de las corrientes y eventos de su tiempo.

Se han consultado las obras de historiadores y científicos sociales como Wilfredo Kapsoli, Alberto Flores Galindo, José Matos Mar, Heraclio Bonilla, Hugo Neira, Julio Cotler, Manuel Burga, Carlos Iván Degregori, Carlos Franco, entre otros. La elección por esta *línea* de intelectuales tiene por objetivo resaltar el diálogo que el autor establece, desde el terreno literario, con las propuestas político sociales de su tiempo, traducidas en las visiones planteadas por estos autores en sus trabajos.

Una cuestión que se impone es la naturaleza misma de los movimientos campesinos surgidos en 1950. Estos alcanzaron su apoteosis en 1963 con el levantamiento dirigido por Hugo Blanco. También debe ser sumariamente tratado el fenómeno del sindicalismo y la participación de los campesinos, sector hasta ese momento ajeno a este tipo de organizaciones. El sindicalismo de los años 1910-1920 se encontraba liderado por elementos no socialistas, que fundaron los sindicatos anarquistas que evolucionarían luego hacia el clasismo, en parte bajo la influencia de José Carlos Mariátegui.

La visión esquemática y libresca de este marxismo teórico –encabezado por criollos– constituyó, en parte, el objetivo de la aguda crítica de Scorza en *La tumba del relámpago*. El concepto de proletariado quedó rebasado con creces por la presencia de los campesinos en las minas. A ellos se les cuestionaba su falta de consciencia de clase, su ideología revolucionaria, su misión y capacidad de derrotar a la burguesía mediante las armas. Scorza, tras renunciar a sus iniciales simpatías apristas, se convierte en militante comunista bajo la influencia del marxismo. Esa asunción política se reflejará en sus novelas, que en ocasiones resultarán el escenario propicio para ejercer sus críticas ante las serias limitaciones que evidenció el Partido Comunista al enfrentarse al fenómeno de las movilizaciones campesinas.

Los sueños de novelistas como Scorza, Genaro Ledesma –el protagonista de la última novela scorciana, político activo y escritor en la vida real– o César Vallejo discurren por cauces distintos de los de la mentalidad campesina. Los comuneros han demostrado, a lo largo de la historia peruana, que aspiran al reconocimiento de su condición de vida y de su trabajo. Los planteamientos teóricos elaborados supuestamente como interpretación de las actitudes indígenas constituyeron la materia prima de polémicas como la de Mariátegui y Luis Alberto Sánchez[1].

La situación socioeconómica

A partir de 1948 el Perú experimenta un período de auge económico vinculado a un aumento de las exportaciones, que pasaron de 45 millones de dólares en 1940 a 433,1 millones en 1960, y a la presencia de una moneda estable, el crecimiento del producto interno y, como reflejan los censos demográficos de 1940 y 1961, un crecimiento poblacional de 7 a 11 millones de habitantes. Estos datos permiten afirmar que el país se encontraba en una fase de intensa modernización. Hablar de un proceso de modernización significa aludir también a la presencia de determinados *índices* evaluativos como el

---

[1] La llamada Polémica Indigenista (1927), que abarcó el tema no sólo en las letras sino que se extendió hacia la vida social, se inició a raíz de tres artículos de Mariátegui sobre el indigenismo en la literatura. El diputado Escalante de Acomayo reaccionó a su vez con un texto a todas luces beligerante en el cual criticaba el que los costeños se ocuparan del indio. Sánchez, «fatigado por el exceso de airampos, kantutas, amautas, urpis, allcas, huaynas, emillas y wifalas en la poesía y el cuento», publicó entonces un artículo «contra aquel batiburrillo» (Aquézolo Castro 1987: 10). Este documento suscitó una intensa polémica y fue respondido por Mariátegui, con lo cual se dio inicio a la discusión. La polémica consta sobre todo de los artículos intercambiados entre los dos autores, publicados en las revistas *Mundial* y *Amauta*, pero también intervinieron otros: López Albújar, Luis E. Valcárcel, Antenor Orrego, Manuel Seoane. La mayor parte de los textos y documentos aparecen reunidos en Aquézolo Castro 1987.

grado de alfabetización, el aumento de la población urbana y el predominio de ciertos sectores económicos, elementos que se encuentran efectivamente presentes en el caso peruano. Si se toman de nuevo como referencia los datos arrojados por los censos nacionales es posible apreciar cómo el analfabetismo retrocedió de un 67 por ciento al 37 por ciento, y en el caso del porcentaje de personas que habitaban zonas rurales (considerando como tales aquellos asentamientos de menos de 2.000 habitantes) de un 64.6 por ciento en 1940 a un 52 por ciento en 1961. Determinadas formas de producción representadas por las industrias manufactureras, comerciales, pesqueras[2] y mineras adquieren dominancia, sobrepasando al sector de producción tradicional, la agricultura (Franco 1991: 20). El gran impulso que significó en este período el ingreso de capital extranjero en algunos de estos rubros también merece mencionarse. La Grace, la Southern Peru, la Cerro de Pasco Corporation y la Marcona Mining Company son algunas de las empresas norteamericanas que ingresan vigorosamente a jugar un papel en la economía nacional.

La participación política es otro elemento que se intensifica, canalizado a través de organizaciones de diversos niveles: sindicatos, partidos políticos, clubes. No se puede, sin embargo, generalizar semejante panorama promisorio a la totalidad del país[3], ya que existe en medio de este paisaje un islote deprimido:

---

[2] El sector pesquero es el ejemplo perfecto de una evolución prodigiosa al constituirse en industria pionera. En 1962 el 72 por ciento de la harina de pescado en el mercado mundial provenía del Perú. La ampliación del sector trae consigo el surgimiento, por un lado, de fortunas, y por el otro el de un proletariado pesquero que evolucionará luego hacia sindicatos de marcado tono izquierdista (Neira 1968: 52).

[3] La interpretación del Perú que elabora la generación de 1930 (con Mariátegui y Haya de la Torre a la cabeza de las propuestas fundamentales) nace en un determinado contexto histórico que los lleva a plantear rotundamente la presencia de un sector moderno y otro retrasado. Es decir, la teoría de las sociedades duales latinoamericanas: una arcaica, agraria, retrógrada, y otra moderna, urbanizada, progresista e industrializada. Estas reflexiones condicionaron los análisis posteriores pasando por alto las significativas transformaciones ocurridas en el país a partir de 1945. Rodolfo Stavenhagen menciona que incluso sin poner en duda la existencia de enormes diferencias entre las zonas rurales y urbanas, las poblaciones indígenas y no indígenas, los campesinos y las élites urbanas, etcétera, ambos polos son resultado de un único proceso histórico. De igual manera las relaciones entre las regiones y los mencionados grupos feudales-arcaicos y los modernos-capitalistas reflejan la dinámica de una sola sociedad que engloba a ambas partes. Históricamente el desarrollo y el subdesarrollo están ligados en América Latina, de modo que el avance de una zona implica el atraso de otra. Las regiones arcaicas reproducen lo que sucede en los países coloniales con relación a las metrópolis, y de ahí que Stavenhagen rechace el concepto de sociedad dual planteando el de *colonialismo interno* (Stavenhagen 1975: 200-203).

la zona del sur peruano, que arroja resultados prácticamente opuestos frente a las categorías antes mencionadas como representativas de la denominada modernización.

De aquellos productos de exportación que determinaron el apogeo económico –el azúcar, el pescado, el algodón, los metales y el café–, sólo los dos últimos le permiten a la región sureña figurar, de modo significativo, en la producción nacional. Aún más: mientras el sector agrícola retrocede a nivel general, en el sur se refuerza. En el caso de Puno, por ejemplo, si en 1940 el 78 por ciento de la población vivía de la agricultura, para 1957 se trata ya del 91 por ciento. Es importante señalar que las condiciones tradicionales en las cuales se desenvuelve el sistema agrario en esta zona (latifundios, campesinos productores de materias primas para su autosubsistencia) contribuyen a que las condiciones de vida de los pobladores experimenten un agudo retroceso. Ni qué decir de su nula participación en la bonanza de la que gozan los sectores obreros y empleados, gracias a la labor de sus organizaciones y partidos. A nivel nacional la vida política se intensifica, entre otros factores por la disminución del analfabetismo, una situación opuesta a la de la zona sureña, que presenta un alto porcentaje de quechua hablantes. De 2.718.000 habitantes en 1958, 1.021.100 eran analfabetos y la mayoría de ellos eran quechuahablantes. Ante el aumento de los electores en la mayor parte del país, los partidos despliegan múltiples estrategias para captar el voto de esos *nuevos mercados*. Se genera así un dinámico ambiente político en el cual la sorpresa la constituye la humilde población *políticamente activa* de la zona sureña, que se revela decididamente polarizada hacia la extrema izquierda. En un intento de explicación, Neira aduce que «[...] el voto rojo se implanta en una zona pre-industrial, en donde predominan formas de pequeña y extrema propiedad al lado de grandes propiedades arcaicas» (1968: 61).

Es en este contexto donde surgirán las más virulentas formas de recuperación de tierras, acciones nacidas del seno de *sindicatos* cuyas conformaciones reunían precisamente a aquellos sectores más deprimidos de la nación: los campesinos. Esta actividad en la zona sureña contradice la afirmación de que la efervescencia se concentra sólo en las demás áreas[4]. Las fuerzas políticas que

---

[4] José Matos Mar habla de un primer desborde popular aludiendo a este movimiento que incluye la incorporación del campesinado al proceso popular, las huelgas de las haciendas costeñas y los enfrentamientos en el Cuzco, la competencia por el voto de las masas rurales y el clamor por la reforma agraria que atemoriza a los terratenientes y remece al Estado (1987: 36-37).

encuentran una manera de participación más allá de la tradicional asistencia a las urnas, a través de invasiones o huelgas, constituyen la mejor prueba de que la modernización también ha tocado a esta zona.

El escenario político

Si hubiera que resumir en una palabra el escenario político que caracterizaba al Perú de la postguerra hasta el momento en que estallan los levantamientos campesinos (1963) esa palabra sería dinamismo. De 1948 a 1956 se extiende la dictadura militar conocida como *el ochenio* de Manuel A. Odría. La intensa campaña electoral del 56 culmina con el retorno a la democracia bajo el gobierno de Manuel Prado Ugarteche (1956-1962). En 1962 ninguno de los candidatos obtiene la mayoría exigida por la Constitución, por lo que el Congreso toma la decisión eligiendo a Haya de la Torre; ante esto, las Fuerzas Armadas asumen el poder e instalan una junta militar de gobierno presidida por Ricardo Pérez Godoy. Esa misma junta convoca a elecciones en 1963, que llevan al triunfo de Fernando Belaúnde Terry, quien gobierna el país entre 1964 y 1968. Durante este período las movilizaciones campesinas alcanzan su máxima expresión bajo el liderazgo de Hugo Blanco. En 1968 el denominado Gobierno Revolucionario de la Fuerza Armada presidido por Juan Velasco Alvarado derroca a Belaúnde, asumiendo el poder hasta 1975.

La intensidad de estas transformaciones tiene un efecto especial en la población, expuesta continuamente a los discursos políticos que los partidos, haciendo uso para ello de los diversos medios de comunicación a su alcance, despliegan durante cada campaña electoral. Este hecho, unido al crecimiento poblacional y al aumento de las organizaciones, hace que los conflictos presentes en los diversos estamentos sociales emerjan a la superficie y se sometan a discusión desde diversas posturas políticas, lo que a su vez multiplica las posibilidades de solución.

Esa mayoría que toma parte activa en el panorama electoral dinamiza también las propuestas de los partidos políticos. Si en los años treinta el paisaje estaba prácticamente monopolizado por dos fuerzas fundamentales, apristas y socialistas, a mediados de los cincuenta no sólo surge una multiplicidad de partidos, sino que los partidos tradicionales adaptan y modifican sus propuestas. La derecha incursiona en el tratamiento de temas hasta entonces tabú en su repertorio: el problema de la tierra y de la desigualdad social. La idea es romper el monopolio del terreno polémico que rodeaba a estas propuestas, pero al mismo tiempo relativiza los temas y los desacraliza al incorporarlos al vocabulario del sector ultraconservador.

El aprismo, que había mantenido la hegemonía de la acción política a lo largo de veinticinco años, pasa a convertirse en el partido predominante pero no en el único. Acción Popular, la Democracia Cristiana, La Unión Nacional Odriista serán las nuevas fuerzas emergentes que toman posiciones cubriendo un amplio espectro: caudillismo, populismo de izquierda y conservadurismo de derecha. Ahora bien, como no son partidos de peso, en adelante el juego político peruano se regirá por el continuo azar de las alianzas. En 1962, por ejemplo, la Democracia Cristiana y Acción Popular se unen, relegando al APRA a un segundo lugar; una vez en el Congreso el APRA se une a los Odriistas, constituyendo una mayoría de oposición. Con el paso del tiempo el voto, hasta ahora desperdigado, registra un vuelco significativo hacia la izquierda, lo que viene a complicar aún más este panorama estratégico.

El crecimiento de la población electoral como resultado de las nuevas condiciones económicas del país y las redistribuciones sociales hace que los partidos se concentren más que en la ejecución de sus propuestas esenciales en las estrategias de recopilación de votos. El APRA mantiene de esa manera su tradicional bastión de campesinos costeños del azúcar y del algodón además de una mayoría obrera, mientras que los otros partidos se disputan a la masa urbana y la rural del Centro y el Sur del país. La existencia de diferencias fundamentales entre los estilos de los partidos es cuestionable. Todos se dirigen a un mismo sector, las clases medias, tienden a las aproximaciones *modernas y técnicas* de los problemas nacionales, comparten el culto al caudillo y mantienen el personalismo político (Matos Mar 1987: 34). La existencia de este «frente» de «tono moderado generalizado», aún sin confesarlo, parece haber asumido el rol de sólida alternativa ante lo que entonces se vislumbraba ya como una amenaza: «una revolución social de izquierda o un golpe de estado militar» (Neira 1968: 67).

Las elecciones de 1963 otorgan el triunfo al candidato lanzado por la coalición de la Democracia Cristiana y Acción Popular: Fernando Belaúnde Terry. El descontento campesino, tema ya agudamente presente durante su campaña electoral, hace que Belaúnde incluya entre sus propuestas la promesa de la entrega de tierras, a fin de mostrar una mayor radicalización que la representada por el APRA, que apoyaba a los sindicatos. Sin embargo, si con esto el nuevo gobierno esperaba por lo menos conseguir una tregua en el avance de las invasiones, eso no sucede, y el país se aproxima a pasos acelerados a una movilización campesina general. Así lo demuestra la diversidad geográfica y organizativa de las acciones. A mediados de 1963, los comuneros de Oyón invaden la hacienda Algolán; en Huancayo los comuneros invaden 700 hectáreas de fundos; en Cerro de Pasco los enormes pastizales de la Compañía pasan a manos de las comunidades de Yanahuanca y Yarusyacán (tema de las novelas de Scorza). En la costa, en Piura, Chancay y Canta los campesinos se apoderan de tierras, tanto privadas como estatales. Desde el Cuzco las organizaciones sindicales, ya reorganizadas, se enfrentan poderosas a la nación. La confluencia de los tres grandes sindicatos cuzqueños –la Federación Departamental de Campesinos, la Federación de Trabajadores y la Federación Universitaria– demuestra su poderío, capaz de paralizar con una sola huelga a todo el departamento. Las movilizaciones han dejado de circunscribirse al campo y se desarrollan también en la ciudad; de la misma manera se extienden a otras zonas. Ayacucho (la sierra central) es el próximo departamento en organizarse y luego sigue la zona de la selva: Tarma. Los enfrentamientos se tornan más sangrientos, los hacendados ya se enfrentan a tiros mientras que los choques entre la policía y los campesinos empiezan a cobrarse víctimas.

Todo parece indicar que el presidente se verá obligado a pactar con los sindicatos. La coalición ha presentado, al mismo tiempo, un proyecto de ley de Reforma Agraria que alarma a sectores conservadores como los del azúcar y del algodón, representados en la Cámara por el Partido Odriista. El elevado precio que la zona costeña podría pagar por semejantes rebeliones despierta el temor de los grandes propietarios. Los odriistas consiguen aliarse con el partido aprista para así enfrentarse a Belaúnde. Todo esto culmina con una moción de censura contra el Primer Ministro y el fracaso de la propuesta de ley de Reforma Agraria.

El malestar campesino

Las transformaciones en el panorama político nacional vinculadas a aspectos como la alfabetización, la participación de la masa electoral y el dinamismo de los partidos políticos, son por definición fenómenos que proliferan en las ciudades. El campo, regido por otras estructuras (latifundio y servidumbre) continúa, en teoría, manteniéndose al margen de estos cambios. A partir de 1950 se produce una transformación, sin embargo, inesperada: la periferia empieza a mostrar una intensificación política. Lo impresionante es que, al margen de la diversidad de condiciones que presentaba la vida campesina en variadas regiones, todas ellas experimentan la misma actividad. La costa, la sierra y la selva[5] se agitan al compás de conflictos de características peculiares. El impacto de las huelgas y los sangrientos enfrentamientos con la policía recorren la geografía nacional entera.

En el caso de la zona costeña, la bonanza de sus características geográficas le permitió constituirse, con el paso de los años, en un emporio de la producción algodonera, arrocera, azucarera y pesquera nacionales. En los años sesenta el Norte proveía casi el total de las exportaciones peruanas de azúcar, la mitad de las de algodón y el 40 por ciento de la harina de pescado. En síntesis, el 35 por ciento del producto total de exportación nacional (Neira 1968: 70). Esta bonanza se vio reflejada en un aumento poblacional, un alza de los niveles de vida y un descenso del analfabetismo. Todo lo cual, sin embargo, no significó que la población se tornara urbana: los índices de ruralismo mostraban una prosperidad estable. Las plantaciones azucareras y las haciendas constituían el eje de la producción y determinaban relaciones de trabajo diferentes a los latifundios.

Los primeros focos de organización rural que surgen en esta zona fueron los sindicatos (1912) de tinte anarcosindicalista (inspirados en Bakunin y los anarquistas españoles) que reaccionaron ante la proliferación de la presencia extranjera. Ernesto Yepes cita como ejemplo del ingreso del capital foráneo el caso de la empresa angloamericana Grace, uno de los imperios mundiales de la caña de azúcar, propietaria de la hacienda Paramonga (1992: 21). Los sindicatos marchaban firmemente ligados al partido aprista, de modo que no es de sorprender que el reconocimiento oficial de los mismos coincidiera precisamente con las etapas de influencia oficial del APRA en el gobierno, con los *períodos de convivencia* (1945-1948, 1956-1962). Esto refleja el grado de resistencia que opusieron las haciendas a la labor sindical, lo cual convirtió el proceso en tarea difícil y accidentada[6]. El tenor de las protestas sindicales,

---

[5] «[…] los motivos y los personajes del drama varían enormemente. Es tanto el caso de la comunidad costera de Chepén en 1958 enfrentada a una negociación agrícola […] por motivos de alquiler-venta de tierras, como en la región selvática de Tingo María, en 1960, entre campesinos de la selva alta, o en la sierra central, entre la Comunidad de Rancas contra la Cerro de Pasco Co, en 1960» (Neira 1968: 69). Este enfrentamiento es el que encontramos descrito en *Redoble por Rancas* de Manuel Scorza.

[6] Estas organizaciones colectivas muestran un alto grado de combatividad. Los seis obreros muertos en la lucha por la legalización de Casa Grande (1959) revelan, incluso, la alta cuota

sin embargo, no abarcaba el cuestionamiento de la estructura de la propiedad o tenencia de tierras sino que se limitaba a reclamos sobre las condiciones inmediatas que preocupaban a los obreros: salarios, régimen de trabajo, prerrogativas suspendidas, etcétera.

A la lucha por la conquista de reivindicaciones en el sector rural, hasta entonces monopolizada por los sindicatos costeños, se le une una zona geográfica tradicionalmente marginada: la sierra. En 1960 los comuneros de la remota aldea de Rancas, en Cerro de Pasco, saltan al centro de la atención política al invadir los pastizales de la Cerro de Pasco Corporation. La policía se apresta a reprimirlos y en el desalojo mueren tres campesinos. Se inicia así una oleada de acciones similares con las cuales las comunidades reaccionan ante el despojo, tanto por parte de empresas extranjeras como de la Cerro de Pasco Corporation y otros consorcios ganaderos. ¿Qué es lo que empuja a estos sectores a emprender una acción tan radical? Nuevamente nos encontramos ante una serie de factores que habían venido actuando desde hace mucho y que alcanzan, con esta explosión, su momento extremo.

En principio hay una razón evidente: las comunidades han visto disminuir dramáticamente sus tierras de labranza, presa del acaparamiento de la Compañía, que a la par de sus explotaciones mineras en la zona, ha descubierto la bondad de los grandes pastizales en los cuales cría ganado fino. Lo que empezó con el avance de los pastizales de la Cerro por cuanta loma disponible encontró, obligando a los campesinos a replegarse cada vez más, terminó, en 1960, abarcando 13.000 de las 14.000 hectáreas de tierras disponibles (Kapsoli 1975: 92). Si consideramos que las tierras que la Cerro usaba para el pasteo de los animales constituían para los campesinos su único medio de subsistencia, entenderemos mejor los extremos de desesperación a los que se vieron empujados.

El levantamiento de esta zona del país despertó alarma en Lima, en principio porque el conflicto evidenciaba que la sierra estaba lejos de constituir la trastienda de la nación y que, por el contrario, desempeñaba un importante

---

de sacrificio que tuvieron que pagar. El panorama general, sin embargo, no logra ocultar una estudiada *domesticación*. Este fenómeno encontraba su explicación en la progresiva derechización del APRA a partir de 1945. La dirigencia empieza a representar los intereses de una burguesía empresarial emergente e introduce cambios en su programa agrario: «no quitar la riqueza a los que la tienen sino crearla para los que no la tienen», esto es, respeto a la propiedad privada y sólo redistribución de los sectores enfeudados del latifundio, dejando de lado la reestructuración de la tenencia de la tierra. El aumento de la productividad era la nueva clave para superar la pobreza (Degregori 1978: 231-232).

papel en la supervivencia de la capital. Muchos de los productos tradicionales que constituían la riqueza del país provenían de esta zona, al igual que gran parte de los productos alimenticios. La sierra, además, ocupaba una estratégica posición, como bisagra o enlace entre la zona de selva y la capital. Lima sintió la amenaza cerniéndose sobre sus fuentes principales de sobrevivencia. Si a esto añadimos, además, el hecho de que los levantamientos campesinos no se limitaban a ese sector ni a esa región, comprenderemos la trascendencia de ese fenómeno. En 1961, ya generalizados los conflictos, las comunidades campesinas iniciaron el planeamiento de su marcha hacia Lima. Se les unieron los trabajadores metalúrgicos (en 1964) y los estudiantes universitarios que reclamaban mayores rentas para sus centros de estudios. La explosiva combinación de estos estamentos configuró la imagen de *zona de alta peligrosidad* en que terminó convirtiéndose el centro del país. Las noticias que llegaban a Lima sobre los levantamientos de campesinos despertaron aún más temor ya que mostraban imágenes sobrecogedoras. Los protagonistas no eran las tradicionales masas indígenas desorganizadas y acéfalas. La disciplina, el orden, la estrategia y la planificación que desplegaban las comunidades sólo lograron ser explicadas aduciendo la coordinación de *agitadores políticos* profesionales. Este detalle incitó a reflexión sobre la identidad de los *comuneros,* protagonistas de los levantamientos, y a raíz de ello, sobre cuáles eran las transformaciones que experimentaba esta zona. En principio los habitantes de la región en conflicto no constituían un grupo uniforme. Se podía distinguir claramente entre los campesinos de las haciendas y los comuneros. Los primeros se mantuvieron al margen de los levantamientos. Los comuneros constituían un grupo transformado por las influencias externas, no podían ser descritos como 100 por ciento indígenas, eran propietarios de tierras y habían tenido intensos contactos con instancias *nacionales*, léase costeñas, como el ejército. Este detalle explicaba, con mayor precisión, el grado de organización observado entre los contingentes rebeldes[7]. Aquellos campesinos que, en algún momento, habían servido en el ejército fueron los que, una vez de regreso a sus comunidades, llevaron consigo no sólo la inquietud despertada por el contacto con otras formas de

---

[7] La decadencia de la influencia aprista, a nivel nacional, y la Revolución cubana, a nivel internacional, influyeron en la toma de consciencia política, tanto como la modernización de la sierra central y el proceso de *cholificación*. Los líderes eran o comuneros licenciados del ejército o influenciados por abogados, obreros y estudiantes. Aquellos que vivían en los centros mineros fundaban asociaciones que mantenían comunicación estrecha con su comunidad, colaborando con dinero para los juicios y con trabajo durante las vacaciones (Kapsoli 1975: 53, 91).

pensamiento y acción sino también su experiencia de guerra obtenida durante el servicio militar. Los *licenciados* coordinaron de modo ejemplar a sus paisanos durante las escaramuzas con las fuerzas del orden. El conflicto, entonces, para ser entendido requiere de las necesarias precisiones. En realidad, se trataba de un enfrentamiento entre «pequeños propietarios indígenas y grandes propietarios criollos y extranjeros» (Neira 1968: 79).

Cuando las novelas de Scorza aluden constantemente a las reivindicaciones de tierras en nombre del *colectivo* no nos encontramos, entonces, ante una ficcionalización. Estamos ante el uso estratégico de un concepto milenario. El campesino de la zona central, cuyo camino hacia la individualización era ya inevitable[8], recurre a un elemento esencial de su legado cultural: el ayllu y la esencia de la posesión de la tierra, para lanzarse en bloque a la conquista de reivindicaciones actuales.

La Convención (Cuzco), centro emisor de inquietud

Al abordar los movimientos campesinos de estos años (1958-1963) necesariamente se tiene que hacer referencia al rol desempeñado por las pioneras organizaciones sindicales del Valle de la Convención en el Cuzco y al rol trascendental de Hugo Blanco.

La importancia de la zona de la Convención[9] radica en sus características geográficas benéficas para la producción del café, frutas, cacao, etcétera. Esta zona subtropical, ceja de selva que une los Andes con la selva baja, constituye el terreno ideal para las llamadas *plantaciones*. La bonanza de este territorio no había sido descubierta recientemente: ya desde los inicios de la época colonial –siglo XVI– constituía un privilegio conseguir el otorgamiento de terrenos en esta zona. Altos funcionarios, la decadente aristocracia inca e incluso los misioneros jesuitas se contaban entre aquellos que disfrutaron de los benefi-

---

[8] «Antes de la fase de recuperaciones de tierras se había ya iniciado la descomposición comunal en la zona central. La migración, la apropiación individual de tierras y ganado, el agresivo avance de las empresas mineras y de las haciendas fueron factores determinantes de la lenta desintegración de las comunidades» (Kapsoli 1975: 51-81).

[9] Julio Cotler contribuye al primer tomo de *Realidad Nacional* con un artículo titulado «Haciendas y comunidades tradicionales en un contexto de movilización política», donde analiza las características del sistema tradicional rural peruano y la repercusión que tuvo el fenómeno de la movilización política en algunas comunidades y haciendas situadas en el departamento del Cuzco (Ortega 1974: 336).

cios de la producción exuberante de La Convención. Durante el siglo XIX se apreció una modificación de la población que habitaba este lugar; se trataba, esta vez, de los *notables*, los grandes terratenientes cuzqueños. Los notables se convirtieron en los nuevos propietarios de grandes extensiones de terrenos que, para ser explotados, necesitaban urgentemente de mano de obra. El trabajo lo proporcionaron oleadas de campesinos migrantes, que huyendo de las condiciones de trabajo de las haciendas andinas, descendieron al valle atraídos no sólo por las condiciones climáticas benignas, sino también por la sensación de libertad e independencia. Ambos grupos construyeron un sistema de trabajo que los beneficiaba: el propietario le adjudicaba una porción de tierra al campesino para que la trabajara y aprovechara sus frutos a cambio de un pago que podía ser en trabajo, dinero o especies. Nació, de esta manera, la figura del arrendamiento, y los campesinos se convirtieron en *arrendires*. Sin embargo, ya se encontraba presente un detalle que posteriormente se convirtió en fuente de conflictos. Nos referimos a la imprecisión de los términos del contrato. El arrendire quedaba sujeto a una contraprestación que abarcaba una variada gama de posibilidades: determinada cantidad de días de trabajo de labranza en la plantación, el apoyo de las mujeres en los trabajos de recolección de la coca o incluso trabajos en las minas[10].

En 1958 se combinaron varias circunstancias para alterar esta relación de trabajo. Los bienes de exportación que se producían en la zona generaron jugosas ganancias. El café alcanzó una especial posición en el mercado gracias, precisamente, a sus bajos costos de producción. La bonanza internacional se extendió también al precio del cacao. Todo esto hizo que los propietarios empezaran a considerar a los arrendires como un obstáculo para sus posibilidades de recibir la ganancia completa de los productos. Las primeras medidas hostiles se hicieron presentes, como los *desahucios*, por los cuales una vez expirado el plazo del contrato inicial no cabía renovación posible y se echaba al arrendir quedándose el propietario con más terrenos libres ya preparados para la siembra. Ello dejaba espacio libre para contratar mano de obra temporal barata. Aparecieron así los *habilitados* que, a diferencia de los arrendires, que constituían una especie de campesinado independiente, alfabeto, *pequeño burgués*,

---

[10] Este era el caso del famoso hacendado Romanville –contra quien se levantó Hugo Blanco en Chaupimayo– cuyas posesiones incluían minas donde trabajaban los campesinos como forma de pago por sus tierras. Cualquier tono de protesta eran reprimido al más puro estilo feudal: flagelamientos, torturas y represalias contra las viviendas y los familiares del campesino atrevido.

constituían el estamento más pobre, que se convirtió en el *proletariado agrícola* (Neira 1968: 87). Los arrendires, a su vez, contagiados por la misma fiebre de enriquecimiento, empezaron a defenderse. Como las parcelas que habían adquirido al momento de llegar al valle eran extensas, subarrendaron pequeñas partes de las mismas a otros campesinos, los *allegados*, a condición de que éstos cumplieran una gran parte de las obligaciones que ellos habían contraído con la plantación. Ni qué decir que la presencia de los *habilitados* fue rechazada por los dos grupos de campesinos ya establecidos –arrendires y allegados– que sintieron amenazadas sus posibilidades de sobrevivencia.

Los propietarios no se limitaron a desalojar arrendires sino que de mil maneras buscaron reducir las tierras otorgadas y aumentar las contraprestaciones. Ante tal acoso muchos campesinos se marcharon, lo cual permitió a los propietarios utilizar la tierra duramente trabajada para el cultivo industrial que tantas ganancias les reportó.

Esta situación se encontraba en la raíz de las primeras explosiones de violencia (el caso más publicitado fue el asesinato del propietario Duque de la hacienda San Pedro). En 1957 los arrendires se reunieron en los primeros sindicatos. Estas organizaciones empezaron a proliferar en otras plantaciones del valle que se unieron gustosas al conocer las reivindicaciones exigidas: eliminación de desahucios y del trabajo de las mujeres de los arrendires y la revisión de los términos de las contraprestaciones. Estos sindicatos rurales nacieron, pues, de un gesto de rebeldía, no se alineaban dentro de los márgenes de la legalidad. Detalle importante es que no aparecían secundados ni secundando la plataforma de ningún partido político. Si se observa a sus líderes se notará que se inclinaban por diversas vanguardias de izquierda, lo cual le asestó un golpe radical al Partido Comunista, la poderosa fuerza tradicional de izquierda en el Cuzco. Estas organizaciones combativas priorizaban el problema de la tierra y planteaban una radical transformación de las condiciones en las cuales se encontraba el campesino (Cotler 1974: 342-343).

La trascendencia alcanzada por estos sindicatos se aprecia en la magnitud de sus conquistas. De unas decenas iniciales pasaron, en 1963, a ser más de 72, y para ese entonces ya habían ocupado o entrado en litigio con 70 de las 140 haciendas del valle. El año 1962 constituyó el momento cumbre del sindicalismo rural y este éxito se debió al empuje que le brindó a partir de 1958 el liderazgo de Hugo Blanco.

Hugo Blanco

Pese a que Hugo Blanco[11] (1934) es cuzqueño, no inició su trayectoria política en su propia tierra, sino que primero recorrió otros caminos antes de convertirse en el propulsor de los levantamientos campesinos de La Convención en 1960.

Durante sus estudios de Agronomía en Argentina tomó contacto con el trotskismo y de regreso a Lima, como miembro del partido Obrero Revolucionario, inició su trabajo en las fábricas de la Avenida Argentina, en las cuales fundó sus primeras organizaciones sindicales. El radicalismo de Blanco se estrelló, en esos momentos, contra la bonanza que vivía el país. En pleno *boom* de exportaciones el sindicalismo existente no vislumbraba la necesidad de transformaciones estructurales, sino que se limitaba a los tradicionales reclamos inmediatos de mejores condiciones de trabajo. Cuando Blanco regresó al Cuzco participó en una huelga en su condición de delegado del Sindicato de Vendedores de Periódicos. Esta experiencia terminó en la cárcel pero fue un acontecimiento que desempeñó un rol fundamental en su formación. Allí conoció a la flor y nata del sindicalismo rural de La Convención. De inmediato se trasladó a esa zona e inició sus contactos con los campesinos, empezando como *allegado* de una parcela de coca en Chaupimayo. Los campesinos, luego de un tiempo, empezaron a considerarlo como uno de ellos y le fueron confiriendo cargos de confianza; así llegó a ser Secretario General de la Confederación Provincial de La Convención. Su estrategia, adoptada desde el principio, se basaba en otorgar un apoyo cuidadosamente equilibrado al grupo que él vislumbraba como fundamental en la contienda: los arrendires. En un primer momento, las acciones destinadas a proteger la posición de los arrendires resultaron efectivas, en vista de que los propietarios optaban por ceder ante la amenaza de enfrentarse a sus plantaciones paralizadas por huelgas. De esta manera empezó el cuestionamiento de las *obligaciones* que los arrendires y allegados debían prestar. Pero las huelgas rápidamente derivaron en acciones de mayor fuerza ya que, a medida que los levantamientos se extendían, también variaba la naturaleza de los reclamos. En lugares donde, además de la desequilibrada relación laboral, había evidencias de abusos y maltratos, los campesinos procedían a expulsar

---

[11] Sobre Hugo Blanco, véase su libro *Tierra o muerte* y el documento titulado «Historia de un luchador social. Autobiografía de Hugo Blanco Galdós», publicado en línea por la Confederación Campesina del Perú.

al gamonal[12]. En esta coyuntura Hugo Blanco planteó, paralelamente a los reclamos, su visión de reforma agraria. Las tierras que quedaban libres una vez expulsado el hacendado se utilizaban también para obras que cubrieran las necesidades fundamentales de la comunidad: escuelas primarias y colegios secundarios, postas médicas, agua potable, carreteras. De esa manera, lo que empezó como sindicalismo estrictamente dedicado a llevar adelante los reclamos de los arrendires comenzó a transformarse en una recuperación de tierras a secas. Estas movilizaciones despertaron gran alarma en la capital del país, alarma exacerbada por la intensa labor de ciertos medios de comunicación encargados de defender los intereses de los grupos de poder aliados de los terratenientes. Blanco fue estereotipado como el temible guerrillero[13] dispuesto a encabezar a las masas campesinas en un ataque virulento contra las ciudades.

A nivel político, las reivindicaciones de Blanco se encontraban muy lejos de atraer el apoyo de los sectores de izquierda; por el contrario, el tradicional *establishment* estalinista del Cuzco desconfiaba de él. El sectarismo de sus visiones les hacía concentrarse más en la posible amenaza que la persona de Blanco representaba para sus posiciones que en el momento político trascendental representado por las movilizaciones campesinas. Las divisiones no se hicieron esperar. Los sindicatos de campesinos fundados por Blanco se enfrentaron a la resistencia de otras organizaciones allegadas a los antiguos comunistas; estas últimas, incluso, pidieron el apartamiento de Blanco. A este cisma se le agregó la acción del partido aprista que, con gran sentido de la oportunidad, empezó a fomentar sindicatos de su propia bandera, caracterizados por contar con el apoyo patronal. Este intento no prosperó. El enfrentamiento final se dio con las organizaciones comunistas que opusieron a las movilizaciones de Blanco

---

[12] La palabra *gamonal* deriva del gamonito, una planta parásita que se desarrolla en las raíces de los viñedos y que crece a costa de éstos. Por una *pícara* analogía, en América Latina se aplica el término al propietario rico, especie de señor feudal que influye y domina el distrito manejando a sus arrendatarios como esclavos (Basadre 1992: 204). Burga y Flores (1981) definen el gamonalismo como el régimen de explotación extensivo de la tierra y de la mano de obra, con escasa productividad y baja rentabilidad.

[13] En una entrevista de 1997 Blanco, refiriéndose a la lucha legendaria de Chaupimayo, comenta: «El gobierno salió en defensa de los hacendados y atacó al Movimiento Campesino, empezando por los sindicatos más débiles [...]. Lo nuestro fue un movimiento de autodefensa del campesinado que se había sentido agredido en su lucha por la tierra. [...] Esa ha sido nuestra guerrilla, totalmente diferente al MIR, el Ejército de Liberación Nacional, Sendero Luminoso o el MRTA, organizaciones políticas que en nombre de los explotados luchan por la toma del poder» (N/A 1997: en línea).

las reclamaciones encauzadas por los canales formales. El apoyo mayoritario a la línea de Blanco se puso en evidencia cuando en 1962 éste convocó a una huelga general indefinida. El triunfo abrumador de la medida consiguió la supresión de los trabajos personales como forma de contraprestación.

En la cumbre de su popularidad, Blanco contaba con el apoyo de 132 sindicatos. Ese fue el momento adecuado para lanzar su propuesta del «poder dual» (Blanco 1972: 67) con el cual hacía referencia a una correlación de fuerzas entre los sindicatos campesinos y el gobierno central en las zonas rurales.

En junio de 1962 la Junta Militar del General Pérez Godoy asumió el poder con el apoyo de todos los estamentos armados. Para justificar esta decisión, entre otras razones, mencionaron precisamente la peligrosidad de los movimientos campesinos, que tendía a extenderse hacia las barriadas de las grandes ciudades. Un acontecimiento que contribuyó a la *demonización* de Hugo Blanco fue el encuentro que sostuvo con Luis de la Puente Uceda, por entonces secretario general del Movimiento de Izquierda Revolucionaria.

En noviembre de 1962, Hugo Blanco fue interceptado en Pucyura y se produjo un confuso intercambio de disparos en el cual murió un militar. Blanco debió huir a la puna. Se había convertido en un perseguido que tendría que enfrentarse continuamente con la policía. A finales de 1962 las tropas militares ocuparon el valle de La Convención. Una vez ausente Blanco, se inició el sistemático aprisionamiento de sus principales correligionarios, delatados activamente por enemigos de diversos bandos. En esta nueva coyuntura se hizo dramáticamente evidente la carencia de provisiones para sobrevivir. En mayo de 1963 el Ejército apresó a Blanco, que extenuado y enfermo, no ofreció resistencia. Luego de tres años de cárcel fue condenado a la pena capital, pero una intensa campaña internacional consiguió que se le conmutara la pena por veinticinco años de cárcel. Posteriormente fue amnistiado, deportado y marchó al exilio, lo cual no impidió que regresara a menudo a participar activamente en la vida política peruana, hasta que finalmente retornó al país.

Los levantamientos campesinos conducidos por Blanco, sin él, parecían condenados a perecer, pero sin embargo adquirieron nuevas dimensiones al extenderse hacia la sierra central donde otros campesinos asumieron el lema «¡Kausachum Blanco!» (Viva Blanco) y las banderas de «Tierra o Muerte». Nuevos líderes emularon a Blanco, despertando el desconcierto del país oficial que alarmado tuvo que aceptar la evidencia de que la prisión del líder no implicaba el fin de la violencia campesina.

Los sindicatos campesinos

La figura del sindicato, generalmente asociada al sector obrero, urbano, surge en los Andes peruanos dotado de características peculiares y presenta también una evolución sorprendente. El sindicato andino es la organización de campesinos de una hacienda, un pueblo o una comunidad reunidos en torno a una reivindicación que varía según el sistema de trabajo al que pertenecen los miembros, pero que tiene como esencia los problemas derivados de la posesión de la tierra. Si bien su momento de mayor poderío se registró entre 1961 y 1962, sus orígenes pueden rastrearse hasta los años treinta. La hacienda Maranura destaca como el primer lugar donde una *sociedad de trabajadores y artesanos,* siguiendo el ejemplo de obreros del Cuzco, se agrupó para hacer frente al creciente desequilibrio que experimentaban las tradicionales relaciones laborales entre colonos y patrones. Las causas de esa transformación eran complejas. Una epidemia de malaria hizo decaer la presencia de mano de obra, ante lo cual los patrones reaccionaron formulando exigencias excesivas a los trabajadores que quedaban. El primer reclamo formal (pliego de reclamos) presentado por esta organización, en 1935, motivó la presencia policial y la persecución de los líderes, que solicitaron el apoyo del Cuzco, donde se encontraba la influyente Federación de Trabajadores. Sin embargo la semilla estaba plantada, pues colonos de zonas aledañas empezaron a imitar el modelo de Maranura. En 1946, luego de un período de tranquilidad, la Federación del Cuzco reinició su actividad en la zona de La Convención, donde juramentó a los primeros sindicatos[14]; paralelamente, desde diversos fundos empezaron a llegar más dirigentes. Ese momento reveló de qué manera esos sindicatos nacientes contaban y se desarrollaban bajo el proteccionismo de la Federación de Trabajadores de tendencia comunista tradicional. No obstante, el dinamismo de las organizaciones campesinas adquirió rápidamente una velocidad y ritmo propios. Cuando la Federación –debido a cuestiones internas– descuidó el trabajo con los campesinos, éstos continuaron su actividad bajo la dirección de nuevos líderes y el naciente influjo del trotskismo. De la misma manera, se fueron agregando nuevos matices a la fórmula inicial; el sindicato de Chaupimayo, por ejemplo, nació en 1958 con una agenda muy específica, como reacción de los arrendires

---

[14] El proceso de constitución de un sindicato incluye, una vez tomada la decisión por voto comunitario, el viaje del delegado a solicitar que un miembro de la Federación Central se apersone *in situ* a levantar un acta. Esta formalidad permite testimoniar el nacimiento del sindicato según las normas de la Legislación Laboral Nacional.

contra los excesos de la familia Romanville (*Caretas* 1997: en línea). 1958 fue un año trascendental, y el movimiento adquirió mayores dimensiones: no sólo se fundó la Federación Provincial del Valle de La Convención y Lares, sino que también marcó el inicio de la dirección de Hugo Blanco.

Como se ha dicho, la presencia de Blanco coincidió con el período de máxima expansión del levantamiento campesino. El valle había sido rebasado y a medida que otras zonas andinas se unían al sindicalismo éste empezaba a adquirir nuevas connotaciones. Ya no sólo serían los arrendires quienes se levantaran: peones, comuneros y colonos se integraron trayendo consigo nuevas estrategias de resistencia, de las cuales la más destacada fue la *recuperación de tierras* o lo que la oficialidad llamó *la invasión de tierras*. Los numerosos sindicatos se fueron agrupando en *centrales* influyentes y poderosas, algo que en determinado momento provocó un enfrentamiento con los movimientos de izquierda. Surgió así una de las causas de la desorganización final del sindicalismo.

En 1961 la Federación Departamental de Campesinos del Cuzco era un hecho, y agrupaba a más de doscientas (214) organizaciones locales. El sindicalismo rural que nació bajo la tutela de la Central Comunista del Cuzco era entonces tan poderoso que prácticamente fue él quien extendió su influencia sobre la central. Esta inversión de roles no fue aceptada de buena gana por la central comunista tradicional. La discusión ideológica enfrentó a los comunistas y trotskistas seguidores de Blanco[15]. Este desplazamiento de poder acarreó consigo una serie de consecuencias prácticas. Los sindicalistas cuzqueños, al apoyar al naciente movimiento rural, partieron del presupuesto de que luego habrían de incorporarlo a sus filas como un miembro más. Este nuevo miembro apoyaría sus objetivos específicos: movilización de masas para fines electorales o demostraciones de fuerza: mítines y huelgas. Anteriormente existía en los sindicatos un *aparato* de protesta monopolizado por los comunistas, que *vivía* de la conducción de procedimientos judiciales entre campesinos y hacendados. En general, existía toda una clase militante que hacía de intermediaria entre las protestas campesinas y el poder central. El movimiento que surgió caracterizado, precisamente, por estipular sus propias reglas de juego y recurrir a

---

[15] La ortodoxia comunista no podía dejar de lado el supuesto básico de que la vanguardia de la revolución era la clase obrera. El campesinado debía seguir y apoyar a los obreros pero nunca precederlos. Para Hugo Blanco eran las masas campesinas las que determinaban la necesidad de las milicias armadas; en ese sentido la vanguardia guerrillera deriva de la lucha por la tierra y no puede surgir separada de la línea dictada por las masas campesinas.

formas de protesta no tradicionales, se independizó de este proteccionismo y a la vez dejó sin trabajo al antiguo andamiaje de izquierda.

El período 1962-1964 consagró a la Federación Departamental del Cuzco como una integrante formal del panorama político nacional. Se convirtió en vocera oficial del movimiento sindical, en el órgano central coordinador de todas las medidas de fuerza y al mismo tiempo instancia de diálogo con las autoridades, y todo ello sin dejar de prestar la atención que requerían los sindicatos campesinos que seguían surgiendo aún fuera del departamento del Cuzco. La Federación era tan poderosa que, en el contexto electoral del año 62, se permitió otorgar su apoyo al Frente de Liberación. De esta manera sobrepasó su objetivo inicial específico: la reinvindicación de las tierras. 1963-64 constituyó el momento más intenso de las invasiones/recuperaciones, que fueron extendiéndose incluso a otras zonas. Ayacucho se unió en 1963, fundando una sección Provincial bajo la dirección de un seguidor de Blanco; lo peculiar de esta organización fue que estaba compuesta, sobre todo, por integrantes de comunidades indígenas. A estas alturas, los enfrentamientos con la policía, la política represiva (captura de Blanco) y la acción de las fuerzas de choque formadas por los propietarios llevó a las organizaciones de campesinos a plantearse la constitución y entrenamiento de milicias campesinas. Puno constituyó una excepción tal vez porque confluyeron allí la presencia de organizaciones de tinte aprista, las obras sociales de los sacerdotes Maryknoll y la férrea influencia de la familia de caciques-congresistas Cáceres, contrarrestando el efecto del líder trotskista (Neira 1968: 205). Durante 1964 el modelo de sindicalismo desarrollado por Blanco alcanzó la zona de la sierra central: Huancayo, Concepción y llegó hasta la selva: Tarma y Satipo. Fueron las formas modernas de comunicación –radio, revistas y diarios– las encargadas de dispersar la novedad sindical por zonas tan alejadas como Piura, el extremo de la costa norte, Lambayeque, Cajamarca, Ancash, Ica y Arequipa (sur costeño).

A fines de 1964 disminuyó la intensidad de las recuperaciones de tierras y se ingresó a una fase de preservación de lo que, hasta ese momento, se había conquistado.

Pasado el momento inicial de sorpresa, el poder central se reorganizó y empezó el contraataque por varios frentes. Se iniciaron los programas de Reforma Agraria en las zonas problemáticas –que obviamente eran también las zonas de mayores recuperaciones–, y se desplegó un discurso promisorio y estratégico de mejoras, por la vía formal, para contrarrestar las acciones de los sindicatos. El Estado buscaba así convencer a las mayorías de que había otras soluciones al problema de la tierra y de que el campesino no se encontraba en un callejón sin salida y no necesitaba, por lo tanto, recurrir a medidas extremas (Cotler 1974: 344). Numerosos líderes campesinos fueron *integrados* al aparato estatal convertidos en funcionarios o coordinadores de este proceso de Reforma Agraria. Se llegó, incluso, al extremo de *expropiar*, de manera ejemplar, algunos fundos y distribuir las tierras entre los campesinos, o a fundar cooperativas bajo la dirección de los antiguos líderes convertidos ya en funcionarios. Todo esto produjo confusión entre la masa campesina que no sabía más a qué atenerse. Estas acciones por la vía formal marchaban paralelas con una intensa persecución policial que iba diezmando las cúpulas dirigentes de los sindicatos. Sin la efervescencia inicial de las primeras invasiones que movilizaron masivamente a los campesinos sólo quedaba la labor coordinadora de los líderes, y una vez que ellos fueron detenidos se produjo la lenta desconexión entre las bases.

Me parece interesante, en vista del análisis de las novelas de Scorza (y en particular en lo que concierne a la dinámica de lo visible-invisible), consignar una observación de Neira cuando analiza las causas de la decadencia de esta ola reivindicatoria indígena al desaparecer sus líderes informales. La aparente incapacidad de las masas campesinas de llevar adelante sus protestas, una vez que el líder deja de ser un campesino para convertirse en un profesional, pareciera llevarnos a la conclusión de que el sindicalismo andino peruano produjo un líder caracterizado por la mezcla de dos atributos antitéticos: *fuera de la ley* y *dirigente legal*. De esta manera «El líder rural participa de la misma ambivalencia que el movimiento mismo» (Neira 1968: 207). Las características del estilo de Blanco constituyen un ejemplo de este fenómeno tan poco ortodoxo: una vez comprobada la voluntad de participar de varios núcleos disgregados, el líder asume personalmente la organización y coordinación de estas fuerzas, de modo que encauza la presión que nace esporádicamente de las masas. La continuidad del movimiento descansa, sin embargo, no en un profesional sino en toda una generación de campesinos dispuestos a asumir el rol del líder original. Es lo que se observó en la práctica cuando la policía empezó la persecución: el sindicalismo rural elegía un dirigente tras otro. Lo que constituyó un elemento inesperado fueron las variadas posibilidades que empezaron a presentárseles en el camino a estos dirigentes. ¿Integrarse a la reforma agraria oficial? ¿Seguir incansablemente coordinando las explosiones de la masa? ¿Unirse a la alternativa de la izquierda revolucionaria surgida en el 60 que actúa hasta el 65? En 1962, la entrevista entre Blanco y de la Puente Uceda reforzó esta posibilidad. Sin embargo, optar por la guerrilla implicaba alterar la *ambigüedad* del movimiento campesino que anteriormente mencionamos como uno de sus elementos identificadores. La dinámica de violencia que animó las recuperaciones de tierras no fue, después de todo, una explosión descontrolada. Neira habla de la «astucia campesina» que desplegó semejante medida de fuerza en el momento preciso en que se discutía la Reforma Agraria en el Parlamento y Belaúnde iniciaba su gobierno. El *doble juego* que habían impuesto las reivindicaciones indígenas no había sido infructuoso, las guerrillas, por su parte, equivalían al enfrentamiento abierto. A partir de 1964 la gama de posibilidades de anexión del sindicalismo rural hace que éste pierda autonomía e inicie nuevas batallas para preservar, esta vez, su identidad, en asociación con cualquiera de estas opciones elegidas.

Sindicatos en el centro del Perú: Cerro de Pasco

La región de la sierra central del Perú constituye uno de los tres focos principales alrededor de los cuales estallan los conflictos. Los sindicatos que surgen en el sur, Cuzco, y se extienden a Ayacucho, constituyen el primer foco. Por el norte, la acción se concentra en Cajamarca y Ancash. Finalmente la agitación de la zona centro tiene como eje a los departamentos de Junín y Cerro de Pasco. En este libro nos centraremos sobre todo en la evolución de los movimientos campesinos en Pasco.

La explicación del matiz violento que adquieren los movimientos campesinos de Pasco en el siglo xx hay que ubicarla en el momento histórico en el cual se producen. Ya desde los años treinta las haciendas de Cerro de Pasco empezaban a agitarse por el descontento que cuestionaba, sobre todo, el sistema de tenencia de tierras. Este concepto es de capital importancia y caracteriza el tenor de la lucha en ese momento. El proceso, sin embargo, no es uniforme; Kapsoli (1975) distingue varias fases en la lucha campesina. Para saber dónde se ubica el período que tratamos en el contexto más general de las luchas campesinas, debemos trazar rápidamente el panorama evolutivo.

Entre 1880 y 1930 se desarrolló la fase denominada pre-política, que se caracterizó por una búsqueda de soluciones a conflictos urgentes surgidos como consecuencia de procesos de reestructuración de la economía en el contexto de conflictos de la magnitud de la guerra con Chile. De 1930 a 1963 transcurrió la fase política, caracterizada por el intenso recorrido de las instancias judiciales. El núcleo de la disputa, a diferencia de la fase anterior, fue la estructura de tenencia de las tierras. Durante este período se agotó cuanto recurso de procedimiento y cuanta instancia judicial fueron necesarios: quejas, denuncias, comparendos, reconocimientos, inspecciones oculares, apelaciones, etcétera, todo ello en el contexto de un enfrentamiento pacífico. Las acciones, sin embargo, se fueron radicalizando hasta culminar en una fase violenta (1956-1963) con ocupaciones y recuperaciones de tierras concentradas sobre todo entre 1960 y 1963.

Es a este último período que corresponden las movilizaciones de comunidades como la de Tusi contra la hacienda Jarria; las de Yanahuanca y Yanacocha contra las Haciendas de Chinche, Uchumarca y Pomayarus; las de Yanacancha, San Antonio de Rancas y Yarusyacán contra El Diezmo, Paria y la Cerro de Pasco Corporation. Todos estos levantamientos son los escenarios en los que se desarrolla la Pentalogía de Manuel Scorza.

¿Cómo explicar esta situación explosiva en Cerro de Pasco?

En principio, en esta zona también se encontraban haciendas con un funcionamiento basado en la explotación servil del campesino, característica común a este sistema en todo el Perú. Los campesinos[16] y sus familias debían realizar desproporcionadas prestaciones de servicios al hacendado (dentro y fuera de la hacienda) como pago por el uso de las tierras y los pastos para su ganado, quedándoles un mínimo de tiempo para trabajar por su propia subsistencia. El campesino tampoco podía disponer libremente de lo que lograba producir, porque sus *ganancias* estaban sujetas a una serie de condicionamientos (como por ejemplo no comerciar con nadie excepto la propia hacienda) ideados por el patrón para eliminar cualquier posibilidad de competencia interna. Sin embargo, hay un elemento diferente que generó profundas transformaciones: la presencia de la compañía Cerro de Pasco Mining Co., que inició sus inversiones en 1902, adquiriendo no sólo las concesiones mineras sino también las haciendas y tierras adyacentes. Animada por un criterio de diversificación, la Compañía inició la cría de ovinos, finos productores de lana de exportación, y de ganado vacuno para el consumo de su personal. Para garantizar la productividad de esta empresa la Cerro procedió a cercar, indiscriminadamente, enormes extensiones de terrenos con alambre de púas[17]. Esto originó el enfren-

---

[16] Todavía más dramática era la situación de los pastores. Ellos debían, para pagar el *arriendo*, hacerse cargo de enormes cantidades de ganado por largos períodos de tiempo. Como no daban abasto debían involucrar a toda la familia en el trabajo de día y de noche. Si algún ejemplar se extraviaba o accidentaba el patrón se apoderaba del doble de ganado del campesino o multiplicaba la jornada hasta cubrir el monto de la deuda (Kapsoli 1975: 25).

[17] En el caso del centro del país la aparición de este sistema de cercos va de la mano con la aparición de las compañías extranjeras. La Cerro de Pasco Mining será la pionera en

tamiento entre las comunidades y la Compañía, lo que condujo a una serie de juicios que no aportaron solución satisfactoria alguna.

El *cercado* de casi todas las zonas cultivables disponibles condujo a los campesinos a la más absoluta miseria y desesperación, caldo de cultivo para una explosión, tal como predice el abogado de la comunidad de Yarusyacán, Genaro Ledesma (el protagonista de *La tumba del relámpago*). Cuando en *Redoble por Rancas* se alude a aquel cerco infernal que en su carrera devoraba no sólo terrenos sino también accidentes geográficos y pueblos enteros, se está aludiendo a lo que en 1960 sucedía en estas comunidades: «[…] al tenderse el cerco quedaron encerrados varios comuneros quienes se decidieron a morir antes que dejar el patrimonio de sus antepasados […]» (Kapsoli 1975: 79).

¿Cuáles son los factores que motivaron la reacción de los campesinos en 1960? No nos encontramos ante algo que sucediera por primera vez, porque ya había actividad desde 1930.

En la década del sesenta el grueso de la población de Cerro de Pasco se dedicaba a la agricultura; en una posición secundaria se ubicaban la actividad minera, ganadera y comercial. La productividad de estas tierras aún estaba sujeta a técnicas tradicionales y dependía de condiciones climáticas poco benignas: heladas y plagas. Estas eran combatidas por los comuneros recurriendo a sistemas rotativos del uso de las tierras. Las zonas altas se dedicaban a la ganadería, aprovechando la presencia de pastos.

Las dificultades que presentaba esta forma de subsistencia intensificaron la migración de comuneros ya sea rumbo a la costa, donde el auge de la pesquería atraía mano de obra, o hacia los centros mineros que se encontraban geográficamente más cerca. Aquellos que se marchaban lo hacían temporalmente, siguiendo un esquema de actividad agropecuaria y mantenían sólidos contactos con sus comunidades. Este detalle es importante si tenemos en cuenta el rol de las Asociaciones de Residentes de las Comunidades en la capital, que apoyaron activamente el desarrollo de las movilizaciones en sus pueblos natales.

La estrategia de apropiación que desplegaron las empresas mineras contribuyó en gran medida no sólo a modificar el panorama rural sino también a agregar razones para los levantamientos. La absorción de las haciendas, incapaces de competir con ellas, fue una de las causas de descontento. Igualmente desastroso fue el desalojo de las comunidades bajo la excusa de iniciar proyectos

---

esta práctica y la que más haga uso de ella. Los hacendados al ver los resultados obtenidos la asimilarán inmediatamente.

de magnitud, como hidroeléctricas, para lo cual se escogieron terrenos que la comunidad dedicaba a la agricultura, dejándoles sólo los cerros para subsistir (Kapsoli 1975: 57). Otra razón que obligó a los comuneros a abandonar sus tierras fueron los efectos de los humos tóxicos que mataban a los animales, eliminaban los pastos y causaban enfermedades, además de envenenar los ríos y hacer improductiva la tierra. Para acceder a los centros mineros, las Compañías iniciaron la construcción de carreteras y vías ferroviarias, apropiándose de tierras y destruyendo zonas de cultivo sin consideración por las comunidades que subsistían de la productividad de estas zonas. Finalmente la construcción de represas fue otra causa de desposesión de tierras comunales y de perjuicios: inundación de terrenos de cultivo y de viviendas. Las comunidades comunicaban todas estas irregularidades a las instancias respectivas y del conflicto resultaban Actas de Conciliación redactadas en terminología jurídica que desestimaban los argumentos de los comuneros, hacían concesiones ínfimas o despojaban a las comunidades. Generalmente la posición de las compañías era respaldada por las autoridades. Los campesinos, visto lo infructuoso de esta vía, tomaron iniciales medidas radicales, como no asistir a las faenas obligatorias o introducir sus animales en los pastizales cercados. Las compañías recurrían entonces a medidas de fuerza: expulsión de las comunidades, quema de viviendas o exterminación de los animales.

Los enfrentamientos entre las haciendas y las comunidades es un tema que se remonta a la etapa colonial. Desde entonces, sea por «derecho de conquista», donaciones, repartimientos o despojo de las comunidades ante las deudas contraidas con los corregidores o como resultado de las migraciones masivas, grandes extensiones de tierras pasaron a manos de los interesados que, a veces, sólo tenían que pedirlas. Al fin y al cabo, como argüía un capitán al presentar su solicitud al cabildo de Huánuco, se trata de «un tambo despoblado y había sido de los yngas» (Kapsoli 1975: 67). Los indígenas que se encontraban en esas tierras no poseían documentación alguna excepto la tradición[18] mientras que los nuevos poseedores se apresuraban a formalizar y legalizar sus tierras. Hubo, sin embargo, disposiciones excepcionales a favor de los indígenas, pero

---

[18] Ejemplo de ello se encuentra en la documentación sobre un conflicto entre un clérigo de Santa Ana de Tusi, a quien en 1707 al ampliar sus dominios se le adjudicó el pueblo viejo de Uchumarca, y la comunidad de indígenas que en su reclamo sostenían: «desde el tiempo del inga a esta parte hemos estado en quieta y pacífica posesión de dicho pueblo viejo del Uchumarca y sus contornos [...] por ser nuestro origen y ser así mismo inmemorial». La resolución final otorgó las tierras al clérigo.

en estos casos los hacendados recurrían a métodos violentos de los cuales no rendían cuentas, ya que muchos de ellos, además de propietarios, desempeñaban altos cargos políticos y administrativos. Cabe señalar que estas prácticas, que se fueron sucediendo de generación en generación de propietarios, no se limitaban a las tierras sino también a las escasas propiedades de los comuneros. En épocas de crisis económica, por ejemplo una vez finalizada la guerra con Chile, los hacendados popularizaron los *rodeos*, en los cuales apresaban cuanto animal se encontrara pastando «dentro de sus dominios». El campesino debía pagar una multa por la infracción, un *derecho por el pasto consumido* o pagar con servicios la descomunal suma que obviamente jamás reuniría.

Esta era la situación en los años sesenta, pero otras circunstancias, lentamente, habían ido transformando el escenario. Desde comienzos de siglo hasta aproximadamente los años treinta, surgieron organizaciones específicamente vinculadas con la temática indígena como el Patronato de la Raza Indígena y la Fecha de Oro del Indio Unido. Estas, si bien limitaron sus reivindicaciones a temas generales, contribuyeron a una toma de consciencia del campesino y abrieron las posibilidades de presentación y manifestación de denuncias. Paralelamente el partido aprista, hasta entonces el único movimiento de masas, empezó a compartir el terreno, sobre todo en la sierra, con el Partido Comunista, lo cual modificó la naturaleza y el tenor de las protestas campesinas. La influencia de la Revolución cubana llegó también a través del discurso comunista.

Las protestas no explotaron antes porque inicialmente, cuando la Compañía se instaló, representó ventajas para los campesinos y constituyó una fuente de trabajo. Sin embargo, ya se dejaban sentir explosiones esporádicas y violentas. El agotamiento de las posibilidades de arreglo por la vía judicial, así como el descontento ante la constante espera por la Reforma Agraria que Fernando Belaúnde había prometido en su campaña (no en vano las primeras explosiones se produjeron durante los cien primeros días de su gobierno), hicieron estallar la impaciencia de los campesinos. Las tomas de tierras empezaron a realizarse de manera coordinada y organizada, muchas veces al mando de licenciados del ejército. Había, sin embargo, ocasiones en las cuales no se excluía la violencia: los campesinos saqueaban y destruían la hacienda y las plantaciones, se apoderaban de los animales y se enfrentaban a los servidores de la hacienda. Como regla general, las ocupaciones constituían casi un ritual[19]: toma de tierras,

---

[19] «[…] largas columnas de campesinos, compuestas por hombres, mujeres, niños y ancianos, portando banderas, acompañados de tambores, clarines y pututos, con gritos de aliento

inmediata construcción de chozas y distribución de animales en los pastizales. Es el caso de Yarusyacán, en 1958 la miseria producida por *el cerco* los llevó a invadir, lo cual no impidió que las discusiones formales continuaran por la vía judicial. La resolución final dictaminó en contra de la comunidad y ordenó el desalojo. Esta medida se hacía necesaria para sentar precedente en vista de que Yarusyacán contaba con la solidaridad de otras comunidades vecinas, todas reunidas en la Federación Departamental de Comunidades de Pasco. Esta entidad no reconocida, que abarcaba a más o menos quince comunidades, se encontraba dirigida por Adán Ponce, «conocido agitador comunista» (Kapsoli 1977: 134). El 23 de diciembre de 1961 se produjo el desalojo, para el cual acudió la policía de Servicios Espaciales reforzada por empleados de la hacienda Jarria. Según la versión policial, mientras las acciones se desarrollaban pacíficamente los comuneros procedieron a «prender fuego a sus chozas y acto seguido atacaron a la policía con hondas confeccionadas en Lima» (Kapsoli 1977: 134). La tropa repelió la «densa pedrea» con bombas lacrimógenas y explicó las circunstancias en que se produjeron los heridos declarando que eran «producto de caídas contra las rocas» (Kapsoli 1977: 134). Pese a estos precedentes las tomas de tierras continuaron, los comuneros de Villa de Pasco, Cayma, Colquijirca, Yanacancha, Quiullacocha y Pari se unieron a las acciones. La mayor masacre se produjo en 1961, durante el conflicto entre la comunidad de Yanacocha y las haciendas de Chinche, Uchumarca y Pacoyán. Este fue un caso típico de fricciones que databan ya de comienzos de siglo y se agudizaron en el año 1961, cuando los comuneros tomaron las tierras y el desalojo arrojó 27 muertos, numerosos heridos y encarcelados. La magnitud de este suceso generó reacciones a nivel nacional: duelo y paralización general de todo el departamento de Pasco, marchas y mítines multitudinarios de estudiantes y obreros en Lima condenando la masacre. La prensa nacional publicó fotos impactantes sobre estos hechos. Por primera vez la nación contemplaba a estos «ejércitos de desharrapados» marchando al mando de licenciados del ejército, los cuales incluso vestían sus antiguos uniformes. El temor se incrementó por las detalladas descripciones, como la que presentó el diario *Expreso*: «[…] cuerpos de caballería perfectamente militarizados que patrullaban todo el día los terrenos invadidos, organizaron puestos de vigías camuflados y realizaban prácticas de marcas de orden cerrado» (Kapsoli 1975: 102).

---

en quechua, cortan las alambradas o rompen los límites, entran a la hacienda y ocupan las tierras que les pertenecen» (Flores Galindo 1988: 362).

Un detalle importante de este enfrentamiento lo constituyó el que por primera vez se tuviera acceso directo a la versión de un participante. El Presidente de la comunidad de Yanacocha logró escapar del bloqueo decretado por la policía (nadie salía ni entraba del departamento de Cerro de Pasco sin su control) y llegar a Lima luego de una larga jornada a pie. El nombre de este campesino era Fermín Espinoza Borja, a quien Scorza convierte en protagonista de su segunda novela, rebautizándolo como Garabombo el Invisible.

II.

El enfrentamiento con la historia oficial

La historia de la Historia

¿Qué es lo que Scorza se propone? ¿Reescribir una historia? ¿Crear otra?, ¿Desautorizar la tradicional haciendo emerger una nueva? Quizás todo guarda relación con la pregunta sobre la verdad o *una verdad*. ¿Existe una narración objetiva del pasado? Una búsqueda de *la* verdad, además, nos involucra a todos. ¿A quién creer finalmente si todo se redujera a múltiples versiones revisadas, reescritas, retomadas o recopiladas? ¿En qué basar nuestro relato del pasado? Tal vez la pregunta más adecuada sea la que indaga en por qué creemos en una u otra versión. La memoria es selectiva, mantiene lo que considera conveniente y desecha aquello que quiere olvidar. Es este elemento de fe lo que es necesario tener presente al empezar este análisis, ya que constituye el núcleo del ataque de Scorza.

A lo largo de las cuatro primeras novelas de la saga –*Redoble por Rancas, Garabombo el invisible, El Jinete Insomne* y *Cantar de Agapito Robles*–, Scorza confronta al lector con «la crónica exasperantemente real de una lucha solitaria» (RPR). Los héroes de sus combates luchan tenaz y desesperadamente desde los únicos espacios posibles que parece haberles cedido el mundo oficial: el mito, la leyenda, la grandeza del pasado y la ilusión de la promesa del retorno a un glorioso imperio. Todas estas fases parecen constituir un camino necesario hacia la última novela *La tumba del relámpago*, en la cual el protagonista, una vez recorridos esos territorios, se plantea desde el comienzo la lucha «dentro» ya del «carcomido cuerpo de ese monstruoso animal histórico que agonizaba desde hacía cuatroscientos cincuenta años» (LTDR: 231), dentro de los márgenes de *lo oficial,* de lo real.

Las reflexiones del abogado Genaro Ledesma, el protagonista de la última novela, constituyen en este sentido un material interesante. Ledesma se enfrenta y combate el orden existente pero no para generar el caos: él trae consigo una propuesta de renovación que implica, entre otras cosas, el surgimiento de un nuevo protagonista; el indígena, hasta entonces, en palabras de Ledesma, excluido y negado en los sucesivos procesos que intentaron definir el ser peruano. Interesa precisamente recorrer este proceso a lo largo de las novelas reconociendo no sólo la presentación de las evidencias de la marginación y el olvido, sino la manera en que se recupera la versión de estos marginados. ¿Cuál es esa versión?

El papel que la historia oficial desempeña en la construcción de la identidad nacional, esto es, el pilar que ella constituye en la afirmación del vínculo de pertenencia a cierto colectivo nacional, es innegable. La historia es la narración del pasado. El discurso apologético cargado de descripciones de heroísmo, sacrificio, triunfos o derrotas dignas, la presencia de los héroes de la patria y de los monumentos nacionales son símbolos a los que una comunidad se aferra al momento de reafirmar su pertenencia a un colectivo. Estos momentos, que todos comparten, actúan como elementos solidificantes de la tradición de peruanidad. Insistimos en que hacemos referencia al *sentimiento* de pertenencia, al *instinto* de colectividad; el hecho de que la historia oficial se encuentre plagada de versiones unilaterales, inexactas e interesadas es también evidente. Tanto los símbolos como los relatos del pasado que alimentan a las colectividades emergen una vez librada la batalla entre las diferentes versiones sobre la nacionalidad:

> Forgetting, even getting history wrong, is a essential factor in the formation of a nation. [...] For nations are historically novel entities pretending to have existed for a very long time. Inevitably the nationalist version of their history consists of anachronism, omission, decontextualization and, in extreme cases, lies. (Hobsbawm 1997: 270)

Es necesario entonces dejar en claro que al margen de estudios críticos, actualización de referencias, descubrimientos de documentos o reescritura de los papeles protagónicos, la mayoría de la población ha recibido por años una versión unilateral y grandilocuente del nacimiento de la nación que habita y a la cual pertenece. La colectividad maneja un panteón sagrado de héroes cuyas hazañas y famosas proclamas acostumbran incluso memorizarse en los primeros años escolares[1]. La población se encuentra familiarizada con determinados

---

[1] Hemos ubicado los temas que se abordan en las novelas –la gesta emancipadora, Simón Bolívar y la Batalla de Junín– dentro de los Programas Curriculares de enseñanza de la Edu-

episodios claves que sirven como punto de referencia al momento de trazar su recorrido por la historia nacional. A manera de continuo recordatorio de las fechas claves, el calendario cívico establece días no laborables a fin de honrar esta memoria. Este culto a la narración del pasado ha de tenerse presente como punto de partida al revisar la manera en que Scorza aborda capítulos trascendentales de la historia peruana.

¿Cómo reconstruir ese pasado? ¿Qué *elementos* escoger? Lo que se cuenta y cómo se cuenta sobre el nacimiento y evolución de una nación no es un proceso que surge automática ni fluidamente. Para empezar, los acontecimientos no suceden en el vacío, la historia de un pueblo está sometida a tantas modificaciones como transformaciones experimenta la estructura social de una nación. Tras la estructura de la Historia oficial se encuentran intereses que definen qué y en qué momento se cuenta o se silencia algo. En segundo lugar, la Historia no es una ciencia ni una práctica aséptica que tenga lugar en un laboratorio y que esté destinada sólo al estudio de los intelectuales. La Historia constituye un elemento estratégico fundamental en la lucha por las afinidades de quienes conforman los pueblos. El discurso histórico se elabora cuidadosamente ya que la versión de turno deberá ser impartida, a través de las escuelas, a las nuevas generaciones que constituyen el cuerpo de la nación. Existe un proceso de simplificación de los grandes procesos históricos. Aquello que las escuelas enseñan son evidentemente puntos de referencia que le permiten a la comunidad identificarse y construir su sentimiento nacional, su sentido de pertenencia[2]. Reconocer estos puntos de referencia es interesante, ya que constituyen el talón

---

cación Primaria, revisando para ello el Diseño Curricular de los años 1980, 1990, 2000 y 2008 respectivamente. Muchas de las referencias a estos temas en este libro provienen de textos escolares de Historia de uso obligatorio: *Historia del Perú: Emancipación y República*, de Gustavo Pons Muzzo, 1962; *Historia del Perú y del mundo*, de Antonio Guevara Espinoza, 1975; *Historia del Perú y del mundo*, de Manuel Espinoza García, 1980. Según el Catálogo de Recursos y material educativo emitido en concordancia con el Diseño Curricular Nacional de Educación Básica Regular del Ministerio de Educación (2004-2008), bajo el rubro de Material Cívico se consigna el estudio de los principales símbolos patrios. Igualmente la Biblioteca Escolar Básica cuenta entre su material de lectura con la *Enciclopedia de Historia del Perú para niños,* cuyos autores son Gustavo Pons Muzzo y María Elsa Pons Muzzo Díaz.

[2] «[those who choose to believe historical myth] hold political power, which, in many countries, […] entails control over what is still the most important channel of imparting historical information, the schools. And, let it never be forgotten, history –mainly national history– occupies an important place in all known systems of public education» (Hobsbawm 1997: 275).

de Aquiles hacia el cual se dirigirá cualquier ataque que tenga como objetivo poner en entredicho la versión oficial, y con ella –que no es poco– la manera en que una nación se concibe, se ubica en el mundo y construye su identidad.

En principio, las obras de Scorza parten de la evidencia de que el país cuenta con una manera tradicional de narrar el pasado[3]. En el punto de partida, entonces, se encuentra un serio cuestionamiento sobre la legitimidad de dicha narración. A lo largo de las cinco novelas de la pentalogía encontramos reiteradas menciones a episodios fundacionales de la historia oficial peruana. La selección de dichos momentos no es gratuita: a lo largo de los años la historia oficial ha sido enfocada reiterativamente desde esos puntos de vista. Son los hitos a partir de los cuales se ha contado *lo histórico nacional*. Son ejes que le permiten a los peruanos ubicar momentos definitorios de su pasado para ensamblar así una versión que constituye la narración, positiva, de la sólida existencia de su nación. Cómo se lleva adelante este proceso de desmitificación en las novelas es la primera de las cuestiones que se impone abordar.

La Batalla de Junín

Para comprender la trascendencia del cuestionamiento que Scorza plantea sobre la gesta independentista es necesario tener en cuenta el minucioso y consecuente efecto, en el imaginario popular, de la versión grandilocuente que relata, entre las glorias del pasado, los momentos líricos de la obtención de la Independencia Nacional. El momento culminante, el 28 de julio de 1821, aún es recordado con multitudinario entusiasmo: desfiles cívico-militares, embanderamiento de las ciudades, uso de la escarapela.

Una vez proclamada formalmente la Independencia del Perú por don José de San Martín, el 28 de julio, el ejército español aún se mantuvo presente hasta que las Batallas de Junín y Ayacucho sellaron en el campo de batalla lo que ya se había estipulado en el papel: el término de la dominación española. Ambas contiendas se han elevado a la categoría de símbolos irrefutables de la conquista de la autonomía nacional y constituyen el momento en que nace la República Peruana.

---

[3] El historiador Juan Luis Orrego Penagos señala en una entrevista del 2014 dos elementos que aún caracterizan la enseñanza de la Historia del Perú en las escuelas: la memorización de fechas y acontecimientos y el romanticismo que sostiene el culto a los héroes (Silva 2014).

El enfrentamiento con la historia oficial

Al amparo de textos como los siguientes se ha cultivado el sentimiento nacional de múltiples generaciones respecto a la Batalla de Junín:

> Sólo un toque de clarín ordenando «ataque». Sólo sables y lanzas, sólo gritos de coraje o dolor, centellas arrancadas a los aceros, y una carga, única, suficiente, de los «Húsares del Perú», y habían nacido juntos, y juntos se bautizaban, la gloria y los Húsares peruanos de Junín. (Salazar Vera 1984: 43)

> Aquellos novecientos jinetes que se precipitaron a la muerte, la quijotesca lanza en ristre, poseídos por la locura bolivariana de vencer, representan la carga desesperada del optimismo. ¡Son la invencible caballería de la Esperanza! (Porras 1984: 21)

Las novelas de Scorza, sin embargo, arremeten desde diversos flancos contra la sacrosanta empresa libertadora de Junín. Para empezar, la desacreditan como empresa de guerra al resaltar el costo humano que semejante gesta representó para la población indígena. En *El Jinete Insomne,* el líder campesino Raymundo Herrera dialoga con el espíritu de un comunero muerto en el transcurso de la Batalla de Junín:

> –¡Hemos vencido a los españoles! Los enganchadores del general Miller me levaron a la fuerza, en agosto pasado. ¡No me pesa! Soy joven, soy fuerte, y tengo, creo, el ánimo de una valerosa raza. Duro es el servicio de las armas obligadas pero liviano, cuando comprendes, don Raymundo por qué peleas. ¡He llegado a sargento! (EJI: 129)

> –¿Vienes a despedirte, Feliciano?
> –Vengo a anunciarte, don Raymundo, que el general La Mar se acerca a la quebrada Chaupihuaranga.
> –¿Para qué?
> –Viene a levar otro regimiento.
> –¿Y el regimiento que le entregamos a Bolívar?
> –Los hombres nos alimentamos de maíz; la guerra de hombres, don Raymundo.
> –¿Y mi hijo Emiliano?
> –¡Hierba es! En la pampa Borbón su valentía desafiará a los vientos.
> –¿Y mi hijo Eudocio?
> –¿Por qué preguntas lo que sabes? ¡Ningún yanacochano volverá!
> –Entonces ¿para qué darle otro regimiento al general La Mar? (EJI: 129)

> –¿Y mi hijo Celestino?

—No gastes palabras, hombre atolondrado. El general La Mar galopa ya hacia aquí. Pedirá trescientos mozos. Dáselos. (EJI: 130)

Los textos tradicionales, en sus descripciones sobre la campaña independentista, destacan el protagonismo, sobre todo, de los criollos peruanos y extranjeros. Se menciona, sí, la valentía y el heroísmo de las tropas que cooperaron con la causa emancipadora, abarcando en la generalización a indios, esclavos, mestizos, campesinos y obreros[4]. Al mismo tiempo se insiste, sin embargo, en el hecho de que *el pueblo* no llegó a comprender plenamente las ideas que animaban a los conductores.

En las novelas, se aborda, entonces, un aspecto no muy conocido, el de las levas (reclutamiento forzado de jóvenes para el servicio militar). Si bien se menciona en la historia oficial que se tuvo que recurrir a recolectar cuantos contingentes se pudiera, se señala también que los pueblos demostraron su patriotismo proveyendo cuanto fuera necesario[5]. La historia no contada, a la que alude Scorza, es la de los excesos cometidos contra la reglamentación de la leva, que en ciertos casos llegó a convertirse en indiscriminada y violenta porque ciertos sectores ofrecieron resistencia en vista de la desolación y abandono a que quedaban condenadas sus familias y sus pueblos. Así, en la web de turismo sobre Junín, figura lo siguiente:

> [...] el Libertador decretó la denominación de la región como Heroica Villa de Junín honrando así la gloriosa acción de armas [...] librada en sus campos. Más de las dos terceras partes de la población perecieron luchando por nuestra independencia.

---

[4] Heraclio Bonilla, al analizar el proceso de la independencia peruana, en un trabajo conjunto con Karen Spalding, cuestiona la manera en que la historiografía tradicional contribuyó al surgimiento y difusión de un poderoso mito, que menciona a los precursores de la Independencia, los héroes de Junín y Ayacucho y las batallas épicas libradas mientras que los hombres comunes y corrientes que también participaron no reciben la misma atención. La historiografía tradicional postula que la Independencia fue un proceso nacional, una toma de consciencia colectiva que evidenciaba la mestización peruana. Esta tesis deja de lado la acción de las fuerzas internacionales e internamente postula, abusiva y erróneamente, una unidad inexistente e imposible. El Perú colonial no estuvo compuesto de *peruanos* (Bonilla 2001: 42-44).

[5] Los pueblos situados en la zona del Centro del Perú «se vieron tácitamente comprometidos en la movilización de la maquinaria bélica patriota y no sólo brindaron hombres para la formación del ejército, sino todo el volumen de su riqueza minera y agropecuaria para su sostenimiento» (Rivera Serna 1958: 127).

Mencionar la participación de indígenas en la gesta emancipadora rompe también con «el centralismo de los estudios sobre la independencia» que han borrado, hasta hacerla desconocida, la huella muchas veces determinante de otros colectivos[6].

En el libro *Los guerrilleros del centro en la emancipación peruana*, consagrado al estudio de la participación de indígenas de la sierra central peruana, se lee que cuando Miller fue nombrado Comandante General de la Caballería Peruana, por orden de Bolívar, recibió la misión de iniciar la campaña en la cordillera. Al asumir el mando, entre su tropa se encontraban los batallones de guerrilleros distribuidos precisamente en la zona de Reyes, Bombón, escenario de las novelas scorcianas. El aporte de los campesinos incluía artesanos, hombres y mujeres, que continuamente reparaban los materiales para la tropa, *arrieros* y espías llamados *los Exploradores de la Patria*, que detallaban los movimientos del enemigo, y por último los montoneros, que se enfrentaban a los realistas hostilizándolos pese a sus pocos recursos (cuchillos, lanzas y todo aquello *con los que el azar los armaba*). El silencio de la versión oficial sobre esta contribución, que no fue escasa, «fue en desmedro del prestigio histórico y de la propia capacidad creadora de estos pueblos» (Rivera Serna 1958: 133).

El segundo ataque lanzado en las novelas contra la campaña independentista posee el potencial de generar, en principio, curiosidad, que luego podría devenir en una verdadera crisis de fe. El sentimiento patriótico de una nación que ha crecido educada en la admiración por la gloriosa gesta libertadora será duramente puesto a prueba. La comparación, que el lector parece entender, entre dos acontecimientos aparentemente irreconciliables, ya que encarnan valores completamente opuestos, se va insinuando hasta hacerse evidente. Efectivamente, se presenta a Bolívar, el caudillo libertador de América, en un avance similar al de Guillermo Bodenaco, el sanguinario comandante participante en violentos desalojos de campesinos en los cuales «se enfriaron más cadáveres que en nuestras épicas batallas» (RPR: 212):

---

[6] El escritor peruano Gregorio Martínez desarrolla en sus obras la situación marginal de la población negra y chola de la costa peruana. En un artículo señala: «las fervorosas enseñanzas de historia» sobre la victoria de las fuerzas patriotas consolidando la Independencia «tampoco dejaban constancia que Miller había formado aquel legendario regimiento de caballería, los Húsares de Junín, con un contingente lugareño, 500 esclavos a caballo, desharrapados y descalzos, huidos de las haciendas de Nasca y Acarí, ante el llamado del ejército patriota [...]» (Martínez 1999: en línea).

> Guillermo el Carnicero descendió del jeep. Instantáneamente se congeló una columna de pesados camiones repletos de guardias de asalto. En ese lugar, algo así como cincuenta mil días antes, otro jefe detuvo su tropa: el general Bolívar, la víspera de la Batalla de Junín, librada en esa pampa. Minutos más minutos menos, casi a la misma hora, Bolívar contempló los verdosos techos de Rancas. (RPR: 213)

Aún nos queda la posibilidad de aferrarnos a la idea de que nos encontramos ante la ficcionalización de un conocido momento histórico y de que este Bolívar, aparente predecesor de Bodenaco, no es el Bolívar de los heroicos campos de Junín y Ayacucho. El siguiente texto, sin embargo, plagado de detalles que se asimilan a las fuentes documentales historiográficas, nos confronta con la descripción de los preámbulos de la Batalla de Junín, culminando con un Bolívar debilitado en el momento decisivo, mientras que Bodenaco El Carnicero avanza imperturbable:

> El enemigo está cruzando Reyes, mi General –dijo un edecán canoso por la polvareda. Bolívar se ensombreció. ¡Canterac escapaba! En su rostro se pulverizaron mil kilómetros de marcha inútil.
> –¿Qué piensa, mi General?
> Sucre se veía pequeño, fatigado.
> –Hay que provocar la pelea de todas maneras –masculló Bolívar–. ¿A qué distancia marcha la infantería?
> –A dos leguas, mi general –El uniforme del general Lara no se veía bajo el poncho oscuro.
> –¡Ataque con los Húsares! –ordenó Bolívar.
> Lara impartió las órdenes. Salieron disparados los edecanes. Desde el abra de Chacamarca, Bolívar miró desplegarse la caballería. Los escuadrones ganaban lentamente la pampa. A tres kilómetros la polvareda que exhalaba Reyes se detuvo. Canterac volvió grupas. El horizonte se embarbaba de vertiginosos jinetes. Mil quinientos húsares se abanicaron como las plumas de un gigantesco pavo real de muerte. Los húsares se deleitaron en la belleza de su línea y avanzaron trescientos metros al trote, luego picaron espuelas: la pampa exhaló un relámpago de patas con las lanzas bajas.
> –¿Qué sucede? ¿Por qué no se despliega nuestra caballería? –palideció Bolívar.
> Quien no palideció fue Guillermo el Cumplidor. Miró con fastidio la llanura por donde avanzaba la tortuguienta Guardia Republicana. Era una vaina. (RPR: 213-214)[7]

---

[7] Las distancias, los lugares, las cantidades, la ubicación de las tropas y el desarrollo de los acontecimientos coinciden con las descripciones de los testigos oculares y los partes de guerra,

El tercer ataque constituye un serio cuestionamiento a la integridad de la gesta emancipadora. La última crítica alude al engaño, la manipulación y el desprecio por los reclamos presentados por los indígenas, una práctica que Bolívar precisamente aspiraba a erradicar en los campos de Junín y Ayacucho. Este es el golpe de gracia que recibe la campaña independentista. La lucha por la devolución de sus tierras, reclamo que los campesinos habían iniciado en 1705, será aprovechada (en *El jinete Insomne*) por los conductores de la campaña libertadora para movilizar contingentes indígenas. Una vez que se alcance el triunfo bélico, el reclamo, en cambio, seguirá sin solución. El apoderado Raymundo Herrera, condenado a no dormir mientras *la queja* siga vigente, recuerda lo sucedido en Yanacocha en 1824, «cuando creyó que por fin alcanzarían justicia» (EJI: 124). De su diálogo con el espíritu del comunero muerto brota la magnitud del engaño:

> El dominio de los españoles se ha acabado. ¡Somos libres y viviremos en una tierra libre, don Raymundo! ¿Ves esta lanza? Para que en España lloren cinco madres la afilé. (EJI: 129)

> ¡Ningún yanacochano volverá!
> –¿Entonces para qué darle otro regimiento al general La Mar? (EJI: 129)

> En nuestra plaza el general La Mar nos prometerá la tierra. Estamos reclamándola desde 1705. Para que nos la devolvieran, la quebrada Chaupihuaranga entregó un regimiento. Yo partí con él.
> –¿Y mi hijo Celestino?
> –No gastes palabras, hombre atolondrado. El general La Mar galopa ya hacia aquí. Pedirá trescientos mozos. Dáselos. A cambio de ellos el gobierno del Perú nos reconocerá la propiedad de la tierra.
> [...] En el campo de Ayacucho se cubrirá de gloria [Mateo Minaya, el campesino encargado de comandar el regimiento] ¡No morirán en vano! ¡Caerán para darnos la tierra!
> Pero no nos dieron la tierra, pensó Raymundo Herrera con amargura. (EJI: 130)

La denuncia es clara: los indígenas fueron atraídos al sacrificio utilizando como anzuelo la promesa de solución de su reclamo vital. Se denuncia, de pasada, el notable desinterés general por la situación del indígena. A partir

---

las fuentes documentales en los que la historiografía tradicional se sustenta.

de 1821, las condiciones de vida del indio se vuelven aún más miserables, en parte, como resultado de que ciertas leyes promulgadas por Bolívar, a la luz de sus convicciones liberales, no habían conseguido más que colocarlos en situaciones desventajosas. Era tan grave la situación, que en 1854 el presidente Ramón Castilla reconoció que «la independencia era únicamente para la gente de origen español y criollo que vivía en el Perú, mas no para los indígenas ni los negros, por lo que suprimieron la contribución indígena [...]» (Lumbreras *et al.* 1972: 224-230). Los tributos se pagaron inicialmente a los incas, luego a los encomenderos y seguidamente al Rey. Durante los gobiernos republicanos se continuó con la llamada *contribución de indígenas*.

Desde el punto de vista indígena, entonces, la campaña independentista no representó más que la continuación de una deplorable situación ya que las estructuras tradicionales permanecieron vigentes:

> Estaba definitivamente quebrado el dominio de España sobre el Perú. En gran medida intactas quedaban las instituciones, las bases económicas, la organización social. La vida republicana se asienta, pues, sobre las mismas estructuras, privilegios y valores de la sociedad colonial. (Milla Batres 1990: 104)

La letra como esencia de la proclama independentista

El ritual que sintetiza la esencia de la consagración de la Independencia peruana es la ceremonia de Proclamación en la Plaza de Armas de Lima. El cuestionamiento que emana de las novelas se dirige, aludiendo a este hecho, al excesivo énfasis en la formalidad de los acontecimientos, que prácticamente ha despojado a los actos de su contenido original. La voz crítica de la saga scorciana no sólo se limita a cuestionar el homenaje a las formas que descuidan el significado sino que plantea la necesidad de actualizar el mensaje histórico, renovándolo de acuerdo al momento que se vive, para así cuestionar la injusticia en que viven algunos.

El ejemplo de la celebración del aniversario de la batalla que consagra la independencia, en Rancas, escenario de tan glorioso acontecimiento, hace patente la dramática desconexión entre las buenas intenciones, plasmadas en las letras de bronce y la realidad.

> Todos los años, en el aniversario de la República del Perú, por las armas fundada en esa pampa, los alumnos del Colegio Daniel A. Carrión organizan

excursiones. Son días esperados por los comerciantes. Bandadas de estudiantes ensucian la ciudad, orinan en la plaza y agotan las existencias de galletas de soda y Kola Ambina. Por la tarde, los profesores les recitan la proclama grabada en letras de bronce sobre la verdosa pared de la Municipalidad: la arenga que el Libertador Bolívar pronunció en esa plaza, poco antes de la Batalla de Junín, el 2 de agosto de 1824. Parvadas de jovenzuelos pálidos y mal vestidos escuchan la proclama, aburridos, y luego se marchan. Rancas se acurruca en su soledad hasta el próximo año. (RPR: 30)

La comprobación de lo que ha quedado del momento de fundación de la república, una proclama grabada en bronce ya verdoso en la plaza de un pueblo remoto, es una crítica no sólo al desequilibrio forma-contenido sino también a la evidente ausencia de cambios fundamentales. En *Cantar de Agapito Robles,* el exabrupto durante el cual Maca Albornoz (la mujer que ha enloquecido a todos los varones del pueblo) reprocha a la máxima autoridad la osadía de preferir la celebración del aniversario patrio en lugar de su cumpleaños, es calificado como una afrenta *blasfematoria*.

 —¿Sabes que hoy es mi cumpleaños?
 Hoy es también el aniversario nacional —tartamudeó el Juez.
 ¿El aniversario nacional? ¿Por eso estás aquí? ¿En Yanahuanca se prefiere celebrar el aniversario nacional a mi cumpleaños?
 —Pero señorita Albornoz…
 Dilo de una vez, Paco. Para ti las efemérides patrióticas son más importantes que mi cumpleaños. ¿O sea que celebras la libertad? Pues bien: desde este momento eres libre e independiente por la voluntad de Maca Albornoz y la estupidez de tu causa que los imbéciles defienden.
 Era una blasfematoria parodia de las frases con que un día «semejante» el Libertador San Martín había proclamado la independencia del Perú. (CDAR: 96)

Maca Albornoz, la voz irreverente de esta novela, irrumpe precisamente durante una de las absurdas conmemoraciones. Una celebración como aquélla, en medio de las condiciones en que la prepotencia del Juez ha sumido a Yanahuanca, constituye una declarada afrenta a la esencia misma del concepto de independencia. Sin embargo precisamente este pueblo olvidado del territorio peruano celebra —para alborozo de los principales— el aniversario nacional. El pueblo, donde sólo rige la voluntad del Juez y su mujer, donde los indígenas han sido reducidos casi a objetos y donde las vagas nociones de independencia y libertad precisamente brillan por su ausencia, es el escenario central. La actitud de Maca es sublevante porque asume la tarea de actualizar la noción libertaria, aunque lo haga –cargada de ironía– en un terreno tan prosaico como el de sus amoríos con el Juez. Este, que cada día ejerce con mano dura su rol de opresor, privando de todo derecho a sus siervos, no deja de rendir homenaje, celebrar, festejar la libertad de *todos* los peruanos. Con su actitud perenniza, por un lado, el homenaje a la forma, restándole importancia a las condiciones de vida actuales. Por otro lado quizás el Juez, junto a otros como él, sea efectivamente el único que tenga algo que celebrar y nos encontremos ante el genuino alborozo de los ganadores[8]. Maca, la única persona que domina al Juez, le sigue la corriente valiéndose de la formalidad del acto de proclamación, pero pone en evidencia un elemento hasta entonces ausente: la esencia del concepto de libertad. Libera al Juez con las mismas palabras de San Martín. La magnitud de su desplante denuncia, en voz alta, la contradicción: ella descubre las ocultas relaciones de poder que subyacen en la esencia de la concesión –o negación– de la libertad. Maca le otorga la ansiada libertad –aunque él no la quiera– a aquél que se la niega a todo un pueblo. Esta liberación-castigo (para el ciudadano respetable) nacida de la voluntad de una persona, la debe el Juez, como dice Maca, «a la estupidez de su causa que los imbéciles defienden» (CDAR: 96). ¿A qué alude, a la necia conmemoración de una fecha sin sentido? Una vez entendida la insustancialidad del homenaje cobra sentido la pregunta de Maca Albornoz: ¿cómo puede un acontecimiento tan absurdo competir en importancia con su cumpleaños? Desde esta comprobación no sólo cuestiona, asombrada, al Juez, sino que al encararle al pueblo su osadía, confronta a Yanahuanca entera con su pasividad. Precisamente este pueblo es el que celebra la independencia.

¿Por qué se menciona que es un día *semejante* al original? El ritual de conmemoración de la independencia en Yanahuanca es, en teoría, el que menos se asemeja al que San Martín protagonizó. No sólo las apabullantes condiciones de miseria la hacen diferente, también la situación en que ha devenido la libertad, un simple motivo de fiesta, convierte los acontecimientos en irreconciliables. Tal vez el irónico comentario no se refiera entonces a una contradicción, sino que esté afirmando efectivamente lo que creemos entender. Al fin y al cabo se trata de ocasiones semejantes. Formalismo puro. De esta manera, se emite

---

[8] Las abismales diferencias existentes entre los criollos y los indígenas no pudieron ser superadas por la independencia y la república. «Los hispano-criollos, con la consciencia de haber ganado "su independencia", acentuaron su desprecio hacia los indígenas y hacia los mestizos, quienes definitivamente quedaron con el apelativo de cholos» (Lumbreras *et al.* 1972: 227-228).

un incisivo comentario sobre la trascendencia de la gesta libertadora para las mayorías, supuestamente liberadas, para la generalización denominada *pueblo*. Se le cuenta a una multitud, oprimida y esclavizada, cómo fueron liberados en 1821, mientras en 1960 permanecen básicamente en la misma situación.

Esta impresión se refuerza al comparar los extractos anteriores con otra ocasión en que regresa la proclama independentista, esta vez en condiciones diferentes. En *Cantar de Agapito Robles*, luego de intensos preparativos, el protagonista retoma, a la cabeza de la comunidad de Yanacocha, las tierras que le fueron arrebatadas por la hacienda Huarautambo. Las letras de la conocida proclama parecen ajustarse con precisión a la intensidad del momento:

> [Agapito Robles] Se levantó y gritó:
> —En nombre de la comunidad de Yanacocha declaro a Huarautambo libre e independiente por la voluntad general de los pueblos y la justicia de su causa que Dios defiende.
> Eran las mismas palabras con que el Libertador San Martín declaró la libertad del Perú en 1821. Las célebres frases habían demorado 152 años para sonar en Huarautambo. (CDAR: 221)

La alusión a la demora de 152 años delata la carencia de contenido no sólo de la ya mencionada fiesta de Yanahuanca sino que ataca también, remitiéndose al origen, la misma proclama independentista de 1821. La liberación de entonces abarcaba a todo el Perú[9], pero recién ahora suena en Huarautambo. Nos encontramos, en ambos casos, ante sendas formalidades carentes de cumplimiento efectivo. Las palabras del General don José de San Martín al momento de proclamar la Independencia del Perú, el 28 de julio de 1821, se hallan profundamente enclavadas en el imaginario colectivo debido a la activa labor de la enseñanza escolar. La protesta evidencia la ausencia, en la práctica, de aquellos ideales proclamados. La demora de esas frases, por otro lado, alude también a 152 años de vida republicana sin que el ideal de libertad haya alcanzado a Huarautambo, territorio peruano. No nos encontramos ante una excepción. El tono de denuncia alcanza aquí su máxima magnitud. No sólo se cuestiona la visión homogenizante del devenir histórico en el país, sino

---

[9] Texto de la Proclama Independentista: «El Perú es desde este momento libre e independiente, por la voluntad general de los pueblos y por la justicia de su causa que Dios defiende. ¡Viva la Patria! ¡Viva la Libertad! ¡Viva la Independencia!» (Pons 1996: 83).

también el contenido de *lo republicano*. La República, teóricamente, instaura la nación peruana autónoma. ¿Nos encontramos, entonces, ante una nación?

Conviene prestar atención al énfasis que Scorza pone en el ataque a estos dos momentos: al de la ceremonia simbólica de Proclamación de la Independencia y a la Batalla de Junín, considerada como el momento fundacional, por las armas (junto con Ayacucho), de la independencia definitiva. La importancia del logro emancipador radica no sólo en que se declara instalada, formalmente, la independencia nacional con relación a España, sino que, automáticamente, ello implica el nacimiento de la República Peruana, de la nación peruana[10]. El interés se centra precisamente en la manera en que las novelas cuestionan la posibilidad de hablar a boca llena de una peruanidad, homogénea, a partir del nacimiento de la nación. De esa nación no sólo se ha excluído a un numeroso sector de la población sino que dicho sector reacciona con indiferencia e ignorancia ante la noción aglutinante de peruanidad, un tema que se tratará en detalle más adelante.

En *La tumba del relámpago,* el texto del pronunciamiento del llamado Movimiento Comunal del Perú (movimiento político que apoya las movilizaciones campesinas de recuperación de tierras) evidencia la vigencia vergonzosa de un cuestionamiento surgido de la Conquista. La campaña emancipadora y las batallas de liberación se plantearon precisamente, como objetivo principal, erradicar semejante realidad. Muchos años más tarde, en la coyuntura de los enfrentamientos campesinos por las tierras, resurge con fuerza la antigua interrogante:

> En esta hora crucial de su historia, que atraviesa el país, ha llegado el instante de preguntarse si los comuneros del Perú son o no son peruanos [...]. Al comenzar la conquista del Perú los españoles discutieron si los indios pertenecían o no al género humano. Demandamos a la Justicia y a la Historia que esa respuesta todavía es negativa en el Perú. (Movimiento Comunal del Perú) (LTDR: 206)

---

[10] En su contribución al libro *En qué momento se jodió el Perú*, Washington Delgado sostiene: «Desde cuándo existe el Perú? Como nación independiente o autónoma, aunque sólo sea formalmente, el Perú existe desde su independencia, en 1821 o en 1824, según se prefiera optar por la proclama de San Martín o por la capitulación de Ayacucho [...]» (Delgado 1990: 29-30).

Los Próceres y otros héroes de la Independencia

La naturaleza social de los seres humanos requiere una constante reafirmación de los valores que constituyen su sociedad y que hacen de su colectivo un modelo vigoroso y positivo. Este detalle juega un rol decisivo en el momento en que grupos sociales, instituciones o grupos de poder proponen interpretaciones de la realidad destinadas a competir como modelos de identificación. La narración del pasado no se mantiene al margen de este proceso. La construcción de las identidades[11] obedece esencialmente a un carácter hedónico, se busca el mayor nivel posible de satisfacción, nadie se identificará o se afiliará voluntariamente a un modelo negativo, impopular o fracasado. La narración del pasado sintetiza sus valores y glorias en las figuras ejemplares. La importancia de los héroes radica en su papel de símbolos, de figuras paradigmáticas que merecen reconocimiento, imponen respeto y despiertan deseos de imitarlos; resumen, por lo tanto, el valor de un colectivo. Atentar contra ellos –los símbolos– es lesionar el principio abstracto que personifican: el heroísmo, la valentía, la fortaleza. Ironizar sobre estos principios, en los que se sostiene la imagen popular de la nación, es poner en tela de juicio la sacralidad de la patria en que se vive. Si la patria no es respetada, también sus ciudadanos pierden prestigio como integrantes de ese todo. Así entiende el Juez, en *Cantar de Agapito Robles*, la osadía de Maca Albornoz (la única mujer, amante del Juez, que se atreve a humillarlo) de bautizar a cuanto *imbécil y loco* encuentra con los nombres de los fundadores de la patria, y no encuentra otro calificativo para semejante acción que el de *blasfemia*:

> [...] Maca recogía a todos los que encontraba en los puertos, caseríos o caminos y blasfematoriamente los bautizaba con los apellidos de nuestros próceres. Así, a un enano que padecía la incurable costumbre de robar caramelos, lo motejó General Prado. Un barrilito de grasa que arrastraba una pierna resultó el Coronel Balta. Dos cretinos de Chacayán ascendieron a General La Mar y General Gamarra. Un retaco de cuello arbolado por el bocio acabó en el Mariscal Ureta. Y no obstante mis súplicas no hubo manera de cambiarle el apellido a un estúpido que ella juramentó como el Presidente Piérola. (CDAR: 41)

Señalamos ya de qué manera desconcertante la jornada de Bolívar rumbo a la Batalla de Junín había sido equiparada al siniestro avance de la guardia de asalto de Bodenaco (*Redoble*) rumbo a su próxima masacre. Decíamos que

---
[11] Véase Mato 1994: 18.

la precisión de los detalles relativizaba la posibilidad de encontrarnos ante una ficción que hubiera convertido en tolerante este *blasfematorio* paralelo. La marcha codo a codo de la Guardia de Asalto con la caballería patriota es el escenario de otro símil: el de los héroes de las jornadas emancipadoras con los artífices de la masacre de Rancas:

> Algo así como cincuenta mil días antes el mayor Rázuri –cinco tardes después encabezaría la carga de los «Húsares del Perú»– había evadido allí la coz de un chúcaro asustado por el anaranjado remolino de una mariposa. (RPR: 226)

> Por el rumbo de las haciendas trescientos jinetes seguían el trote del doctor Manuel Carranza. Algo así como cincuenta mil días antes, casi al mismo paso, el General Necochea, jefe de la caballería patriota, había avanzado por allí. (RPR: 227)

> Los pavonados rostros de los guardias de asalto avanzaban a la Puerta de San Andrés. Algo así como cincuenta mil días antes había cruzado esa entrada la avanzada del general Córdoba, cinco días antes que su regimiento fundara en esa pampa la República del Perú. (RPR: 227)

Rázuri, con sus heroicos Húsares, en el mismo escenario que la Guardia de Asalto. Necochea, al mando de la caballería, al mismo paso que Manuel Carranza, un subordinado del Juez. La avanzada de Córdoba mezclada con los republicanos. Es posible entender el impacto producido por la transposición de estos personajes al escenario de la evidente masacre de Rancas si revisamos en los textos escolares la manera en que se han descrito sus aportes a la Historia nacional.

El general Necochea se batió heroicamente (fue herido siete veces) en Junín, hasta caer prisionero; luego sería rescatado. Andrés Rázuri, el de la audacia excepcional, «el del sublime acto de desobediencia» (Pereyra Plasencia 1984: 29), se convirtió en el héroe de la jornada. Fue enviado a trasmitir la orden de retirada pero la tranforma por iniciativa propia encabezando el ataque, lo que permitió que la caballería peruana sorprendiera a los realistas definiendo el triunfo.

La caballería peruana, con su decidida y disciplinada intervención, como la calificara Bolívar, fue bautizada como Gloriosos Húsares de Junín. Constituyen una unidad que se denomina histórica en el ejército peruano y por años, hasta el 2012, fueron la guardia montada del Presidente de la República. La conmemoración de la Batalla de Junín es también la conmemoración de «El Día del Arma de la Caballería», siendo Rázuri uno de los patrones del arma. Se indica el valor de esta jornada «para la peruanidad» porque en ella intervinieron sólo tropas de caballería y el triunfo se habría debido «a estos jóvenes peruanos a caballo». Las hazañas de estos héroes son «hechos peruanos», «gloria peruana» y se les rinde homenaje «porque el Húsares fue creado y organizado por jefes peruanos con soldados peruanos» (Salazar Vera 1984: 43-44). No en vano el parte, redactado por el secretario José Sánchez Carrión, que informaba sobre el triunfo de Junín, mencionaba:

> [...] ¡Intrépido Necochea, valiente Carbajal, y vosotros héroes que os habéis señalado en esta memorable jornada! Vosotros seréis siempre acreedores a la gratitud de la Patria, y vuestros nombres se perpetuarán en sus fastos. ¡Día grande de agosto! Tú serás siempre grato a la América entera: tu memoria se celebrará eternamente en las generaciones futuras: tú serás consagrado a la victoria. (Salazar Vera 1984: 25)

Bolívar desmitificado

La mención de los Húsares y los héroes de Junín no es suficiente; la presencia de Simón Bolívar, el Libertador de América, nos remite a uno de los capítulos más gloriosos de la gesta emancipadora. Los términos en que se ha venido conmemorando esta fecha se encuentran sintetizados en *La victoria de Junín*, el canto dedicado a Bolívar por el poeta José Joaquín Olmedo. La intención de hacer llegar esta perspectiva a la mayor cantidad de público posible emana claramente de la decisión del Concejo Cantonal de Guayaquil, impresa en la primera página de cada ejemplar editado. Se determina:

> [...] sea distribuida gratuitamente al público, y de una manera preferente, a los alumnos de la Universidad, del colegio Vicente Rocafuerte, y de las escuelas superiores fiscales, municipales y de fundación libre de esta ciudad; y que, en las escuelas municipales, sea obligatoria, una vez en el año, la lectura de esta oda, cuyo sentido histórico y patriótico lo explicarán los respectivos directores. (Resolución del Concejo Cantonal, sesión del 19 de julio de 1915)

Es impresionante la manera en que Olmedo describe la presencia de Bolívar en el escenario de la Batalla de Junín.

> ¿Quién es aquél que el paso lento mueve
> Sobre el collado que a Junín domina?
> ¿Que el campo desde allí mide, y el sitio

Del combatir y del vencer destina?
[...]
Es el vivo reflejo de la gloria:
Su voz un trueno: su mirada un rayo.
¿Quién, aquel que al trabarse la batalla,
Ufano como nuncio de victoria,
Un corcel impetuoso fatigando
Discurre sin cesar por toda parte...
¿Quién, sino el hijo de Colombia y Marte?
(José Joaquín Olmedo, 1869: 4-5)

El país entero repite, desde su infancia, a fin de internalizarla, una determinada versión de los hechos hasta que ésta queda instalada como historia oficial. En el momento en que Scorza presenta una narración diferente, tal vez con la intención de cubrir los vacíos dejados por la historia oficial (tal como hace con la repercusión de las batallas por la independencia en el mundo indígena), esto se considera como un relato no-oficial: no como Historia sino como ficción. Esta calificación es desconcertante en vista de la sistemática enumeración de acontecimientos históricos que hemos podido comprobar en las novelas de Scorza. La ficción, en este caso, haría referencia a los relatos que presentan:

[...] énfasis sobre los sufrimientos, las incapacidades de los hombres políticos, los titubeos y desconfianzas de los «héroes». El Artista-resistente opone así su propia versión, reflexiva, cuestionadora, de las gestas patrióticas, ostentando otro poder de representación. (Vanini Benvenuto 1998: 264)

Al estudiar la manera en que se elabora el concepto de identidad hay que tener en cuenta que la Historia de la Patria es una construcción nacida con la intención de homogeneizar a un colectivo a través de una narración exaltada de las glorias patrias. La presencia de *otra* versión produce un resquebrajamiento, un momento de desconcierto que puede dar inicio a una toma de consciencia que podría resultar altamente conflictiva[12].

---

[12] Las reacciones ante el surgimiento de narraciones diferentes a la versión tradicional han sido, en diferentes épocas, bastante intensas. Así lo ejemplifica la polémica surgida sobre la Batalla de Junín a raíz de las *Memorias* del irlandés Francisco Burdett O'Connor. Ricardo Palma decía al respecto: «Cuando O'Connor describe las batallas a las que concurrió tiene la debilidad senil de aspirar a que la Historia lo coloque sobre Bolívar y sobre Sucre» (Salazar Vera

Bolívar ha sido definido como el caudillo, el símbolo americano, la esencia de las ideas de emancipación, unificación y libertad. Bolívar es un líder indiscutible, un jefe, un estratega; de allí que cuando encontramos en *Redoble por Rancas* que la gesta bolivariana parece ir de la mano con la campaña de alguien con un curriculum como el que exhibe Bodenaco (el militar que dirige el sangriento desalojo/masacre de Rancas), no podemos reprimir una sensación de desconcierto.

La expresión «cincuenta mil días antes, otro jefe detuvo a su tropa en el mismo lugar» parece señalar que la única barrera que separa, y distingue, a ambos oficiales es la distancia temporal. La mención de *otro jefe* acorta definitivamente el abismo que teóricamente debiera hacer inconcebible la mención de ambos personajes en una misma oración. Habiendo superado la distancia que separa a un héroe consagrado de un antihéroe (a su manera también consagrado) Scorza se ocupa, esta vez, de la integridad personal de ambos: «¿Qué sucede? ¿Por qué no se despliega nuestra caballería? —palideció Bolívar. Quien no palideció fue Guillermo el Cumplidor [...]» (RPR: 214).

Bodenaco no se desdibuja, su imperturbabilidad antes de una masacre es parte de su imagen. Es Bolívar quien tambalea, acostumbrados como estamos a concebirlo como «la gloria y la esperanza personificada de América» (Guevara Espinoza Soriano 1972: 86).

La explicación del símil entre estos dos personajes y estas dos tropas tal vez se encuentre en la expresión que el narrador menciona al presentarnos el capítulo sobre Bodenaco: *el deber es el deber y un oficial es un oficial*. Si asumimos que nos encontramos ante dos simples oficiales, al fin y al cabo ambos militares y por ello iguales, queda eliminada toda posible distinción. El gran perdedor de esta asimilación sería Bolívar, puesto que si se relativiza la magnitud del proyecto que emprendió se le quita la *característica* que precisamente lo inmortaliza. ¿A qué deber se está haciendo referencia? Bodenaco marcha a reprimir sin limitaciones. El deber de Bolívar, en cambio, era *salvar un mundo entero de la esclavitud* (arenga previa a la batalla de Junín). El autor nos obliga a hacer un esfuerzo, una vez desmitificado el discurso impuesto por la gloria que constituía la versión definitiva que teníamos siempre a la mano; nos empuja a

---

1984: 31). El 6 de agosto de 1978 se leía en el diario *El Comercio*: «[...] cabe preguntarse cuáles fueron las razones que indujeron a O'Connor a narrar los hechos en forma tan extraña. No existen aparentemente intereses [...] a no ser su exagerado egocentrismo [...] estas Memorias fueron redactadas en su ancianidad, lo cual da lugar a pensar que sus facultades podrían haber estado un tanto afectadas» (Salazar Vera 1984: 40).

mirar más allá del discurso épico, nos invita a ser críticos con un ícono. Nos lleva a intentar sustraernos a la presunción de que Bolívar simboliza libertad y Bodenaco exterminación para poder citarlos *juntos como hombres de armas*. Bolívar aspiraba a «salvar un mundo entero de la esclavitud», pero el relato hace referencia al paso de los siglos sin cambio alguno para una inmensa mayoría. ¿Podría ser ésta la síntesis de la crítica? ¿o implica también que la retórica de Bodenaco se iniciaba ya con Bolívar? Esta pregunta se impone si consideramos que las condiciones reales no sólo no cambiaron, sino que tal vez no estuvieron nunca destinadas a cambiar[13].

El problema con la figura de Bolívar es que ha traspasado los linderos de lo simplemente humano para volverse representación pura. Eso, al fin y al cabo, es lo que es un héroe. Desposeído de todas las mundanas características de los mortales, Bolívar es la tradición de un país, un momento histórico, una página épica. Desde el momento en que su imagen en estatuas, monedas, estampillas, museos, y memorabilia abarrota la nación, es intocable. En parte, porque tras él se afirma la versión oficial de turno: la Historia con mayúsculas. Este es el relato, emergente desde el poder, que se ocupa activamente de contar su verdad cubriendo y maquillando los grandes errores, las desastrosas derrotas, los engaños y fiascos con los que se lo pudiera relacionar. «El estado-artista homenajea y conmemora, dos formas de olvido masivo, a la vez que dos formas eficaces de propaganda» (Vanini Benvenuto 1998: 264).

Propaganda, porque, cuanto más se satura a la población con dicha versión, más se refuerza la identificación –poco a poco incuestionable– con la patria, con la nación. Se apela así al deseo natural del ser humano de pertenecer, de ser parte de un todo, de fundirse con un colectivo.

En este contexto, cuestionar la figura heroica de Bolívar significa humanizarlo, aludiendo a sus dudas en un momento clave de la batalla. Ponerlo a la altura de un militar, no sólo de uno común y corriente sino además indeseable, es resistir el embate de lo oficial cuestionando, más allá del símbolo, la versión arrasadora e incuestionable de la historia oficial. Desde su posición de escritor, Scorza ensaya, en la práctica, un proceso diferente que lleva a subvertir la Historia, en el sentido de crear espacio en el imaginario

---

[13] La Oda de Olmedo alude en algún momento a Huayna Capac, y con él, al glorioso pasado inca. Lumbreras menciona al respecto: «Bolívar en una carta se refiere a ello censurando la presencia del inca con la siguiente frase: "¿Qué tengo yo que ver con los indios?". Bolívar tiene absoluta razón: los caudillos emancipadores nada tenían que ver con los indios» (Milla Batres 1990: 47).

colectivo para otros relatos, de alejarse de la confiada versión idealizada. Humanizar, cuestionar esta versión, constituye el primer paso, para luego, si fuera necesario, recusarla.

La exaltada veneración de los momentos gloriosos así como la mitificación de ciertos personajes funciona como reafirmación de una incondicional lealtad hacia lo que ellos representan. Los ideales de libertad, independencia, fraternidad o heroísmo son difíciles de asimilar por su ambigüedad, sólo se convierten en accesibles a través de su personificación en actitudes y protagonistas. Estos últimos funcionan como constantes ejemplos a imitar, pero también cumplen el rol pasivo de «existir» como orgulloso panteón para ser admirado por los ciudadanos, los que –al compartir su nacionalidad con los próceres– de algún modo participan en las hazañas realizadas. Es por eso que la versión *desmitificada* de un Bolívar dubitativo o el crudo relato del sufrimiento indígena durante la leva patriota tienden a ubicarse automáticamente en el terreno de lo ficticio, lo falso, no coincidente con la *versión oficial de los hechos*. Así se entiende el calificativo de «blasfemia» que el Juez –en *Cantar de Agapito Robles*– utiliza para la libre interpretación que Maca hace del pregón libertario y el uso de los nombres intocables de los héroes.

La guerra con Chile

Otro de los acontecimientos históricos recordados por los personajes de las novelas es el devastador avance de las tropas enemigas, que pasan incendiándolo todo durante el conflicto que enfrentó a Chile y Perú en 1879.

La familia campesina Lucas alude a este acontecimiento al intentar explicar el origen de sus deudas con la hacienda Huarautambo:

> Ellos sostenían que uno de sus bisabuelos había solicitado guaje para solventar los resplandores de una fiesta dada para «salvar Yanahuanca del incendio» durante la guerra con Chile. [...] Los chilenos incendiaron medio Perú pero no encontraron un gobierno resignado a pactar una paz que amputaba su provincia más rica. El mariscal Cáceres chamuscó las serranías con sus montoneros. Faltos de un beligerante capaz de suscribir el desastre, los chilenos concibieron una idea genial: inventar un caudillo peruano. La ambición del general Iglesias aceptó el mando de batallones armados por el invasor con el único objeto de que fusilando a los últimos resistentes peruanos se cubriera de la «gloria» suficiente para sentarse a la mesa de la paz. Cierto oprobioso amanecer esas tropas acamparon en Huarautambo. Para que no desvalijaran la hacienda se les ofreció el festín donde

ofició de mayordomo el brumoso bisabuelo de los Lucas. Así, cuecas y huaynos bailados en mil ochocientos ochenta y dos, seguían pagándose en mil novecientos sesenta y dos. (EJI: 149-150)

Igualmente, el comunero Antonio Espíritu, al elogiar la sabiduría del apoderado Herrera en *El Jinete Insomne*, dice:

> El año 1880, cuando los chilenos se aproximaban a la quebrada Chaupihuaranga tú convocaste un cabildo en Yanacocha. Dijiste: «los limeños que bailaban mientras los chilenos se acercaban a Lima, han perdido la guerra. Ahora no hay costeños ni serranos. El enemigo avanza quemando pueblos. Llego de Jauja. Los hermosos poblados que bordeaban el Mantaro son ceniza. Las comunidades que no pudieron ponerlos a salvo, han perdido sus títulos de propiedad en el incendio. (EJI: 167)

Cabe preguntarse por qué el autor esta vez recurre a un capítulo desastroso de la historia nacional. No creemos que la alusión al conflicto de 1879 haya sido escogida solamente por la magnitud de sus consecuencias bélicas. El historiador Heraclio Bonilla menciona algunos de los problemas nacionales de fondo que se hicieron evidentes con motivo del conflicto:

> Con él (el conflicto entre Perú y Chile) se cierra todo un ciclo en la historia económica y política del Perú, al mismo tiempo que revela […] la profunda incapacidad de la clase dirigente para cohesionar efectivamente una nación y levantar un Estado efectivamente nacional. Si fue dramático el conflicto contra Chile, fue mucho más patético y significativo el enfrentamiento recíproco entre las clases, las fracciones de clase y los estamentos étnicos de la misma sociedad peruana. (Bonilla 1972: 132)

Es relevante destacar, entonces, que Scorza parece haber escogido el tratamiento de ciertos momentos claves de la historia nacional: la proclamación de la independencia, el rol del campesinado en las luchas emancipadoras, la Guerra con Chile y posteriormente la secuencia de sublevaciones indígenas. La observación es importante si tomamos en cuenta que nos encontramos ante una minuciosa socavación de la versión oficial de la historia. Una de las grandes críticas hechas a la historia tradicional fue precisamente su tendencia a escoger ciertas gestas que luego eran relatadas con grandilocuencia. No faltaron historiadores de corrientes historiográficas renovadoras que señalaron que estos momentos habían sido escogidos desde la perspectiva de una visión hispanizante[14] –más adelante volveremos sobre esto–. Scorza se detiene en estos momentos, pero su innovación es la introducción del indígena como eje central del nuevo relato histórico. Los fenómenos históricos, vistos de esa manera, adquieren nuevos contenidos y significados. La intocable gesta independentista se convierte en un momento *fundacional* de la deplorable situación económica, social y política del indígena, condición que empeorará con la Guerra del Pacífico. Es este detalle el que hace importante su tratamiento.

> La situación (de los indígenas) empero, nada mejoraba. Se puede decir que para el indio la integridad de las cosas proseguía igual o quizás peor que en la colonia, lo que se vio agravado durante la guerra con Chile, en que la coyuntura obligó a las autoridades a desatender los problemas de los indígenas, lo que a su vez fue motivo para que los atropellos e injusticias arreciaran contra ellos [...]. (Espinoza Soriano 1972: 229)

La Amnesia se vuelve relato épico

La estrategia scorciana de descalificar la narración tradicional resulta exitosa cuando genera desconcierto, demostrando así que no sólo se mueve en el terreno de la pura ficción, sino que varios de sus pasajes constituyen esfuerzos por abordar episodios silenciados en la narración histórica oficial.

La tarea que el escritor asume al criticar intensamente capítulos conocidos de la historia o desempolvar acontecimientos dejados de lado por la historia oficial consiste sobre todo en evidenciar un vacío. Partiendo de este descubrimiento se puede iniciar la construcción de una nueva versión, alternativa, contestataria, con los acontecimientos vistos desde otros ojos, desde nuevas perspectivas, con otros protagonistas. Todo ello junto arroja un balance totalmente diferente de

---

[14] Heraclio Bonilla, autor cuyo análisis sobre la Independencia y la Emancipación despertó una intensa polémica, señala: «Aquella historiografía, que por razones de comodidad la denominaremos tradicional, contribuyó más bien al surgimiento y difusión de un prodigioso mito. [...] Su función: legitimar el presente a través de la manipulación del pasado; intentar fundar, inapropiadamente, las bases históricas de la nacionalidad peruana e impedir la crítica histórica de los problemas del presente» (Bonilla 2001: 42). En la misma línea se pronuncia el prólogo del compendio *Nueva historia general del Perú*: «Hoy no son pocos los períodos de la vida peruana que vienen siendo reexaminados con instrumentos de análisis y procedimientos científicos que ignoró la historia anterior, períodos para los que se ha rescatado el papel cumplido por los movimientos sociales y las luchas populares» (Lumbreras *et al.* 1972: 7-8).

la historia nacional. La labor del escritor no es sólo destructiva o irreverente, también emerge una contrapropuesta con imágenes positivas, héroes con valores propios, gestas llenas de sacrificio, procesos de toma de consciencia.

La narración del pasado en el caso de las novelas de Scorza parece empezar con la demostración de la inviabilidad de la versión imperante, con una enumeración de los argumentos que sustentan tanto la injusticia de la permanencia de la narración del pasado plagada de flagrantes vacíos como la inconsecuencia de una narración que se presume objetiva y autorizada. Es injusto narrar el pasado dejando a sabiendas silencios, perpetrando exclusiones o acallando detalles que hubieran podido transformar la manera en que cierta nación se contempla a sí misma. Enfrentar estos silencios es hacer hablar y a la vez proclamar las exclusiones. Scorza revela lo que se mantuvo callado y al hacerlo va asentando nuevos hitos en la narración del pasado, surgen nuevos héroes, va construyendo paso a paso *otra historia*. El procedimiento empieza con la ubicación en otra perspectiva que enfoque los hechos y desnude los olvidos, y la historia vista así se transforma en un relato diferente. La grandilocuencia y solemnidad con que se describían las hazañas de los encargados de defender los intereses nacionales hace que se pierda de vista la *condición humana* de las víctimas. Demonizar al enemigo facilita la aceptación de la necesidad de su represión; esta es una estrategia fundamental en la construcción de las identidades: el tránsito hacia la exclusión y marginación valiéndose de la estereotipación negativa del otro (Hall 1997: 9). Sin embargo, si ese enemigo no se define ya como *el otro* sino que se le reconoce como integrante del colectivo al que todos pertenecen (los peruanos en este caso), surge una inquietante reformulación de la historia:

> Ocho guerras perdidas con el extranjero; pero en cambio, cuántas guerras ganadas contra los propios peruanos. La no declarada guerra contra el indio Atusparia la ganamos: mil muertos. [...] El 3° de Infantería ganó solito, en 1924, la guerra contra los indios de Huancané: cuatro mil muertos. Esos esqueletos fundaron la riqueza de Huancané: la isla de Taquile y la Isla del Sol se sumergieron medio metro bajo el peso de los cadáveres. [...] En 1924 el Capitán Salazar encerró y quemó vivos a los trescientos habitantes de Chaulán. [...] En 1932, el Año de la Barbarie, cinco oficiales fueron masacrados en Trujillo: mil fusilados pagaron la cuenta. Los combates del sexenio de Manuel Prado también los ganamos: 1956, combate de Yanacoto, tres muertos; 1957 combates de Chin-Chin y Toquepala, doce muertos; 1958, combates de Chepén, Atacocha y Cuzco, nueve muertos; 1959, combates de Casagrande, Calipuy y Chimbote, siete muertos. Y en los pocos meses de 1960, combates de Paramonga, Pillao y Tingo María, dieciséis muertos. (RPR: 217-218)

> [...] entre 1922 y 1930 estallaron en el Perú 697 rebeliones. ¡697 alzamientos en ocho años, es decir un promedio de setenta anuales! ¡Un alzamiento cada cinco días! ¡Miles de muertos! ¡Cientos de miles de muertos! Alzamientos sucedidos en silencio, combatidos en silencio, aplastados en silencio. (LTDR: 78)

De esa manera, la historia de la construcción nacional, contada desde una perspectiva triunfalista por aquellos que se asumían como integrantes de un colectivo homogéneo, cede su lugar a una secuela de enfrentamientos entre sectores integrantes de la misma nación; quizás se pueda en este momento hablar ya de naciones[15].

El intento de desmitificación de las tradicionales figuras representativas, personificación de ideales como la independencia y la libertad, deja libre el lugar para el surgimiento de nuevos héroes. Los períodos de rebeldía contra diversos opresores producen los nuevos símbolos:

> Los grandes rebeldes, Túpac Amaru, Atusparia, Uchu Pedro, Santos Atahualpa y el desconcertante Rumimaki, fueron combatidos y derrotados por sus propios hermanos armados por sus opresores. ¡Indios combatieron contra indios! Hacía cuatrocientos años que guerreaban sin tregua. Solitariamente padecían los abusos; solitariamente se rebelaban, solitariamente los masacraban. (LTDR: 74)

> [...] Ledesma había releído el prólogo de Mariátegui a El Amauta Atusparia de Reyna, relato de la desesperada insurrección campesina que ensangrentó la Sierra Norte a fines del siglo diecinueve. Atusparia se rebeló con los indios de Ancash, asaltó y tomó Huaraz, la Capital del Departamento, proclamó la resurrección del Imperio Incaico, combatió desesperadamente con sus huestes descalzas. Fue vencido. (LTDR: 13)

> En la época de los españoles, cuando todavía no existía el Perú, Túpac Amaru reunió a los quechuas del sur. Su rebelión –¡la más poderosa que ha conocido nuestra historia!– estuvo a un pelo de acabar con la dominación. [...] Pero Túpac Amaru fue derrotado. Cien mil murieron combatiendo. El día que lo descuartizaron en la

---

[15] «[...] el Perú, en rigor, no es una nacionalidad sino un conjunto de nacionalidades, de algún modo vinculadas en historia y geografía, y de alguna manera convergentes en ideas e intereses, no poseemos una identidad en los términos psicosociales propuestos por Erik Erikson, pues no compartimos un conjunto homogéneo de "valores tradicionales" ni mucho menos, lo que sería esencial, una "integración jerárquica" que fomente un orden social susceptible de crear un desarrollo común, con metas o aspiraciones colectivas, presentes en determinado momento histórico» (Mariátegui 1990: 119-120).

Plaza de Armas del Cusco. [...] El día que lo asesinaron, los españoles ahorcaron a novecientos en el camino a Tungasuca. ¡Leguas de patíbulos! (LTDR: 87)

El Ministerio de Educación piensa construir un nuevo Colegio Secundario que llevará el nombre de Mateo Pumacahua. ¿Saben quién fue Pumacahua? ¡El jefe de las tropas indias que ayudaron a derrotar a Tupac Amaru! Después que ayudó a vencer a Tupac Amaru, Pumacahua comprendió quién era el verdadero enemigo. Comprendió su error y se rebeló. ¡El también acabó vencido por soldados indios! (LTDR: 87)

Los hitos en torno a los cuales se estructuraba la narrativa del pasado se alteran y surgen, como nuevos puntos de referencia, acontecimientos hasta ahora consignados a oscuros archivos[16]. El relato *silencioso* o *silenciado* del sacrificio y la victimización no es el único que cobra vida: también vemos el aporte indígena, y se llega así a las comparaciones entre las guerras libradas por el país visible, del cual sí se habla, y las desgarradoras matanzas internas:

La no declarada guerra contra contra el indio Atusparia la ganamos: mil muertos. No figuran en los textos. Constan, en cambio, los sesenta muertos del conflicto de 1866 con España. El 3 de infantería ganó solito, en 1924, la guerra contra los indios de Huancané: cuatro mil muertos. (RPR: 217)

El lirismo con que son descritos los aportes incuestionables de los héroes no impide un análisis realista, que llama al fracaso por su nombre y se atreve a señalar la insuficiencia e inoperancia de la letra escrita en nuestra historia. La ironía del comentario sobre el *sueño* de Bolívar y la pesadilla en que parece haberse convertido encierra una crítica amarga ante lo ilusorias que resultaron las soluciones planteadas, en la letra, en medio de la formalidad del momento épico: «Bolívar quería Libertad, Igualdad, Fraternidad. ¡Qué gracioso! Nos dieron Infantería. Caballería, Artillería» (RPR: 226). O también:

La madrugada del 6 de agosto, antes de arengar a su caballería, Bolívar dictó un decreto declarando exentos para siempre de tributo a los siervos de la hacienda

---

[16] No en vano el protagonista de LTDR se enfrenta a la dificultad de conseguir materiales para elaborar su tesis sobre las Rebeliones Indígenas. La magnitud de sus descubrimientos intensifica la gravedad de la ausencia de fuentes: «[...] entre 1922 y 1930 estallaron en el Perú 697 rebeliones. ¡697 alzamientos en ocho años, es decir un promedio de setenta anuales! ¡Un alzamiento cada cinco días! ¡Miles de muertos! [...] Alzamientos sucedidos en silencio, combatidos en silencio, aplastados en silencio» (LTDR: 78).

El Diezmo y a sus descendientes. Pero la república que Bolívar fundó por las armas en esa pampa, no acató su decreto. ¡Los siervos seguían siendo siervos! (LTDR: 171)

Otra narración del pasado: la historia como instrumento de cambio

La historia no ha consignado las rebeliones, la resistencia, esa guerra que se viene librando hace ya cuatrocientos años. Precisamente esa rabia e impotencia ancestral se apoderan de Genaro Ledesma (el abogado protagonista de la última novela) cuando comprende que esa lucha debiera más bien unir a los campesinos en vez de colocarlos en escenarios opuestos. Al lanzar su ataque contra la historia se propone plantear la necesidad de la toma de consciencia, del combate de esa ceguera histórica que ha devaluado, ante propios y extraños, la imagen de los indígenas. El es consciente de que la historia a la que se enfrenta constituye un instrumento potencialmente susceptible de ser utilizado de modo efectivo para concientizar y de que ha sido, sin embargo, manipulada todo este tiempo a favor de unos pocos:

> La resistencia de los campesinos indios no es de hoy; comenzó al día siguiente de la muerte del Inca Atahualpa. Sin tregua, a través de cuatrocientos años, libran una guerra desesperada. Una guerra sistemáticamente silenciada por nuestros historiadores.
> –La mayoría de nuestros historiadores pertenecen a la clase dominante del Perú –acotó Del Prado–. Hasta hace poco, en nuestras universidades se estudiaban los libros de Alejandro Deustua. Este señor decía: «Las desgracias del país se deben a la raza indígena que ha llegado al punto de su descomposición biológica. El indio no es ni puede ser otra cosa que una máquina [...]». (LTDR: 232)

El enfrentamiento con la historia nace no sólo del afán de denunciar los silencios, sino también de la urgencia de afrontar la magnitud de las consecuencias que ha tenido esta postura para aquellos ignorados y silenciados. Ledesma, debatiéndose entre la impotencia por su reciente encarcelamiento y la notificación de su cese como alcalde, reflexiona:

> En la Historia del Perú se hallaban las explicaciones de su prisión, de su despido y del despido de miles de mineros, de las masacres sin misericordia y sin sentido, de la pobreza infinita, del fracaso, de la ruina, del porvenir podrido, del desamparo ilimitado. (LTDR: 39)

El explosivo protagonismo de Genaro Ledesma en *La tumba del relámpago* abarca no sólo la organización y conducción de las comunidades campesinas al enfrentamiento final, sino sobre todo la comprensión de la necesidad de una toma de consciencia y la concepción de la historia como un terreno susceptible de constituirse en campo de cuantas batallas queden por librarse. Una vez alcanzada esta conclusión comprenderá también la oportunidad invalorable que pone en sus manos su simple labor de maestro de escuela. Ledesma asume el reto de dominar a la historia convirtiéndola en su mejor arma:

> La historia es un arma. Se proponía utilizarla: dictaría un curso que se grabara para siempre en la mente de esos mineros que ocupaban los socavones de esa pirámide de miseria, de trapo, de horror: el Perú. (LTDR: 39)

Así parece traducirse la intención de Scorza de arremeter contra la visión tradicional de la Historia, contra un determinada manera de contar el pasado. La narración de la historia se convierte, definitivamente, en punta de lanza de los ataques del autor.

La constatación de la importancia de la enseñanza escolar de la Historia no constituye una completa ilusión. Una rápida revisión de los programas curriculares (los lineamientos sobre los temas, argumentación y objetivos de la enseñanza en sus diversos niveles) emitidos por el Ministerio de Educación, así como de extractos de los textos escolares obligatorios (véase nota 2 del presente capítulo), nos muestra que si bien las generaciones se suceden, los temas que se espera que dominen e internalicen se mantienen consistente y consecuentemente fijos, sin cambio.

La proclama de guerra lanzada por Ledesma contra la Historia tradicional en *La tumba del relámpago* no nos parece casual. A lo largo de las primeras obras asistimos al enfrentamiento de los campesinos desde los territorios del mito, la leyenda, los sueños, la memoria del pasado. En esta última novela Ledesma se estrella contra una comprobación dolorosa y real. El pueblo indígena es un pueblo sin Historia, porque «los indios fueron expulsados de ella por la fuerza de las armas» (Osorio 2001: en línea*)*, o mejor dicho: quedaron sin acceso y marginados del escenario del relato histórico, entendido en los términos tradicionales. La memoria oral, último reducto del pasado indígena y de su existencia, debe mantenerse en la clandestinidad para poder sobrevivir. Ingresar a la lucha histórica requiere, entonces, primero ingresar a la historia misma. Scorza asume esta lucha: se enfrenta a los hitos desde los que se estructura el relato del pasado y los cuestiona, desprestigiándolos. Crea de esa manera un vacío que clama por un nuevo protagonista, recupera entonces la historia del indígena y al indígena como eje integrador de esta nueva perspectiva. La manera en que aborda el combate contra la narración institucionalizada del pasado y, sobre todo, su intento de redefinir al protagonista, pueden parecer una tarea irreal. Su propuesta, sin embargo, encontró apoyo (y sin duda se vió influenciada) en un sector inesperado: el de los historiadores representantes de una nueva corriente historiográfica de los años sesenta y setenta denominada *Nueva Historia del Perú*.

Los Heraldos de la Nueva Historia

En la medida que todo autor pertenece a un momento histórico determinado, su obra resulta también un producto de su tiempo; Manuel Scorza no constituye una excepción. Lo interesante del estudio de la época en que se publicaron las novelas de Scorza –la década del setenta– radica no sólo en la observación de la confluencia de cambios estructurales profundos (Gobierno Militar influenciado por ideas revolucionarias), sino también en la manera en que esos cambios encontraron su camino en la reflexión historiográfica. Las transformaciones sustanciales en las aproximaciones a los procesos históricos peruanos quedaron reflejadas en una esencial modificación de la manera de hacer historia. El discurso emergente produjo, a su vez, una renovación de la noción de país[17].

El primer cambio trascendental se produce en el enfoque de los acontecimientos. Si los estudios anteriores mostraban, sobre todo, interés en resaltar hechos históricos acontecidos durante las últimas tres décadas del siglo xx, se observa un viraje de atención hacia el aspecto económico. El acrecentamiento del descontento con la tendencia tradicional, que tendía a marginar a ciertos protagonistas, llega a tal punto que se impone un cambio de visión. Se necesita una perspectiva que reexamine los períodos históricos dejados de lado y que asuma el reto de formular una versión renovadora y global de la historia nacional.

---

[17] Refiriéndose al sustancial enriquecimiento del conocimiento de los procesos históricos Glave menciona: «Una verdadera revolución en cuanto a temas, métodos, épocas incorporadas al panorama general, nuevos personajes de distintas clases sociales y etnias […] que transformó la idea de país […] que el pueblo mismo ha asumido» (Glave 1996: 6).

Coincidiendo con la finalización de las fases reformistas del gobierno militar –el período de Juan Velasco Alvarado, 1968-1975, y el de Francisco Morales Bermúdez, 1975-1980– este énfasis en lo económico empieza a ceder su lugar al llamado estudio de las mentalidades, dentro de cuya cobertura se cuenta el debate sobre la religiosidad, el mesianismo, el milenarismo, el arte y la identidad.

La superación del esquema tradicional

José de la Riva Agüero está considerado como uno de los representantes netos de la historiografía peruana tradicional. Encarna, podría decirse, una determinada manera de hacer historia, no como una profesión sino como el seguimiento de un impulso inspirado en el amor a la patria y la curiosidad intelectual. A su vez, su cómoda procedencia familiar lo colocaba en condiciones favorables para dedicarse al trabajo en bibliotecas y archivos. Los peruanistas de su generación concentraron su atención en períodos considerados claves para la definición de la peruanidad, como el período de la conquista y el inicio de la era republicana. Elaborar una selección como ésta implicaba necesariamente el abandono de otros períodos que fueron cayendo en el desconocimiento.

En los años treinta del siglo xx, surge una intensa polémica entre indigenistas e hispanistas. Eso motiva que los primeros realicen grandes esfuerzos a fin de recopilar y rescatar la máxima cantidad de documentos[18] y materiales que sustentaran sus propuestas. Surge así, del estudio de estas fuentes, una lectura diferente de la historia colonial. Al mismo tiempo, los registros y documentos rescatados[19] se acumulan generando un nuevo corpus materia de estudio. La riqueza del debate se nutre precisamente del enfrentamiento de ambos materiales de trabajo, ya que los hispanistas no se quedan atrás:

---

[18] «Contingentes de papeles de las provincias, de las familias de nuevos profesionales que provenían de las regiones con más pujante dinámica social y cultural, incluso documentos que los propios campesinos habían guardado celosamente comenzaron a dar sustento a dos lecturas [protesta andina y lamento criollo] de la historia económica colonial» (Glave 1996: 9).

[19] El rescate documental que llevaron adelante no sólo historiadores sino también arqueólogos, antropólogos, folkloristas, empieza ya a fines de los años sesenta. Se trata de fuentes de registro oral y simbólico. La esforzada labor de José María Arguedas amerita una mención especial en este sentido.

[...] a la vez, nuevas pruebas de la santidad de nuestros símbolos cristianos, hispano criollos, evidencias de viejas grandezas cortesanas de Lima virreynal, la abundante y compleja legislación colonial [...] permitía abundar a los hispanistas en la forma como siempre se protegió a los súbditos del Rey y en la piedad de los hombres que antecedieron a los gobernantes y patricios supérstites de los corrillos sociales y políticos de la peruanidad del siglo xx. (Glave 1996:10)

El estudio de estos materiales requería de nuevas generaciones de investigadores que empezaron a formarse en las universidades, y los primeros trabajos de economía no tardaron en aparecer. A su vez, las corrientes extranjeras –como la escuela francesa de *Annales*– y las polémicas –el materialismo histórico– derivadas de las transformaciones sociales completaban con su influencia el panorama de renovación que caracterizaba el momento. Es necesario mencionar el aporte esencial del Seminario de Historia Rural Andina, dictado en la Universidad de San Marcos en 1975 por Pablo Macera –renombrado historiador peruano, especialista en historia económica–, que constituyó una fuente de renovación de metodologías de trabajo con fuentes inéditas en el tema de historia agraria y hacienda rural. No es sorprendente este interés por las haciendas si consideramos que en ese entonces la Reforma Agraria abogaba por la supresión de dicha institución. Los Archivos Agrarios se incrementaron con documentos rescatados por la Reforma Agraria y se publicaron trabajos (como la revista *Campesino* en 1969) sobre investigación y debate de temas rurales. El debate sobre el tema agrario daba lugar a polémicas entre historiadores destacados como Kapsoli, Burga o Caballero, los cuales, «[...] escribían básicamente sobre los movimientos campesinos, tema por el cual la historia adquiría legitimidad y utilidad entre los militantes por la revolución en el campo y en el país» (Glave 1996: 17).

Las nuevas corrientes historiográficas cobraron aún más vigor debido a las celebraciones de varios aniversarios. Nuevamente, por una casual coincidencia de varias conmemoraciones, la coyuntura favoreció también a la implementación del material historiográfico. Un ejemplo notorio es el del sesquicentenario de la Independencia Nacional, cuando el Gobierno Militar de turno saca a la luz la que se convertiría en una de las fuentes básicas de la historia peruana: La Colección Documental de la Independencia del Perú. Los aniversarios por sí solos no hubieran constituido una ocasión especialmente determinante, pero sí lo fue el hecho de su coincidencia: el período del Gobierno Militar, el bicentenario de la rebelión tupacamarista y el sesquicentenario de la Independencia. Todos juntos hicieron que el tratamiento de temas alusivos al estudio de la imagen de la historia nacional se multiplicaran en revistas, diarios y libros. Ciertos personajes, rescatados por las interpretaciones de este período, se elevaron a la categoría de símbolos. La figura de José Gabriel Condorcanqui Túpac Amaru II, el revolucionario por excelencia, emergerá como el símbolo incuestionable del momento. Glave sintetiza este proceso de la siguiente manera: »Mientras el gobierno militar lo puso [a Túpac Amaru] como emblema, el movimiento nacional lo erigió como símbolo y los historiadores lo siguieron como indicio» (Glave 1996: 13).

Si la imagen representativa era Túpac Amaru no resulta sorprendente que el tema de las rebeliones indígenas y la agitación política del siglo XVIII constituyeran material de una abundante producción, hoy convertida en bibliografía obligatoria sobre el tema[20]. La siguiente ocasión que despierta la atención historiográfica será el centenario de la Guerra del Pacífico, nueva oportunidad para una crítica que conllevaba también una severa revisión del pasado. El aporte que más interesa, en este contexto, es el del historiador Heraclio Bonilla. Considerado como uno de los heraldos de la Nueva Historia, inicia su enfrentamiento con las posturas tradicionalistas a partir de su estudio sobre la Independencia[21]. Su siguiente trabajo lo constituirá un polémico tratado sobre el rol del campesinado durante la Guerra con Chile. Partiendo de estas coordenadas amplió sus estudios hacia temas como el sentido nacional entre los campesinos y la naturaleza de la construcción de la nacionalidad.

Esta secuencia de conmemoraciones –hemos mencionado las más pertinentes, dejando de lado, por ejemplo, la Conmemoración del Quinto Centenario de la Invasión Española–, motivadoras de la conmoción colectiva y el debate académico, son indicios de que nos encontramos ante una sociedad que pese a encontrarse en continua transformación, o tal vez precisamente debido a ello, mantiene una gran constante: la pregunta por la esencia, por el contenido de la identidad. «Así, los tres nudos de la historia y de la identidad nacionales: Conquista, Independencia y Guerra del Pacífico, encontraron un momento de reflexión [...]» (Glave 1996: 16).

El cambio de los discursos en el tiempo refleja el cambio de las sociedades. La historia cambia también, como lo hemos visto en el caso peruano. Pero

---

[20] Alberto Flores Galindo, *Buscando un Inca* (1988); Scarlett O'Phelan Godoy, *Un siglo de rebeliones anticoloniales* (1988); *Colección documental de la Independencia del Perú*, 96 volúmenes (1971-1976).

[21] Heraclio Bonilla (1972): *La Independencia en el Perú*. Lima: IEP.

hay una evidencia que, sin embargo, emerge contundente de la evolución de la historiografía, y es la naturaleza andina de la historia peruana.

La *rectificación* de la historia que ensaya Scorza resulta vital ya que es difícil concebir un cambio en el presente sin el conocimiento del pasado. No conocerlo, o al menos no hacer el intento de conocerlo íntegramente, de la manera más completa posible, equivale de algún modo a negarlo. Enfrentar el pasado, llamando a los fenómenos por su nombre, es una manera de procesarlo y encararlo. De esa manera será posible asentarse mejor en un presente, más sólido, más *real,* ya que se le habrá integrado ese conocimiento del pasado. Sólo entonces se podrá asumir la siguiente tarea: la transformación del presente. El abogado Genaro Ledesma, de *La tumba del relámpago,* ataca y se aboca a una denodada lucha con la historia precisamente porque comprende que su proyecto de transformación del hoy no podrá salir adelante si antes no ha ajustado cuentas con los fantasmas del pasado. Proclamar la *otra verdad* sobre el pasado resulta esencial para que los ciudadanos de una nación asuman plenamente su condición de protagonistas del presente. La aspiración por una versión completa es fundamental, tanto para confrontar la estrategia de silenciamiento ejercida por unos, como para otorgarle a los otros la clave que les permita reconocerse como protagonistas.

III.

Los símbolos patrios

La manera en que Scorza aborda el conflicto con la Historia supone entonces repensar de qué manera se ha escrito y se escribe, y tomar consciencia de que ese proceso impone cierta versión, dejando fuera a ciertos sectores, con la consiguiente pugna de éstos por retomar el lugar que les corresponde.

Scorza, con su repetida y consistente alusión a la enseñanza escolar de una determinada Historia (*La tumba del relámpago*) y la denuncia de una realidad totalmente ajena en la praxis, alude entonces a la existencia de una versión alternativa. El presente capítulo aborda el tratamiento de los símbolos, un aspecto que guarda relación con el patriotismo, concepto fundamental, por su naturaleza emocional, en la composición del sentimiento de pertenencia nacional.

Ioan Lewis en su libro *Symbols and sentiments*, profundiza en el componente emocional que permite a los símbolos movilizar a las personas a la acción. Refiriéndose a las aproximaciones, hasta ahora cognitivas, desde el estructuralismo francés y las teorías de la comunicación, Lewis señala:

> Despite its many impressive achievements, this excessive emphasis on thinking and cognitive processes neglects, or seriously underestimates, the powerful emotional charge which all effective symbols carry. If it is to do full justice to its subject matter, the study of symbols must include the study of sentiments. (Lewis: vii)

Primero fue el contenido de la historia, ahora los símbolos. La línea argumentativa scorciana parece iniciarse con una fase de lento y consistente desmoronamiento (ante el ataque a los diversos flancos) de la infraestructura, tradicionalmente aceptada, sobre la que descansa la noción de peruanidad.

Ocuparse de los símbolos implica reconocer que en ellos se personifica y simplifica el concepto de patria peruana que aspira a ser aceptada unánimemente como única. La profunda veneración a los símbolos que en las novelas los indígenas parecen haber asimilado, junto con el resto de los ciudadanos, es el resultado de la intensa labor concientizadora del sistema. Los indígenas creen, toman en serio la retórica patriótica. Los serios resquebrajamientos surgen cuando intentan *utilizar*, llevar a la práctica lo que han asumido como dogma. La desmitificación de esos íconos será el automático resultado de su toma de consciencia. Si los símbolos resumen la ficción de la unidad de la nación, la igualdad de toda la comunidad de peruanos, su invalidez en manos de los indígenas cuestiona no sólo los argumentos y principios que esos símbolos representan sino que confronta a este colectivo con la evidencia de que el «todos somos peruanos» se aplica a unos en detrimento de otros. El vacío de representatividad que así se crea podría ya constituir un relato de protesta: el ideal de nación unida se tambalea, hay diferencias, hay heterogeneidad en un sentido negativo, excluyente. El surgimiento de otros símbolos, como alternativa, indica peligrosamente no sólo que hay crisis sino también que se ha pasado ya del nivel del enfrentamiento a la construcción de la contrapropuesta. El hecho de que el símbolo enarbolado en *Cantar de Agapito Robles* sea la bandera del Tahuantinsuyo y que ello pueda sugerir un regreso a la *utopía incaica* es un problema diferente. En este capítulo llegaremos solamente hasta la confirmación de la existencia de una contrapropuesta a nivel simbólico.

El largo camino de los símbolos

Los símbolos (en este caso una bandera, un himno o un uniforme) son, a la vez que signos que identifican a una colectividad ante el exterior, la manera en que una nación se convierte en *palpable* para sus miembros. El emblema sintetiza todos aquellos valores adjudicados a la sociedad que representa. El control de la gama de posibles interpretaciones de un emblema es una tarea estratégica a la cual prestan mucha atención quienes se encuentran en el poder. Este afán de control puede, incluso, llegar hasta el extremo de intentar «monopolizar exclusivamente los significados» (Boime 1998: 35). Semejante aspiración resulta paradójica si comprendemos además que precisamente estos símbolos se erigen con el objetivo de unificar a todos aquellos que pertenecen a un colectivo, de modo que los símbolos deberían pertenecerle a todo el mundo y a nadie.

Esta tarea *monopolizadora* implica una férrea y consecuente labor propagandística de aquellos convencidos de poseer la verdadera y genuina interpretación de los símbolos y también acarrea consigo un enfrentamiento con quienes representan definiciones diferentes. Una vez que un grupo se encuentra en el poder, refuerza el adoctrinamiento de los ciudadanos a través de la conversión de una determinada interpretación de los símbolos en norma legislativa. Posteriormente se procederá a proteger la validez de estos símbolos, ya convertidos en portadores de una cierta versión de la nación.

Es interesante, a efectos de nuestro análisis, empezar determinando cuál es el contenido otorgado tanto a la bandera como al himno nacional, o mejor dicho, cuáles son los valores con los que se vincula a estos símbolos, qué historia sintetizan.

Se adjudica el diseño de la primera bandera al General Don José de San Martín. En 1820, en el puerto peruano de Pisco, durante un descanso de la Expedición Libertadora que lideraba, San Martín tuvo un sueño. Las multitudes avanzaban entusiasmadas vitoreando la libertad y agitando banderas. Cuando despertó, una bandada de aves surcaba el cielo, tenían las alas rojas y el pecho blanco (se las conoce como *parihuanas*); de inmediato se dirigió a sus acompañantes y les comunicó: «Esa es la bandera que flamea por la libertad de esta nación». El 21 de octubre de 1820, ya en el cuartel del ejército en Pisco, dicta el siguiente decreto:

> Por cuanto es incompatible con la Independencia del Perú la conservación de los símbolos que recuerden el dilatado tiempo de su opresión, se decide adoptar por Bandera Nacional del país, una seda o lienzo de ocho pies de largo y seis de ancho, dividida por líneas diagonales en cuatro campos blancos los dos extremos superior e inferior, y encarnados los laterales con una corona de laurel ovalada y dentro de ella un sol, saliendo por detrás de las sierras escarpadas que se elevan sobre un mar tranquilo. (*Gaceta del Gobierno de Lima Independiente* – 14, 15 de agosto de 1821)

Durante la ceremonia de proclamación de la Independencia, el 28 de julio de 1821, el general San Martín muestra, por primera vez, esta bandera nacional. No será, sin embargo, ésta la versión definitiva; las modificaciones se sucederán hasta 1825, cuando el Congreso Constituyente establezca la bandera nacional «de tres franjas verticales, las dos extremas encarnadas, y la intermedia blanca [...]». En marzo de 1950 un decreto ley (Nº 11323) ratificará esta versión, definiendo el diseño de la bandera como intangible. Puede decirse entonces que la bandera nace vinculada a la promesa de libertad e independencia que durante las guerras emancipadoras animaron al pueblo peruano, en el contexto de un enfrentamiento armado entre los ejércitos libertadores y las fuerzas españolas. No es de sorprender entonces que los momentos cumbres en que este símbolo se enarbola lo constituyan combates, actos de heroísmo o momentos triunfales, como la proclamación de la independencia. Esta bandera surge y se eleva triunfante sobre los antiguos símbolos de poder español[1]; se define, entonces, *contra* una determinada propuesta.

Siguiendo con este símbolo, el Calendario Cívico Patriótico peruano consagra el 7 de junio como el Día de la Bandera. En esta fecha se conmemora el aniversario de la Batalla de Arica. Durante el enfrentamiento bélico entre Chile y Perú (1879) la defensa de la plaza de Arica, territorio situado al sur –que el Perú perdería al finalizar esta contienda– se convierte en el escenario de esta gesta. El coronel peruano Francisco Bolognesi, conminado por el encargado chileno a rendirse, responde con la célebre oración: «Arica no se rinde, tengo deberes sagrados que cumplir y pelearé hasta quemar el último cartucho[2]» (Campo 2000: en línea). La lucha termina en una verdadera carnicería en la cual caen uno a uno los defensores peruanos. Al final, replegados en el Morro y cuando el pabellón nacional está a punto de caer en manos enemigas, el joven coronel Alfonso Ugarte espolea su caballo arrojándose al mar desde la cumbre del Morro impidiendo así «que el sagrado bicolor fuera ultrajado en manos enemigas» (Campo 2000: en línea). Este gesto de heroísmo constituye el núcleo ejemplificador para que cuando las generaciones posteriores juren fidelidad a la bandera recuerden qué significa defender a la patria, personificada así en cada uno de sus emblemas.

Por otro lado, si aparte del sueño que le diera origen analizamos la alusión a los colores de la bandera, se sostiene que el rojo representa la sangre de los héroes derramada en la gloriosa obtención de la libertad y el blanco la nieve de las cordilleras. Las cordilleras, los Andes, aluden a un elemento tradicional en la definición de la pertenencia nacional: la tierra, la geografía, lo inamovible.

---

[1] La publicación de la *Gaceta de Lima Independiente* del 1 de agosto de 1821 (23-24) informa sobre los acontecimientos alrededor de la Proclamación de la Independencia Nacional. Allí se menciona marginalmente que además de los arreglos ceremoniales se ordenó retirar de edificios, espacios públicos y de propiedades particulares todo tipo de armas y escudos españoles.

[2] El artículo «El legado de Bolognesi», en el que se conmemora el aniversario de la batalla de Arica en 2002, ejemplifica el cultivo de la memoria de ciertos detalles históricos: «El peruano que desconoce las estoicas palabras que pronunció en coronel Francisco Bolognesi Cervantes como respuesta a la petición de rendición ofrecida por Chile el 5 de junio de 1880, necesita con urgencia regresar a las aulas de primaria» (Pinedo García 2002: en línea).

La mención a la sangre derramada por los héroes se refiere a varios capítulos, no necesariamente triunfantes, de la historia nacional. Se trata aquí, indudablemente, de la historia llamada, por los historiadores modernos, *criolla,* como se ha visto en el capítulo anterior[3]. Desde el momento en que la conexión entre cierto discurso y la razón de ser de los símbolos se instala en el imaginario colectivo, surgen las fórmulas adecuadas para convertir esta simbiosis en definitiva. Las leyes son el último recurso (pese a que son modificables) con el cual se pretende convertir en dogma de fe el significado de los símbolos. Es un movimiento definitivo en el tablero político: a partir de ese momento, todas aquellas versiones e interpretaciones disidentes sobre el contenido de los símbolos podrán ser rechazadas y penalizadas como ataques, ya no en el contexto de la discusión sobre el significado de una representación, sino contra el cuerpo de la nación en sí. La legislación peruana no sólo define sus símbolos nacionales sino que protege la interpretación establecida y pena su adulteración y uso indebido. Esto, además de sonar altamente represivo, podría convertir en tarea casi imposible la interpretación de estos íconos desde otras perspectivas; la reinterpretación de los emblemas, sin embargo, constituye precisamente un desafío. Así lo demuestran artículos sobre el impacto de un lúdico ensayo de modificación del escudo nacional y la campaña del lavado de la bandera[4].

Las Constituciones peruanas de 1979 y 1993 consignan literalmente las definiciones de los símbolos de la Patria:

---

[3] El narrador de *Redoble por Rancas* menciona en un veloz recorrido por la Historia: «Ocho guerras perdidas con el extranjero; pero en cambio, cuántas guerras ganadas contra los propios peruanos. La no declarada guerra contra el indio Atusparia la ganamos: mil muertos. No figuran en los textos. Constan, en cambio los sesenta muertos del conflicto de 1866 con España» (RPR: 217).

[4] La carátula de la conocida revista peruana *Caretas* 1276 de 1993 se unió a los actos de protesta contra el gobierno de Fujimori publicando una alegoría satírica del escudo nacional. La vicuña, el árbol de la quina y el cuerno de la abundancia del escudo oficial fueron reemplazados por el bacalao, la yuca y la concha, «símbolos que quizás reflejaban mejor el actual estilo político» (N/A 1993b: 21). Esto desató una ola de reacciones ante «la denigración de los símbolos patrios» (N/A 1993b: 9). El Parlamento aprobó inclusive una moción de censura contra *Caretas*. «Lavalabandera» fue otra de las originales formas de protesta con la que grupos de ciudadanos mostraron su descontento respecto al tercer período de gobierno de Fujimori. «Armados» con grandes lavatorios, agua y jabón, hombres y mujeres se posesionaban de la Plaza de Armas y procedían a lavar y luego tender la bandera peruana. Este acto simbolizaba los deseos del pueblo peruano de limpiar el país del autoritarismo y la corrupción personificados por el régimen.

La bandera de franjas verticales con los colores rojo, blanco y rojo, el escudo y el himno nacional establecido por ley, son símbolos de la Patria. (Constitución Política del Perú 1979: art. 85)

Son símbolos de la Patria la bandera de tres franjas verticales con los colores rojo, blanco y rojo, y el escudo y el himno nacional establecidos por ley. (Constitución Política del Perú 1993: art. 49)

El adoctrinamiento desde la escuela es una manera de repetición machacona de una determinada interpretación de los símbolos hasta hacerla parte del imaginario popular. La legislación, decíamos, es el otro recurso, de matiz represivo, que se encarga de *cautelar* una versión de los símbolos que ya se asume que *son* la patria. Los símbolos patrios peruanos fueron promulgados mediante una ley el 25 de febrero de 1825 por Simón Bolívar y el Congreso Constituyente. Una muestra de la dificultad de modificarlos, pese al corto período transcurrido desde su establecimiento, lo encontramos en el caso del Himno Nacional. Luego que José Bernardo Alcedo ganó con su composición el concurso (23 septiembre 1821) convocado por San Martín[5], publicó, en un libro, el coro y las seis estrofas del himno. En esta versión la letra había sufrido modificaciones respecto al tema ganador, no figuraba la estrofa más cantada[6]. En 1853 el poeta Manuel Corpancho retoma la omisión a la vez que sugiere eliminar algunas imperfecciones literarias del original (la estrofa sobre Lima y líneas finales de la quinta[7]). En 1874 el poeta Luis Benjamín Cisneros y el historiador Eugenio Larrabure y Unanue presentan una solicitud de convocatoria a concurso a fin de reformar el texto del Himno. Se aprueba la petición y se publican las bases, y es entonces cuando la opinión pública

---

[5] Después de jurada la independencia el generalísimo don José de San Martín y el Ministro de Relaciones Exteriores, «con la finalidad de avivar y alimentar la llama del patriotismo de los peruanos, de seguir ejerciendo el anhelo inquebrantable por la libertad y que perdure por siempre el recuerdo de las luchas y sus glorias», convocan a concurso para la composición de la Marcha Nacional del Perú (*Gaceta Ministerial* del 7/08/1821).

[6] «Largo tiempo el peruano oprimido la ominosa cadena arrastró, / Condenado a cruel servidumbre largo tiempo en silencio gimió. / Mas apenas el grito sagrado Libertad en sus costas se oyó!, / La indolencia de esclavo sacude, la humillada cerviz levantó».

[7] «Lima cumple ese voto solemne, y, severa, su enojo mostró, / Al tirano impotente lanzando, que intentaba alargar su opresión. / A su esfuerzo saltaron los grillos y los surcos que en sí reparó, / Le atizaron el odio y venganza que heredara de su Inca y Señor». Y la quinta estrofa (líneas finales): «Nuestros brazos, hasta hoy desarmados, estén siempre cebando el cañón, / Que algún día las playas de Iberia, sentirán de su estruendo el terror».

se pronuncia rechazando decididamente toda alteración del Himno, sobre el cual «gravitaba ya la sanción del tiempo y las generaciones» (Ministerio: 2). En 1901 el gobierno de Eduardo López de la Romaña, en vista de que ciertas expresiones contenidas en el Himno atentaban contra la cordialidad de las relaciones entre el Perú y España, convoca a concurso que gana el poeta José Santos Chocano. Esta vez las nuevas estrofas se entonan en las escuelas y se distribuyen masivamente publicaciones modificadas. Nuevamente la colectividad se niega a acatar dichos cambios reclamando, y manteniendo en la práctica, la letra original de José Bernardo Alcedo. Ante semejante reacción, el 26 de febrero de 1913 el Congreso emite una ley (N° 1801) que elimina toda posibilidad de cambio y declara intangible la letra y la música del Himno Nacional.

No sólo se dictamina por ley la inmutabilidad de los símbolos, por el mismo medio se aseguran la manera y las circunstancias en que habrá de hacerse uso de ellos. La ley N° 8916 del 06 de julio de 1939 reglamenta el izamiento de la bandera:

> a. Obligatorio en los días de Fiestas patrias y en las fechas que se ordene por la Ley o por Decreto Especial en todos los edificios, casas, fábricas, barrios, etc de propiedad particular.
> b. Será enarbolada en asta al tope, salvo en los días declarados de Duelo Nacional por Ley o por Decreto especial del Poder Ejecutivo que disponga izarla a media asta. (Ley N° 8916)

De esta manera, el poder de turno refuerza también su monopolio sobre los acontecimientos que se celebran y se recuerdan. Alentar la devoción por los símbolos patrios constituye una eficiente estrategia de control; la participación en los rituales de exaltado patriotismo constituye una manera eficaz de obligar a un individuo o a un grupo a definirse. La fuerza del colectivo es tal que polariza el posible escenario de reacciones: o se participa en el homenaje grupal o sólo queda asumirse como un extraño, un marginal, una amenaza contra la imagen de unidad que propaga el símbolo. Aquellos que quieran reforzar o plasmar su alianza con la comunidad, deberán participar activamente de los rituales de saludo a los símbolos u obedecer las claves que acompañan dichas celebraciones. Un ejemplo de cuán arraigada se encuentra esta práctica de inclusión o exclusión mediante el ritual de respeto a los símbolos lo encontramos en una propuesta de modificación legislativa peruana del año 1997. Se trata de un agregado efectuado a los requisitos que regulan el proceso de adopción de la nacionalidad peruana (Ley de Nacionalidad Nº 26574). La lista de exigencias para aquellos extranjeros que aspiren a naturalizarse peruanos incluirían dos requisitos nuevos:

> Artículo 3. Son peruanos por naturalización:
> 1. Las personas extranjeras que expresan su voluntad de serlo y que cumplen con los siguientes requisitos:
> [...] d) Se expresan en el idioma oficial peruano, y conocen nuestra historia y símbolos patrios.[8]

Esta alusión al *conocimiento* de los símbolos nos recuerda el conocido Pledge of Allegiance to the Flag[9], instituido en los Estados Unidos en 1892, con propósitos por demás evidentes: «to instill "old fashioned" patriotism in "alien's school children"» (Boime 1998: 31).

En Scorza no aparece un enfrentamiento directo o un debate explícito sobre si es justo o injusto el contenido de los emblemas. Más bien, nos muestra el paulatino extrañamiento de las comunidades indígenas ante los inamovibles símbolos de la patria. De algún modo, el relato de los símbolos alude a la lenta e histórica alienación de un enorme sector del país respecto al Perú oficial. La fidelidad de los campesinos por los símbolos es un genuino acto de fe, de ciega confianza en que el símbolo representa los valores que se le adjudican. En realidad, no pueden solidarizarse, reconocer ni estar enterados del contenido de los emblemas. La fe que los mueve se irá apagando hasta dejar un vacío donde sólo quede espacio, ya no para una redefinición, sino para un reemplazo definitivo de símbolos. Si la adhesión a los símbolos equivalía a la pertenencia a la patria, esta actitud implica entonces la exclusión indígena del concepto Perú.

Si una determinada comunidad reuniera las características de unidad y homogeneidad, haciendo que todos se sintieran efectivamente representados y parte de ella, no habría mayor necesidad de símbolos o íconos que reflejaran esta pertenencia. Precisamente el asomo, para no decir la evidencia, de serias fracturas en el cuerpo de la sociedad, por cuestiones de clase, raza, etcétera, hace necesario un sistema simbólico que reavive y reafirme la ficción de la unidad y homogeneidad.

---

[8] Propuesta presentada por el congresista Antero Flores-Araoz, el 3 de junio de 1997.
[9] «I pledge allegiance to the flag of the United States of America and to the Republic for which it stands, one nation onder God, indivisible, with liberty and justice for all».

Bandera, himno y uniforme en la pentalogía

La veneración

Una de las primeras cosas que salta a la vista a lo largo de las novelas es la veneración a los símbolos que anima a los comuneros. Las manifestaciones de respeto y consideración que le guardan a la bandera peruana son innumerables: «Agapito Robles se adelanta en su caballo blanco. Siempre que se puede se le ofrece un caballo blanco. ¡Porque viaja con la bandera! Detrás el Ingeniero, las autoridades, los disciplinarios» (EJI: 118).

Al enumerar la magnificencia de la escuela que la comunidad de Chinche se propone construir, leemos entre la enumeración que los campesinos hacen de sus atributos: «Segundo piso edificaremos. Tendrá mástil para la bandera. ¡Pabellón flameará!» (GEI: 140).

Aún en los momentos más intensos, como durante el enfrentamiento entre los rebeldes de Tusi y la comunidad de Pallanchacra, opuesta a la ocupación de tierras, la sola visión del símbolo reprime a los agresores: «[…] él (Remigio Villena, el líder de la comunidad de Tusi) también avanzó. Su mano derecha sostenía la bandera del Perú. Pallanchacra no osó apedrearla» (LTDR: 210).

En la mejor muestra de la indudable profanación que para ellos significa un ataque contra el símbolo nacional figura la denuncia que formula un campesino en *La tumba del relámpago*:

> Reconoció la enorme bandera del caserío de Carahuaín, semi quemada durante la masacre de marzo, queremos conservarla así para que los parlamentarios que nos visiten se percaten del sacrilegio, está usted creyendo, señor. (LTDR: 214)

Muy diferente, en cambio, es la actitud de las autoridades no campesinas cuando hacen uso de los símbolos. Para ellos se trata de un halago personal, en la medida que el homenaje a los símbolos alude también a su posición de poder. Travesaño, el líder campesino de Tambopampa, hábil observador de este detalle, despliega toda la parafernalia necesaria para agradar a las autoridades cuando llegan a su pueblo:

> Un domingo transparente las autoridades honraron el camino para presidir la inauguración. Tambopampa las recibió a los acordes de la «Marcha de las banderas», que, aunque reservada al Presidente de la República, todos sabían que halagaba las orejas del doctor Montenegro. […] Las autoridades desmontaron y escucharon el Himno Nacional en patriótico silencio. Travesaño avanzó para izar la bandera

en el mástil de eucaliptu, […] intentó iniciar su: ¡Hay en la historia de los pueblos fechas grabadas por el cincel de la emoción en el mármol de la historia! (GEI: 135)

Para los representantes del poder central los símbolos representan sólo un pretexto para dar inicio a otras actividades, como ilustra bien la idea del alcalde en *Redoble por Rancas*: una carrera de caballos el 28 de julio en Yanahuanca:

> Una patriótica diana, regalo del Puesto de la Guardia Civil, despertó a Yanahuanca el veintiocho de julio. Ocho guardias presentaron armas al pabellón. Olvidando que el padre Lovatón celebraba una misa en memoria del General San Martín, los hueleguisos hormigueaban en el campo. Hacía tres días que los señores guardias civiles, deseosos de exaltar el cumpleaños de su patria, habían mandado a los presos levantar un tabladillo adornado con cintas bicolores, obsequio de las señoritas maestras. (RPR: 55)

Aún más mundana es la asociación entre los símbolos patrios y el paseo a bordo de la lancha *La Constitucional* que los alcahuetes (en este caso Arutingo) han organizado para el Juez Montenegro y la bella Maca Albornoz, la mujer que se había propuesto conquistar y humillar a cuanto personaje importante del pueblo se le cruzara en el camino: «En la popa de La Constitucional, Arutingo había instalado una cabina pintada con los colores nacionales, donde Maca y el juez encontraron dos sillones […]» (CDAR: 91-92).

Entre las canciones que el séquito –compuesto por idiotas a los que recogía por caridad para luego bautizarlos con nombres de generales, almirantes y otras figuras históricas– de Maca entona, como telón de fondo al primer encuentro entre los amantes, encontramos: «La tripulación escuchó silbotear un huaynito, luego susurros, huaynitos, susurros. Mezclando el Himno Nacional y «El Plebeyo», los generales cantaban» (CDAR: 92). No se puede decir que las novelas planteen un consciente enfrentamiento *ancestral* entre estas comunidades marginales y los símbolos de la patria *criolla*[10]. Lo que observa-

---

[10] Significativo resulta el absoluto desconocimiento de los símbolos: «¡Cantemos juntos el Himno Nacional del Perú! –gritó el maestro Salazar dando el ejemplo. ¡"Somos Libres seámoslo siempre"! corearon los tusinos. Pero nadie más cantó. Las voces de los peruanos, viendo que los siervos no cantaban, comenzaron a ralear. Extrañado el maestro Salazar, preguntó: ¿Por qué no cantan el Himno Nacional con nosotros el día de su liberación? –No conocemos esa música señor se confundió el viejo Angel Valerio. ¡No es canción, es el Himno de la Patria! –gritó indignado el maestro Salazar. ¿Qué cosa es Himno, señor? –se amedrentó aún más el siervo, al borde de las lágrimas» (LTDR: 196).

mos, mientras avanza la lectura, es cómo, a medida que el abuso excede los límites soportables, empieza a materializarse la posibilidad de la resistencia, del enfrentamiento, del levantamiento. Los símbolos, que antes parecían haber sido aceptados como dogmas, sin cuestionarse, son sometidos a una verdadera prueba de fuego de la cual no emergerán como ganadores. Cuando los campesinos intentan convocar en otros peruanos los mismos sentimientos –que ellos creen compartidos– hacia los símbolos, llegan a la conclusión de que los principios que creen sagrados son interpretados con relativa flexibilidad e incluso ignorados por otros. Se produce entonces la desilusión ante el engaño; si un símbolo no convoca los principios que lo sostienen se desprestigia, no sirve su propósito. Los ideales representados, sin duda nobles en su concepción original, simplemente tienen distinto significado para grupos diferentes. La independencia y la libertad no son los mismos para los indígenas desposeídos –antes y después de la Proclamación de la Independencia Nacional– que para los criollos que combatieron y posteriormente se beneficiaron con los logros de la autonomía alcanzada.

La caída

Cuando el pueblo de Rancas descubre a las tropas de asalto acercándose, un comunero exclama incrédulo ante el pánico general: «¡Cómo van a matarnos! ¡El uniforme es para defender a los peruanos, no para atacarlos!» (RPR: 226).

Se ha llegado aquí a la confrontación de dos concepciones diferentes. El Alférez, al que se enfrenta el personero de la comunidad de Rancas, está plenamente consciente de la única interpretación posible que emana de su uniforme: respeto irrestricto al poder que él representa: «Se le extravió la voz [al personero]. El alferez lo miró, cachaciento. Tres años de servicio le enseñaban que el uniforme enronquece las voces más valientes» (RPR: 228).

En los momentos más álgidos, cuando la violencia parece inevitable, los campesinos llevan a la práctica el *mensaje* de los símbolos. Según lo que han comprendido, éstos hermanan a todos los peruanos y merecen siempre respeto. Una vez recibido el ultimátum de cinco minutos para abandonar sus tierras, los campesinos de Rancas se juegan la última carta:

> Se me ocurrió traer la bandera. Al Pabellón Nacional lo respetan todos. Esto pensé [...] «Cantemos el himno». No me salía la voz [...]. Finalmente comenzamos:«Somos libres, seámoslo siempre». Yo pensaba «van a cuadrarse y

saludar». Pero el alférez se calentó: «¿Por qué cantan el himno, imbéciles?» «¡Suelta eso!», me ordenó. Pero no solté la bandera. La bandera no se suelta. (RPR: 230-231)

[…] yo caí, pero seguí cantando «…y antes niegue sus luces el sol que faltemos al voto solemne […]». Se enfurecieron y me molieron a culatazos. Me rajaron la boca. «Suéltala.» «No la suelto». […] Me zamparon un bayonetazo y me cortaron la mano. «Suéltala». Otro sablazo me descolgó la muñeca. (RPR: 231)

La explicación de una respuesta tan violenta ante el enarbolamiento de la bandera, que en principio es patrimonio de cualquier peruano, podría radicar en el hecho de que algunos grupos ven en la apropiación de los símbolos una manera de consolidar su poder[11]. Mientras ellos mantengan la única posibilidad de interpretación de estos íconos su propio relato estará garantizado. Permitir el acceso a otros intereses, grupos o manifestaciones equivale a arriesgarse al cuestionamiento de la versión imperante[12] o la revisión del cumplimiento estricto de los principios que el símbolo encarna. Al trazarse el perfil de Guillermo el Carnicero, el conductor de las tropas de asalto y especialista en desalojos campesinos, se expone esta categórica concepción sobre quién detenta el uso y la interpretación de los símbolos patrios:

Los campesinos se obstinaban, tozudamente, en permanecer en sus tierras mascullando palabras incomprensibles, mostrando documentos sebosos y agitando banderitas peruanas. Primer error: el uso del bicolor nacional, prohibido a los civiles sin permiso, exasperaba los sentimientos patrióticos de Guillermo El Carnicero. El reglamento es categórico: el pendón nacional se reserva a instituciones y autoridades. (RPR: 213)

La única ocasión en que las tropas de asalto expresan respeto por la bandera en manos de los campesinos coincide con el momento en que un comandante,

---

[11] Refiriéndose a las *lecturas alternativas* de los símbolos patrios en los Estados Unidos durante los años sesenta, escribe Boime: «The area most conducive for protest lay in the codified rules and rituals for proper display of and respect for the flag, because these were inevitably tied to the one-dimensional interpretation of what the flag meant» (Boime 1998: 42-43).

[12] Es curiosa la manera en que se interpretan las intenciones de un grupo de comuneros llegados a una reunión; el mero hecho de portar banderas le pone un tinte político al evento: «¿Por qué tu gente baja con cornetas y banderas? Yo he dado permiso para una reunión agropecuaria, no política. No es política mi sargento. ¿Cuándo se ha visto que a estas reuniones bajen embanderados? ¿Qué celebran?» (GEI: 162).

conmovido por las palabras de un líder campesino que se dispone a morir, se niega a reprimirlos. Nos encontramos ante la actitud de un disidente:

> Estas tierras pertenecen al hambre de nuestros niños. ¡No retrocederemos! Si el gobierno de nuestra patria lo manda a usted a matarnos,¡cumpla con su deber! El comandante palideció. De improviso, por su cara prieta comezaron a caerle lágrimas. […] ¡No! ¡No correrá sangre! Estoy harto de combatir contra peruanos. […]. Los comuneros comenzaron a cantar el Himno Nacional. Los oficiales se cuadraron, se despidieron, retrocedieron a sus contingentes, montaron a sus caballos, partieron […]. (LTDR: 220)

La reacción

Una vez que se hace dolorosamente evidente la inutilidad de los símbolos, empieza el cuestionamiento nacido de la rabia y la impotencia. Luego de la masacre de Rancas, el personero Alfonso Rivera escucha desde su tumba el relato sobre la suerte de su familia, narrado por la «recién enterrada» anciana Tufina: «A tus hijos los vi vivos, llorando sobre tu cuerpo. Tu mujer gritaba: "¡Bandera es mentira, himno es mentira!"» (RPR: 232)[13].

La protesta y la rebeldía no son las únicas reacciones; la obediente aceptación y respeto prodigados a los símbolos se transforman en toma de consciencia sobre la posibilidad activa de generar otras interpretaciones simbólicas desde una posición de opresión. Ante una nueva definición del colectivo también se hacen necesarios otros símbolos de identificación. Fortunato, el campesino que persiste tenazmente en sus protestas ignorando las palizas, intenta hasta el final explicarle a los militares la situación de su pueblo. Al ver cómo, ajenos a su intento, empiezan a incendiar sus chozas, exclama indignado:

> Nosotros no faltamos a nadie. Ni siquiera faltamos al uniforme. –Señaló el color caqui: «Ese no es el uniforme de la patria». Se agarró la chaqueta: «¡Estas hilachas son el verdadero uniforme, estos trapos…!» (RPR: 229)

---

[13] Un cambio similar en la mentalidad indígena, esta vez respecto al tema religioso, lo encontramos mencionado por Ansión cuando describe la rebelión de Túpac Amaru: «Durante la matanza de españoles en la iglesia de Toracari una mujer india "tomó […] la Custodia, y llenó el sol de coca, y escupiendo a Dios decía que era mentira, que no estaba allí, porque esa era una arina puerca que ella havía trahido del valle"» (*Colección Documental de la Independencia del Perú* 2,2: 693; citado en Ansión 1989: 41-42).

En la misma línea, cuando Garabombo explica a los comuneros por qué es necesaria la invasión de tierras, les comenta: «Hermanos, nosotros cantamos en el himno que somos libres. No somos libres: somos esclavos. Libre es el señor Cóndor; nosotros somos animales amarrados. ¡Piensen!» (GEI: 159).

Pese a tratarse del mismo objeto-símbolo, la interpretación y el contenido que dos grupos le adjudican los convierte en diferentes[14]. La bandera bajo la cual, se entierra con enorme respeto y dolor al Jinete Insomne se identifica con la peregrinación a la que dedicó su vida para recuperar los títulos de su comunidad. Eso es lo que la bandera representa, la lucha por la tierra: «Sobre el cuerpo, pero dejando descubierto el rostro inolvidable, colocaron la bandera de la comunidad, lo que quedaba de la bandera desgarrada por las neviscas, las lluvias, los vientos de la marcha» (EJI: 217).

La adjudicación de nuevos contenidos ya no se detendrá. Sólo la apariencia seguirá siendo similar. Podría parecer que nos encontramos ante el mismo símbolo, pero el mismo objeto en distinta circunstancia y en distintas manos cobra un significado diferente. Cuando los comuneros que siguen a Garabombo recuperan las tierras usurpadas, Cayetano despliega un símbolo cargado de un significado particular, muy propio, plenamente adaptado al momento que viven, a *su* momento: «Con el sol alto, Cayetano se descubrió e inició el Himno Nacional. Cantaron conmovidos, luego Cayetano desmontó y besó la tierra» (GEI: 176).

Los símbolos de la patria cumplen un objetivo fundamental, el de hacer participar de la condición de peruanos a todos, independientemente de las tradiciones a las que pertenezcan[15]. Al esgrimir esos símbolos, los comuneros convocan en su defensa los ideales respetables y casi sagrados que, según ellos, todo peruano debía honrar. La candidez de los comuneros asume que compartir la condición de peruanos, a través de los símbolos, les asegura la solidaridad de los otros peruanos con su causa, la comprensión ante su desposesión. Cuando los hombres de Garabombo, engañados por los uniformados, creen contar con

---

[14] En su *reportaje* sobre las invasiones de tierras de los años sesenta, Hugo Neira describe: «Invaden, pues, y como demostración de júbilo y de inocencia política, plantan una bandera peruana, enorme, en medio del campo. Pocas veces la bandera peruana ha tenido el orgullo de mecerse más honradamente» (Neira 1968: 178).

[15] Al respecto señala Boime: «The flag is the emblem of a coherent group identity that in principle expresses the shared values of that group and distinguishes it from all others. Theoretically, the claim for the universality of these values is encapsulated in the reductive symbolism of the flag» (1998: 20).

la solidaridad y el apoyo de éstos, comparten el símbolo que, como nunca, sienten que los une:

> El oficial bebió un largo trago de cañazo. Las aclamaciones reincidieron. ¿Qué les parece si como regalo le cantamos el Himno Nacional al alférez? –propuso Cayetano. Cuéllar inició el canto con su voz descompasada. El alférez y el sargento saludaron militarmente. En la otra orilla los guardias se cuadraron. […] –Si no lo oigo, no lo creo. Nunca hubiera pensado –exclamó el tesorero […]. ¿Qué te crees? Ellos también son peruanos. ¿Los viste? Son indios, como nosotros […]. ¿Ustedes también creen que los chanchos vuelan? gruñó Garabombo. (GEI: 183-184)

Una vez que la comunidad indígena toma consciencia de la invalidez de los símbolos como estandartes de la causa por la que luchan, los rechazan, les pierden el respeto. Automáticamente toman distancia de la ficción esencial que representan: la homogeneidad que da sustento a la peruanidad. Este largo y doloroso proceso de toma de consciencia ha significado, en lo referente a la recuperación de tierras, la decisión por la confrontación, y la acción desplaza a la pasividad. En lo que respecta a la idea de pertenencia a un colectivo de *peruanos* surge imperiosa la pregunta: ¿quiénes somos y adónde pertenecemos? Una vez que han rechazado los sacralizados símbolos nacionales, se han colocado fuera de la ley, cayendo sobre ellos el anatema de excluídos y enemigos de la patria. A nivel simbólico, ¿qué los representaría ahora de manera más auténtica y real?

Así nos acercamos al enfrentamiento de los símbolos. Si el autor nos hubiera descrito simplemente la desilusión por los símbolos patrios, la comprobación de la exclusión de los rituales que unen al colectivo, hablaríamos de una situación de crisis. El que ciertos grupos, liberados del temor inspirado por el símbolo y guiados por la certeza del incumplimiento de las promesas que dicho símbolo encarna, cometan la afrenta de cuestionar un símbolo patrio, es un acto de rebeldía. Convertir el símbolo en otro, de contenido más solidario con sus luchas, más activamente involucrado con los intereses que este grupo clama, es dar un paso definitivo hacia la separación ya que delata la existencia, e implementación, de un modelo alternativo.

Traidores a la patria, antiperuanos, es el calificativo para aquellos que atentan contra la ficción de integridad y la histórica inclusión de *todos* los peruanos, contra la ilusión de armonía. No sería la primera vez que los indígenas atraigan sobre sí esta denominación. A lo largo de las novelas de Scorza vamos encontrando, en la misma medida que los símbolos tradicionales se tambalean, elementos que anuncian el surgimiento de otro emblema. Es importante describir estos *preámbulos*, ya que constituyen la evidencia de una nueva mirada que primero descubre, luego se apropia y finalmente consagra elementos a su favor. Este proceso es fundamental ya que evidencia, en primer lugar, cómo ciertos documentos fundamentales han permanecido por años ocultos e inaccesibles para este sector nacional. Esto significa también que sus efectos nunca llegaron hasta ellos, de allí que contemplen, por primera vez con ojos transparentes, los principios que animan a estos íconos. Para el resto de la colectividad estos documentos hace mucho que perdieron ya su capacidad de deslumbrar. En segundo lugar revela cuáles son los temas vitales que animan la realidad de este grupo, los grandes problemas a los cuales buscan, infructuosamente, solución en el mundo *criollo*. En tercer lugar esta búsqueda de elementos simbólicos que representen sus clamores, revela la inutilidad de los símbolos existentes y el inicio de la construcción de una organización propia, la revalorización o recuperación de un sistema más adecuado, o sea, el inicio de la contrapropuesta.

Los ensayos de la recreación simbólica

Una vez comprobado el vacío simbólico, conviene analizar de qué manera se produce la evolución hacia el surgimiento de otro símbolo. Esta búsqueda la encontramos reflejada a lo largo de las novelas en dos procesos constructivos:

a. La evolución de un símbolo de tradición propia**,** surgido como resultado de procesos internos en la comunidad.

b. Un símbolo reciente, asimilado del imaginario nacional y redefinido por este colectivo.

Los Títulos de Propiedad de las comunidades

A lo largo de las tres primeras novelas asistimos a la descripción de la importancia vital que las comunidades le conceden a los Títulos de Propiedad, los documentos que sustentan su derecho a las tierras usurpadas por los terratenientes. Dichos Títulos, emitidos por la Corona española en 1700 –en el caso de Rancas[16]– reconocían formalmente la existencia de las comunidades

---

[16] 1705 en el caso de la comunidad de Yanacocha, escenario de *El Jinete Insomne*, y 1711 para Yanahuanca, la comunidad de *Garabombo El Invisible*.

indígenas, estableciendo además sus límites. Estos documentos eran fundamentales para las comunidades en sus luchas de reivindicación, ya que con ellos podían probar su legítimo reclamo como propietarios de las tierras ahora en manos de los terratenientes, delatando así la usurpación. Las novelas relatan los esfuerzos de los comuneros, quienes conscientes desde época temprana de la importancia de estos legajos, hicieron lo posible por ponerlos a salvo de la violenta cruzada terrateniente destinada a apoderarse de ellos para así proteger sus intereses.

El Jinete Insomne es la novela que relata íntegramente la peregrinación del protagonista Raymundo Herrera en su esfuerzo por recuperar el Título oculto. Se refieren también los esfuerzos y sacrificios de líderes anteriores para preservar el documento. Una vez conseguido el Título y basándose en él será posible levantar un plano catastral que dará una idea clara de la extensión de las tierras de la comunidad:

> Los que se proclaman propietarios de la tierra en Cerro son gentes que aprovechan la ignorancia o el miedo. Usurpan lo que nos pertenece desde el comienzo del mundo a los que sudamos sobre los surcos [...]. He visitado a un abogado de Cerro de Pasco. Si iniciamos un juicio de recuperación de nuestras tierras y acompañamos a nuestro reclamo el plano catastral, la justicia no podrá menos que reconocer nuestro derecho. (EJI: 61)

Una vez ubicado, el Título se convierte en algo más que un documento: será el centro de numerosos rituales vinculados al fortalecimiento de la comunidad y se le reconocerá el poder de predecir la cercanía del día de justicia para estos pueblos. El primer encuentro entre Raymundo Herrera y el Título se relata en estos términos:

> El viejo [...] levantó la tapa. ¡Una llamarada lo untó de oro! [...] Con regocijo, con terror comprobó entonces que lejos de ceder a la humedad del altillo donde había dormido cuarenta años el Título de propiedad de Yanacocha, brillaba peor que una generación de luciérnagas. [...] Para purificarse decidió no comer durante el regreso. (EJI: 16-17)

El anciano líder Herrera convence a la comunidad de la necesidad de recuperar las tierras, y al exhibir los Títulos les explica también el carácter mítico del documento:

Lo desenvolvió. ¡Una llamarada los emponchó de sol! [...]
—¡Brilla! Cuando el apoderado Rodríguez entregó este Título a la guardianía [...] no brillaba. Se aproxima la hora en que alcanzaremos justicia. Recuperaremos nuestras tierras. El Título lo sabe. ¡Por eso brilla! (EJI: 62)

Similar es el encuentro de Garabombo con el título de su comunidad. Recién salido de la cárcel, al volver a su pueblo, el delegado le muestra el documento:

—Son los títulos de nuestra comunidad.
Garabombo se levantó.
—¿Son los títulos de 1711, don Juan?
Temblaba.
—¿Son los títulos del Rey?
¡Toca!
Garabombo acercó tímidamente la mano, tocó el legajo y retiró los dedos como quemado. ¡Existían! [...] Sobre la mesa anclaban como un fabuloso galeón gastado por un viaje de doscientos cincuenta años. (GEI: 31)

Los Títulos reciben un tratamiento de respeto y veneración garantizado por su importancia vital para la comunidad. En este sentido se entiende que en el momento en que Rivera, el personero de Rancas, decide comunicar a la comunidad la necesidad de iniciar la lucha, inicie sus palabras con el ritual de la lectura del Título:

¡Lean los títulos! —ordenó. [...] Los títulos de propiedad de una comunidad los cautela el Personero. Sólo otra persona (por si muere el personero) conoce el lugar donde se esconden esos documentos que sólo se leen en las horas graves. [...] Tardó dos horas. La gente soportó inmóvil, casi inmóvil, la enumeración de hitos, puquios, pastos y lagunas que probaban que esas tierras, que esa nevada que blanqueaba sus corazones, pertenecían a Rancas. (RPR: 152-153)

En *Garabombo el invisible,* una de las primeras medidas de resistencia que la comunidad adopta es la destitución del personero comprometido con los terratenientes. Durante un tenso enfrentamiento en el cual brota la acusación de traición, las palabras del nuevo presidente de la Comunidad se dejan escuchar:

¡Comuneros de Yanahuanca: Amador Cayetando de Ayayo les habla!
[...] Para limpiarme la boca ensuciada con el nombre de los traidores pronuncio la palabra sol. ¡Que haya sol! ¡Que el poderosísimo sol nos limpie y nos

caliente! ¡Lean los títulos! Edilberto de la Rosa […] un mocetón gigantesco, […] se aproximó. Las manos le temblaban. El mejor domador de Chinche, vencedor de los más chúcaros corceles del mundo, tiritaba. (GEI: 90)

La importancia del Título, a primera vista, se deriva del hecho de ser la única carta que les permite a los campesinos participar en el mundo jurídico para defender su derecho fundamental a las tierras. Es un instrumento –por definición perteneciente al mundo oficial, de los blancos, del estado, de la ley– que los comuneros también poseen, de allí que lo defiendan tan intensamente. No se trata de un simple pasaporte de participación en el aparato jurídico, es una carta ganadora[17]:

El Rey de España nos concedió este Título en 1705, señor Minaya –Recitó: –*Mando que los indios no sean desposeídos sin primero ser oídos y por fuero y derecho vencidos.*
–En el Perú ya no manda el rey, hijo.
–Derecho es Derecho, señor. (EJI: 27-28)

La importancia como documento es evidente de por sí, pero además vemos que los Títulos empiezan a alcanzar ribetes casi místicos y llegan a simbolizar así mucho más. El documento comparte los grandes momentos del pueblo, es ya un ícono que trasmite a sus testigos un halo de superioridad (valor, resistencia, fe), y este sentido queda reforzado en cada uno de los rituales a los que se le incorpora. La lectura, previa a la recuperación de tierras, revela su poder motivador. Es el símbolo que sintetiza la memoria de la grandeza de la comunidad, es la prueba de que alguna vez poseyeron y la posibilidad de poder volver a hacerlo. Finalmente adquieren casi vida propia, trasmiten su visión sobre un futuro más justo, el brillo es la promesa de lo que vendrá, su opacidad revela las limitaciones que terminarán en fracaso. Es un símbolo que toma forma a partir de las aspiraciones, las necesidades y esperanzas de las comunidades.

---

[17] En cierto momento se menciona la posible invalidez legal de esos documentos: «El presidente Leguía anuló todos los títulos de propiedad anteriores a la República. Esos papeles no sirven ni para envolver queso» (GEI: 74). No es ese, sin embargo, el temor fundamental de los propietarios: «[…] don Migdonio de la Torre, los Proaño y los López fueron categóricos: válida o inválida esa periclitada papelería era capaz de encender la chispa de una quimera» (GEI: 74).

La Constitución Peruana

El otro instrumento que se convierte en símbolo no parece pertenecer a la tradición o la memoria de los pueblos de las novelas. Consideremos, sin embargo, la ironía de su desconocimiento por parte de un grupo tan grande de peruanos. Teóricamente, la Constitución Política del Perú forma parte esencial de la nación entera, es el pilar de la historia oficial y la base del sistema que estructura el estado-nación. Este documento, que consigna los derechos y deberes de todos los peruanos, es completamente ajeno para los protagonistas. No en vano serán precisamente los pocos que accedan a ella los que comprendan la injusticia en que viven y las posibilidades de reclamo. En *Redoble por Rancas*, uno de los campesinos, que ha sido forzado a cumplir su servicio militar, será el que tome contacto y descubra, sorprendido, esta «misteriosa escritura»:

> En el frío de los retenes se enteró que existía algo así como una escritura de derechos, la Constitución, que incluía hasta rancheros de cerdos y jayanes. Y supo más: esa misteriosa escritura afirmaba que grandes y chicos eran iguales. Y más: [...] en las haciendas del Sur un hombre llamado Blanco organizaba sindicatos de campesinos. (RPR: 95)

En el caso de los Títulos el conocimiento de su contenido forma parte de la memoria guardada fielmente por la comunidad de generación en generación, y por eso su aparición material les otorga poderes insospechados. A través de la voz colectiva, la comunidad ha recibido la memoria de los tiempos antiguos, en los cuales una parte esencial del estado de felicidad incluía la propiedad de sus tierras. El reconocimiento de este derecho por el Rey mismo tiene valor, ya que ellos lo consideraban la *cabeza* de ese *otro mundo*. Una vez que ese documento se materializa es la leyenda hecha realidad, y tal vez eso explique la serie de rituales y ceremonias que se crean a su alrededor. La Constitución, en cambio, alude a una realidad que a los campesinos no les suena plausible o familiar —como el problema de sus tierras— y que los sorprende y admira revelándoles realidades que ignoraban. La comitiva que viaja de Chinche a Lima a presentar su queja (véase el capítulo 12 de *Garabombo*, «Peripecias que Garabombo y Bustillos y/o Remigio sufrieron cuando a la Perla del Pacífico en pos de justicia viajaron», GEI: 62 y ss.), se entera de cosas sorprendentes a través de un abogado de Asuntos Comunales:

> La Constitución estipula que los indios de las comunidades pueden solicitar, en caso necesario, una expropiación de tierras.

—¿También en Chinche?
—En todo el Perú.
¿Nosotros también tenemos derecho? La ley ampara a todos los peruanos. (GEI: 65-66)

Nos encontramos en un momento primigenio, cuando la magnitud del contenido de la así llamada Carta Magna les es revelada a aquellos cuyos derechos cautela. Pero esta deslumbrante ilusión no habrá de durar mucho: *Redoble por Rancas* relata lo que sucede cuando los campesinos, *inocentemente* convencidos por el documento, creen poder llevar lo prometido a la práctica:

¿Así es que quieren formar un sindicato?
Si usted lo permite, patrón [...]
¡Ajá! ¿Y cuántos están de acuerdo? [...]
[...] Se entusiasmaron [...] eran quince. (RPR: 97)

[...] Cinco días después [el hacendado] colocó el siguiente telegrama: «Doctor Montenegro, Juez de Primera Instancia, Yanahuanca. Atentamente comunícole muerte quince peones hacienda El Estribo debido infarto colectivo». (RPR: 99)

Sin considerar la tardanza de siglos con que sucede, asistimos a un nuevo intento fallido de los campesinos en su acercamiento a uno de los pilares del estado-nación peruano. La necesidad de una definición —tal vez ellos mismos sean los llamados a definirla— de la patria, la nación, la peruanidad, se hace aún más evidente para estos excluidos de los símbolos. Con la devaluación de esto últimos, surge una duda: ¿fracasa sólo el aspecto representativo o ambos se hallan tan conectados que no cabe invalidar el símbolo sin vaciarlo de contenido? El desconocimiento de la bandera y del himno, la falta de respeto y confianza por el uniforme, pueden interpretarse como alegorías del enajenamiento de la idea de nación que representan. El dilema radica en las cada vez más limitadas opciones que van quedando a los campesinos. Confrontados con la evidencia de *no hallarse* allí a donde creían pertenecer ¿cabe, entonces, darle la espalda a esa patria que ya no es la propia? La respuesta a la pregunta final resultará trascendental: ¿a qué entonces, a dónde pertenecen?

Los signos anunciadores

En *Cantar de Agapito Robles*, asistimos a la aparición del Arcángel Cecilio Encarnación, el «Primer y Ultimo Serafín de los Quechuas» (CDAR: 130). Para unos es un cholo común y corriente que hasta entonces había sido carpintero; para otros, el primo de Jesucristo, sobrino del Todopoderoso y Serafín de primera clase enviado al pueblo de Pumacucho para predicar la salvación de los indios. Cecilio Encarnación es el primero (no podía pedirse mejor mensajero que uno de procedencia divina) que aporta la imagen del símbolo bajo el cual se acogerán los comuneros, recientemente autoexiliados del seno tradicional de la patria. Resulta interesante conocer el contenido de la proclama que describe el objetivo de la visita del serafín. El ángel venía destinado a absolver el sufrimiento de los indios, y semejante clamor circulaba exclusivamente en quechua, la noticia no era para los blancos. La salvación de los indios había llegado: «¡Sodoma caerá y el Tahuantinsuyo renacerá!» (CDAR: 133). No cabía tolerancia alguna para los acercamientos de los no indios, por más respetuosos que se mostraran: «La reverencia con que entraban a saludarlo quienes desconocían la lengua de los justos, no impidió que los expulsaran a empellones» (CDAR: 137). Las primeras reacciones escépticas del pueblo ante la proclama las vence el divino con un ayuno y una inmovilidad absoluta que derrota diversos temporales. Al cabo de 17 días es conducido por los fieles al lugar que le corresponde: el altar mayor, del cual se posesiona, desalojando a otros santos (San Pedro, San Pablo y Francisco de Asís, con lobo y todo). «Sólo los justos, es decir, los que comerciaban en la lengua del Arcángel Cecilio, conocerían su advenimiento» (CDAR: 137). Venía con la misión de iniciar la construcción del Templo de la Abundancia, el gran comedor donde se saciaría el hambre de las naciones cobrizas. Una vez edificado terminaría el período de las tinieblas y Cecilio «dirigiría en persona la Cruzada contra los blancos!» (CDAR: 142). Su ira ante la excomunión que le extiende el obispo de Huánuco se plasma en la orden de un bloqueo absoluto de productos a dicha ciudad. El caos que esto ocasiona motiva la intervención del ejército, que finalmente lo detiene y, tras humillarlo, lo envía, junto con otros reclutados, al exilio de los cuarteles de Lima. Cuando el Serafín se entera de que el Obispo «insolentemente» lo ha excomulgado y destituido, maldice a aquellos que desacatan su voluntad «que es la voluntad de Dios, de salvar a todos los indios del Perú!» (CDAR: 147). De la cólera que entonces lo embarga surgen los colores del símbolo:

Su cólera no resistió límites. [...] ¡Maldita sea la ciudad de Huánuco![...].
[...] pasado el pánico la multitud comprendió que [...]¡el único Angel indio del Paraíso! no volaría jamás en víspera de la guerra que acababa de declarar. [...] La hora del gran combate llegaba. La cara del Serafín arrodillado cambiaba de color a cada minuto. ¡Los colores del arco iris, el estandarte de los quechuas! (CDAR: 147-148)

El otro momento revelador tiene lugar cuando el Serafín, ya humillado por los militares, parte hacia el exilio y al pasar frente a Agapito y cruzarse sus miradas, le grita: «Sólo por la fuerza Agapito» (CDAR: 152).

El mensaje que trae el Arcángel indio anuncia el enfrentamiento, su presencia divina obliga a los fieles-creyentes a interpretar sus palabras; no se trata simplemente de la construcción literal de los edificios, sino de la idea y la necesidad del enfrentamiento[18]. No es casual que la visión del estandarte de los quechuas emane precisamente de la ira del enviado, como si el Angel hubiera descendido entre los hombres para mostrarles lo que su miedo les impedía reconocer. Son ellos quienes interpretan que no se marchará antes del enfrentamiento, son ellos quienes atisban la llegada del momento de luchar y son ellos quienes reconocen en la ira los colores del emblema del Tahuantinsuyo.

Agapito Robles, el encargado de encabezar el combate, se caracteriza por su apego a los colores intensos, que se traducen en el escándalo de sus ponchos[19]. Si inicialmente sólo se trataba de un despliegue de intensas tonalidades, a partir de la visión del Arcángel empieza a configurarse un símbolo: «Agapito Robles, jinete ataviado con un rabioso arcoiris de lana, ingresó» (CDAR: 240).

Así llegamos al momento final, el éxtasis, cuando los colores incendian[20] la quebrada y el mundo: «Su poncho era un torbellino de colores vertiginosos.

---

[18] Agapito Robles llega a una conclusión semejante luego de contemplar que los Títulos no brillan más. «[...] Agapito comprendió: ¡Yanacocha se había equivocado! [...] Despidiéndose, el Título hablaba por última vez: toda reclamación es insensata. Yanacocha sólo recobraría su país por la fuerza. [...] Y Agapito Robles decidió que Yanacocha no imploraría nunca más». (CDAR: 12).

[19] «Ni reclamado por los puestos de la Guardia Civil Agapito se resignó a disimular sus ponchos [...] Y aunque los colores lo delataban en la monotonía de las cordilleras, no renunciaba a lucirlos» (CDAR: 120).

[20] Ramiro Reynaga, miembro fundador del Movimiento Tupaj Katari (Bolivia) y autor de *Tawa Inti Suyu*, menciona en la presentación de su libro: «Hay que incendiar Los Andes para liberarlos, no hay otra forma de hacerlo. El fuego, chispita filial del Inti es sagrado, por eso lo purifica todo. Solamente él limpiará Los Andes de todo lo incompatible con un crecimiento sano» (Reynaga 1989: 17).

[...] ¡Toda la quebrada estaba ardiendo! ¡Un zigzag de colores avanzaba incendiando el mundo!» (CDAR: 244-245). El poncho de colores podría interpretarse como una alusión al estandarte quechua, pero si ello no resultara lo bastante evidente, la exclamación de Agapito mientras su danza avanza incendiándolo todo completa la simbología: ¡Wifala! ¡Wifala!

La wifala, wiphala o wipala (dependiendo del quechua de la zona), es el emblema ancestral de los quechua-aymaras, el símbolo de identificación del Tahuantinsuyo. Flamea en ocasiones solemnes o actos ceremoniales de las comunidades andinas. La wifala está considerada, tanto entre los quechuas como entre los aymaras, como uno de los símbolos más representativos e importantes[21]. Etimológicamente, es probable que wifala proceda de la combinación aymara de wiphay, donde se unen la voz de triunfo y el sonido producido por un objeto flexible agitado por el viento: lapx-lapx. Whipay-lapx se transforma en whipala al caer la px para facilitar la pronunciación. Conocida también como la bandera del arco iris, sus siete colores (blanco, amarillo, naranja, rojo, violeta, azul y verde) tienen su origen en la descomposición de los rayos solares. Nos encontramos ante la misma distribución anticipada en el rostro del Serafín.

Enfrentamiento final: Wifala y Bandera

La superposición del emblema arcoiris a la bandera rojiblanca nos anuncia un escenario altamente conflictivo, sobre todo si tenemos en cuenta que la wifala no es sólo una tela de varios colores sino la representación de todo un universo cultural. Los principios que rigen este universo se definen por oposición a aquellos que animan el concepto de nación representado por la bandera roja y blanca. En cuanto a la forma, a diferencia de los modelos rectangulares «occidentales o criollos», la wifala es cuadrada. Ello obedece a un principio andino de equidad e igualdad[22]. La wifala presenta una figura ajedrezada conformada

---

[21] Otro símbolo fundamental del universo de la cultura andina es la Chakana (cruz del sur), símbolo filosófico de Pachacutec, el gran conquistador inca. La Chakana representa la renovación del tiempo andino y la esencia de su cosmovisión del universo y fue usada en varios proyectos políticos. Perdido en el tiempo, este símbolo volvió a emerger durante la campaña electoral de Alejandro Toledo.

[22] La forma cuadrangular es una característica que se presenta de manera consecuente en el universo ritual de los andinos. La mesa de ofrendas a la Pacha Mama (la Madre Tierra) durante los ritos practicados por numerosas comunidades indígenas es cuadrada, en alusión al Tahuantinsuyo. Ya durante el período de la sublevación de Túpac Amaru, la marca cuadran-

por 49 cuadros (7x7) y es a la vez un calendario lunar y solar. Cada uno de los colores identifica a un componente de la estructura social. El azul es el espacio, el infinito, la astronomía. El violeta la organización política comunitaria, las organizaciones y administración del pueblo. El verde, las riquezas naturales, el suelo, la agricultura. El amarillo, los principios colectivistas de energía y fuerza, la dualidad espiritual, los rituales y ceremonias religiosas. El naranja, la preservación de la especie, la medicina, la salud. El blanco, la eternidad, el tiempo. El rojo, el conocimiento, la sabiduría y el pensamiento.

El momento de crisis al que aludíamos cuando mencionábamos la necesidad de un colectivo por nuevos símbolos alcanza su clímax emblemático en las novelas durante este enfrentamiento. El de la bandera roja y blanca peruana, emblema de la nación nacido de las luchas por la emancipación y símbolo del nacimiento del Perú a la República, y la wifala, el arco iris que representa valores, estructuras y principios propios de otra tradición. Simbólicamente es el anuncio de un conflicto abierto al interior de un Perú gravemente escindido y desintegrado. La peligrosidad radica en que no sólo estamos ante la evidencia de la crisis, sino que la toma de consciencia y la rebeldía subsiguiente de los integrantes de ese *otro Perú* los ha conducido a la necesidad de suspender los reclamos y simplemente tomar su espacio y su lugar. «Sólo por la fuerza» (CDAR: 152), como anunciaba el Serafín a Agapito Robles.

Dos símbolos que entran en conflicto, dos representaciones que aún se enfrentan, dos perspectivas de interpretación de la historia, dos versiones de lo nacional. En la raíz del enfrentamiento bandera-wifala se encuentran las dos versiones sobre lo que significó la gesta independentista que la historia oficial señala como el nacimiento de la nación peruana. El *estado criollo,* que entonces se fundó, o la *república criolla,* no son términos acumulados solamente entre los fervientes defensores de lo indígena; es una expresión que encontraremos frecuentemente entre los intelectuales, que, a partir de los años sesenta, realizan un relectura de la historia oficial dando rienda suelta a su descontento con la visión tradicional difundida sobre la historia peruana:

> [...] sobre todo en los últimos años, la historia en el Perú ha dado algunos largos pasos.[...] Los factores determinantes de este cambio han sido, entre otros, el descontento con la visión establecida por la historia tradicional, proclive a soslayar

---

gular en el sombrero de un campesino identificaba a alguien con autoridad o a un sacerdote local (Ansión 1989: 48).

a los verdaderos protagonistas y a tergiversar los verdaderos móviles del proceso histórico; una mayor lucidez en la apreciación de lo que el cabal conocimiento del pasado significa en la forja de la conciencia nacional [...]. (Lumbreras *et al.* 1972: sn)

Hoy no son pocos los períodos de la vida peruana que vienen siendo reexaminados con instrumentos de análisis y procedimientos científicos que ignoró la historia anterior, períodos para los que se ha rescatado el papel cumplido por los movimientos sociales y las luchas populares. (Lumbreras *et al.* 1972: texto de tapa)

La bandera será el nombre y el símbolo que identifique a esta república criolla, el que recuerde a un sector de la población la prohibición de sus propios emblemas cada vez que se la vea ondear. La wifala, símbolo clandestino de resistencia y rebelión y a la vez de la esperanza de que ha llegado el momento del regreso de la gloria pasada, encabezará en cambio la marcha de las multitudes.

La resignación al uso de un símbolo así como el mantenimiento de otro guardan estrecha relación con la memoria, la memoria de la historia que se sintetiza tras el símbolo. Para la república criolla, una versión de la Historia se divulga, por años, convirtiéndose en la narración de la gesta heroica de la independencia con el surgimiento de la bandera bicolor: roja por la sangre de los héroes, blanca por la nieve de las cumbres de las cordilleras. Para otros, la misma bandera equivale al perenne recordatorio de que el rectángulo, «expresión de injusticia, desigualdad, individualismo y egoísmo», no coincide con el propio emblema, que es precisamente cuadrado «porque expresa la organización y armonía, la unidad e igualdad[23]».

El enfrentamiento de la pentalogía sonaba premonitorio cuando, tres décadas después y desde diversas partes del mundo quechua-aymara, se imponía la fuerza de las voces de protesta de los pueblos indígenas. El repaso de algunos ejemplos puede resultar ilustrativo.

En Ecuador, el 21 de enero del 2000 los delegados de las comunidades indígenas, agrupados en la Confederación de Nacionalidades Indígenas del Ecuador (CONAIE), rompen diestramente el cerco militar impuesto para

---

[23] Véase katari.org (<http://www.katari.org/wiphala/origen-de-la-palabra-bandera>). Las organizaciones indígenas ponen énfasis en la distinción entre las palabras bandera y wifala al referirse a sus emblemas: «Las wiphalas fueron quemadas en todas partes [...], incluso quienes pronunciaban el término wiphala eran castigados. Es sintomático que en los diccionarios como el de Bertonio no figure la palabra wiphala» (<http://www.katari.org/wiphala/la-prohibicion-de-la-wiphala>).

proteger la capital. Con el apoyo de organizaciones alternativas (poblacionales, laborales, estudiantiles, de mujeres, ecologistas) y finalmente contando con la solidaridad de un grupo de militares del Ejército, ingresan al Congreso Nacional. «Contra la corrupción, contra el neoliberalismo, por la equidad económica, por el pleno desenvolvimiento humano» podría ser la síntesis de sus propuestas, como resumió en su día el diario *Crónica*. Una vez instalados en el bastión tradicional del poder central se produce el despliegue simbólico: «A las doce horas, flamea, por primera vez en la historia del Ecuador, la "wipala", la bandera indígena, en el Congreso Nacional del Ecuador[24]».

En Bolivia, también en el 2001 y en el contexto de un violento levantamiento de campesinos, se inicia la etapa de negociaciones entre el Gobierno y los dirigentes. Uno de los puntos incluidos en el pliego de reclamos campesinos, como informaba *Correo del Sur*, es «el reemplazo de la bandera nacional (y los símbolos patrios) por la whiphala». El portavoz del gobierno, que en general se mostraba conciliador, señaló al respecto que ese tema ni siquiera se discutía.

El temor, latente en los grupos que han asumido el monopolio de los símbolos representativos de la unidad, se hizo bastante visible en el caso boliviano. Felipe Quispe, más conocido como El Mallku, líder del movimiento autonomista, proclamó abiertamente la necesidad de reconocer dentro de Bolivia a la nación aymara o Kollasuyo con sus símbolos, como la wiphala. Su actitud motivó intensas reacciones, y sobre todo las Fuerzas Armadas expresaron su preocupación por la incidencia negativa de los movimientos étnicos en el país. Los militares advirtieron peligrosas connotaciones subversivas que atentaban contra la unidad nacional y sus símbolos, y recurrieron a adjetivos como «etnocentristas» o «ultranativistas» para descalificar las vindicaciones indígenas.

La respuesta de El Mallku fue elocuente: las Fuerzas Armadas que, más de una vez nos calificaron como «indios de mierda», ven ahora subversión en todo.

Sería prematuro afirmar que el simbolismo de las banderas en Scorza plantea simplemente la escisión de los grupos marginados del tradicional concepto aglutinante de nación. Si consideramos la importancia del elemento indígena peruano, en vista de su presencia demográfica determinante, esbozar una idea de nación que no los incluya resulta un absurdo. Podría tratarse del inicio de la discusión sobre el tema, un intento de concebir lo que significan –y constituyen– para estas mayorías los elementos fundamentales de su cultura, que

---

[24] En «Crónica del levantamiento indígena y de la sociedad civil del Ecuador: la necesidad de construir una verdadera democracia». En <http://icci.nativeweb.org/levantamiento2000/cronica.html>.

aún sobreviven pese a tantos siglos de represión. Si este intento equivale o no a echar abajo el carácter unitario de la república es otro tema, que sólo cabrá discutirse cuando se compruebe, fehacientemente, que sea ésa la dirección en la que marcha la propuesta existente. El hecho de que la lectura de Scorza motive estas reflexiones significa que cumple con su cometido de revelar, con agudeza, los limitados y fallidos intentos de cualquier discusión honesta sobre la evidente realidad de una nación plural.

Por último, debe también agregarse que Scorza no fue el primero en desarrollar, como argumento, el simbolismo del emblema inca. Gamaliel Churata[25], en 1957, recurría a esta simbología cuando, como propuesta de solución al *problema del ser* americano, convocaba a la conformación de nacionalidades que retuvieran el legado incaico:

> El mito griego es el alma mater del mundo occidental; el mito inkásiko debe serlo de una América del sur con «ego». [...] Deber de quienes detentan la Wiphala del inka es no abandonar la batalla antes de la Victoria. (Churata 1981: 206)

Analizar la caída de los tradicionales símbolos patrios pone de manifiesto el deterioro de los ideales que representan; evidenciar el abismo existente entre teoría, idealismo y praxis puede calificarse como denuncia, pero el hecho de intentar cerrar esa distancia con propuestas propias resulta mucho más amenazante. Cuanto más poder, al punto de rozar los límites de lo sagrado, gana un símbolo, más sencillo resulta ocultar las contradicciones ideológicas que perjudican a unos y benefician a otros. La distancia que va creándose entre la ideología y la práctica conduce a un momento explosivo de enfrentamiento entre grupos, cada uno con propuestas propias de construcción nacional dentro de una nación teóricamente ya consagrada.

---

[25] El indigenismo peruano alcanza su apogeo entre 1920 y 1930. Abundan las publicaciones sobre el tema gracias a la producción de notables intelectuales pertenecientes a tres generaciones animadas por el mismo fervor indigenista: Mariátegui y Basadre de la llamada Generación del Centenario; Uriel García y Luis E. Valcárcel, de la llamada Escuela Cuzqueña, y los hermanos Peralta de la Generación Puneña de *Orkopata*. Arturo, más conocido como Gamaliel Churata, es el más destacado de los dos.

IV.

Redoble por Rancas:
Héctor Chacón, El Nictálope

Héctor Chacón, el airado

> Un hombre que está llorando, porque desde antiguo le zurran la cara, sin causa, puede enfurecerse más que un toro que oye dinamitazos, que siente el pico del cóndor en su cogote.
>
> J. M. Arguedas

Héctor Chacón, el Nictálope, es el protagonista de *Redoble por Rancas*, la novela que abre el ciclo de La Guerra Silenciosa. Siendo el primer adalid de la epopeya que Scorza narra a lo largo de sus cinco novelas, conviene preguntarse quién es. ¿Es posible trazar una línea detallada de la evolución de este personaje? ¿Fue un *elegido* desde su infancia? ¿Siguió un proceso hacia la conversión o se produjo como resultado de un cambio brusco? ¿Qué lo diferencia de otros comuneros?

Al comienzo de la novela lo encontramos ya como organizador de la conjura en la que comunica su inquietante pensamiento. Revisando los acontecimientos fundamentales de su vida, no encontramos más que experiencias que lo hermanan en el sufrimiento con los demás campesinos. El capítulo 19 nos presenta la secuencia de despojos, humillaciones y abusos a los que Chacón se ha visto sometido. Todo empieza con la injusta confiscación de su caballo preferido por el hacendado Montenegro, con el pretexto de que pastaba en sus tierras. Continúa con su queja –que no encuentra oyentes– ante la Subprefectura y la sorpresa al volver de estos trámites y comprobar que se han llevado sus demás caballos, exigiendo cien soles por cada uno para devolverlos. Este primer intento termina con la constatación de que ser injustamente perjudicado no es lo peor que puede pasarle. «El daño importa ochocientos, Héctor. Yo tenía solamente diez soles: compré una botella de aguardiente y me abatí» (RPR: 119). Le esperan más penalidades: pierde, de la misma manera, los caballos que su compadre le encomienda cuidar. Su refugio final lo constituye la siembra de unas tierras abandonadas, y cuando con dedicación y cariño consigue sacar adelante su cosecha, las plantas empiezan a ser destruidas cada noche por el ganado, enviado por orden expresa del Juez. Al acudir ante Montenegro éste lo remite ante una instancia peor: su mujer, la temible Pepita Montenegro, cuya respuesta no le deja a Chacón ninguna duda sobre el sentido de sus protestas:

–¡Me alegro! –gritó– ¡Me alegro que mis animales acaben con tu chacra! Tú eres un cholo insolente, un indio de mierda. Como peor te portes, peor te irá. Tú no entiendes palabras. Eres terco. Ya verás lo que te ocurre. (RPR: 124)

Pese a las hostilidades Chacón consigue una buena cosecha que se prepara a defender por la fuerza, si fuera necesario, pero no lo atacan. Sin embargo, poco después llega la policía, y acusándolo del robo de unos caballos, lo detienen y encarcelan por cinco años. A su regreso organizará la conjura.

La mayoría de los campesinos comparten la situación de pobreza, explotación y humillación que acabamos de describir para el caso de Chacón. Si éstas fueran las condiciones que contribuyeron a crear la figura del Nictálope, no entendemos por qué en Yanacancha no menudearon los nictálopes. Pese a que la opresión la sufren todos, será únicamente Chacón el que evolucione en cierta dirección, diferenciándose así de los demás, que se mantienen en la pasividad. ¿Por qué se rebela Chacón? La respuesta a esta pregunta la encontraremos en las cualidades personales que lo convierten en el *angry man* capaz de concebir una acción tan extrema: la muerte del Juez.

De entre las limitadas referencias a la infancia del Nictálope resalta un momento que consideramos trascendental: el nacimiento de la ira, engendrada por la humillación. La peculiar reacción de Chacón niño al presenciar la escena del castigo de su padre es una imagen precoz de lo que más adelante será el Nictálope. El niño se encuentra jugando con su padre Juan Chacón, que es sordo, y precisamente este detalle le impide prestar la debida atención a la comitiva del Juez que se acerca. En el instante en que el niño lanza una pelota de trapo, Chacón el sordo no logra interceptarla y ésta va a estrellarse en la cara del Juez. Éste, indignado, determina como castigo que toda la familia sea dejada a la intemperie por el tiempo que al padre le tome cercar un terreno gigantesco. La tarea es descomunal y pronto el niño deberá abandonar la escuela para ayudar a su padre. Ciento noventa y tres días más tarde «un esqueleto solicitó permiso para mostrar su obra» (RPR: 62). No será la indiferencia con que el Juez recibe el resultado ni la frialdad con que ordene la devolución de las miserables pertenencias lo que toque las fibras profundas del Chacón niño. Será más bien la dramática frase (la misma que había pronunciado al conocer el castigo) pronunciada por Juan Chacón al escuchar el complacido comentario del Juez la que despierte en el niño un primer arrebato que ya no habrá de abandonarlo:

> Devuélveles la casa y regálales una botella de aguardiente.
> Ataviado por la gratitud, El Sordo repitió la única frase pronunciada en ciento noventa y tres días:
> –¡Gracias, patrón! [...]
> Fue la primera vez –tenía nueve años– que la mano de Héctor Chacón, el Nictálope, sintió sed de la garganta del doctor Montenegro. (RPR: 62)

Este momento parece marcar la toma de distancia decisiva entre el Héctor niño y la actitud de su comunidad, sintetizada en la expresión de su padre. Aquel condicionamiento *ancestral*, según el cual ante el abuso y la humillación el indígena reacciona con la pasividad e incluso con la humildad del agradecimiento, es quebrado por la violenta indignación del niño. Siendo adulto contemplaremos a un Chacón que no consigue resignarse a su situación e intenta, cada vez que es sometido a una afrenta, obtener justicia acudiendo a cuanta instancia conoce. Derrotado, sin embargo, por la campaña agresiva del Juez, termina en la cárcel y a su regreso aquella vieja sensación volverá con fuerza motivándolo esta vez a entrar en acción: «Sentado en el poyo esperó la claridad. Sobre las mismas piedras lo había corneado, hacía ocho días, el segundo deseo de matar al doctor Montenegro. Esta madrugada, lo visitó el ansia de matarlo de verdad» (RPR: 73). La empresa, que Chacón mismo describe como la de «pararle el macho a un hombre imperioso» (RPR: 73), no nace de un arrebato emocional sino que evoluciona en un proceso a lo largo del cual el Nictálope recorre varias fases. Ante los primeros abusos no dudará en dirigirse al Juez a exponer sus argumentos. Como cuando su primer caballo

Lunanco es conducido al establo de la hacienda aduciéndose que pastaba en terrenos de Huarautambo:

> Me fui a la casa-hacienda y pregunté por el doctor [...].
> –¿Quién es Lunanco?
> –Un mi caballo retenido en tu pesebre.
> –Habrá hecho daño.
> –No es tu pasto, doctor. Es mi propio pasto. (RPR: 118)

Cuando sus protestas no son atendidas por Montenegro se dirige a la Subprefectura de la provincia, donde ni siquiera lo escuchan. Estas actitudes, de por sí, delatan ya a un campesino peculiar; en este momento, su atrevimiento se mide por el acto de dirigirse a dialogar con aquellos que injustamente lo agreden. Es tan sólo el preámbulo de lo lejos que llegará. Sin embargo, el Chacón de esta época también retrocederá al colisionar continuamente con la maquinaria del poder, e intentará uniformizarse con la actitud general. Se resignará a perder una parte de sus propiedades, a suplicar, a perder a su más querido animal, todo, a fin de sobrevivir. Así lo demuestra la escena en la que ofrece regalos, pide perdón y al final pierde a Lunanco ante el mayordomo, todo a cambio de rescatar otros cuatro caballos también capturados (RPR: 119). Esta actitud, sin embargo, no le servirá de nada porque llegará una próxima vez en que lo despojen de todos los caballos de su compadre que estaban bajo su cuidado. Esta vez deberá incluso entregar un caballo de los suyos como compensación. La grosera y humillante respuesta de la mujer del hacendado, doña Pepita Montenegro, durante su próximo enfrentamiento lo conducirá a los límites de su paciencia: «Quién te ha dicho que es tu papa!, cholo de mierda?[...] ¿Por qué sembraste allí, cojudo? [...] Me mordí las manos para no desgraciarme» (RPR: 123 y 125). A estas alturas se producirá su primera explosión de violencia, dirigida contra las autoridades comunales, a quienes acusa de ineptitud para defender sus derechos. Agobiado por el abuso, que nadie parece poder detener, se vuelve contra otros tan oprimidos como él.

> ¡Tú no vales como autoridad! –grité mientras le pegaba puñetazos a Salomón.
> –¿Qué te pasa, Chacón?
> ¡Tú vez (sic) que me abusan y no haces respetar! –Lloraba.
> Requis se limpió la sangre de la boca.
> –¡Tú tienes razón, Chacón! ¡Nosotros no valemos nada! (RPR: 125)

Surge así aquella forma de agresión que Ariel Dorfman denomina horizontal, al analizar las formas concretas de violencia que recorren los personajes de la novela hispanoamericana actual:

> [...] su violencia [la de los personajes] no tiene, para ellos, un claro sentido social, aunque la sociedad enajenante vibra como trasfondo invisible de todos sus actos aparentemente gratuitos y triviales. [...] La llamamos horizontal porque luchan entre sí seres que ocupan un mismo nivel existencial de desamparo y de alienación: máquinas golpeadoras desatándose en contra de hermanos que son tratados como enemigos. (Dorfman 1970: 26)

Las autoridades, conscientes de los desastrosos efectos de una campaña de Montenegro contra un campesino, le recomiendan actuar: «¿Por qué no arreas las reses de Montenegro la próxima vez que dañen tu chacra?» (RPR: 125). Semejante acción, nunca antes intentada, pondrá a prueba el grado de valentía de Chacón y revelará, a la vez, el terror que mantenía a raya a las propias autoridades. Una vez que Chacón denuncia la infracción de los animales, aparece la guardia civil acusándolo de habérselos robado. Nadie apoya la acción del Nictálope y las autoridades locales declaran, aterrorizadas, no tener nada que ver con lo sucedido. Chacón es encarcelado por siete días. Al salir libre, su pensamiento queda resumido por las palabras de su padre: «[las autoridades] valen menos que el estiércol de los caballos» (RPR: 127).

A estas alturas Chacón es un hombre con pocas opciones, y su abierto enfrentamiento con el Juez se traduce en agresiones constantes. Luego de dejarlo sin caballos, el juez intenta arruinar su cosecha y finalmente lo expulsa de las tierras cultivadas sosteniendo que pertenecen a la hacienda. Para un campesino con limitadas posibilidades de subsistencia esto equivale a condenar a su familia al hambre. Las osadas protestas que le han acarreado el rencor del Juez son argumento suficiente para que los otros campesinos desalojados se apoyen en él e intenten resistir. La noticia de que Montenegro ha dado la orden de cosechar las chacras de Chacón es la última gota que hace estallar su ira. Se dirige entonces a la hacienda y desafía, a gritos, el poder de Huarautambo: «¡Vengan! Pronto me conocerán. ¡Así sabrán quién es Chacón! ¡Ustedes cosecharán cuando yo me muera! ¡Yo quiero que ahora mismo vengan a cosechar!» (RPR: 131). Acto seguido adquiere un arma y se dispone a defenderse. Sorprendido, observa cómo los caporales retroceden, pero cuando cree poder empezar a cosechar llega la policía y acusándolo de un robo lo toman prisionero.

Lo importante en la evolución de esta cronología de abusos es sin duda la reacción airada de Chacón. La ira del Nictálope es inusual a lo largo de un relato en el que la resignación es la respuesta colectiva, tradicional, ante la violencia del Juez. Esta actitud se encuentra tan arraigada que aún cuando los campesinos hayan sido convencidos de la necesidad de protestar, al llegar el momento decisivo el miedo definitivamente los paraliza. Es el caso de la comunidad de Rancas cuando, guiada por Fortunato[1], llega a Cerro de Pasco a denunciar la prepotencia de la Compañía Minera. No contentos con cercar terrenos de la comunidad, aislando gente y animales, los caporales de la Compañía han pisoteado las ovejas con sus caballos y les han echado los perros que las han destrozado. Los campesinos marchan con sus ovejas muertas sobre los hombros rumbo a la Prefectura: «–Depositen sus animales –ordenó Rivera-. Los hombres vacilaron. Chispas de miedo salpicaron sus pupilas. No se atrevían. Hacía cientos de años que perdían todas las guerras, hacía siglos que retrocedían» (RPR: 141-142).

La ira de Chacón no debe subestimarse; lo interesante es que no nos encontramos ante una cólera generalizada y desperdigada, sino que él la canaliza en determinada dirección. La toma de consciencia sobre la importancia de dirigir adecuadamente esta ira y mantenerla la encontramos en *Cantar de Agapito Robles*. Chacón, que cumple su condena de 30 años, se consume agobiado por la sospecha de que fue su propia hija quien lo delató ante la policía. Este rumor, lanzado por las autoridades, consigue su objetivo de desmoralizar a Chacón, hasta que, ayudado por Agapito, concluye: «Quizás tienes razón. Quizás el enemigo ha conseguido desviar la dirección de mi cólera. Quizás han calumniado a mi hija» (CDAR: 54). En *Violencia y política,* Yves Michaud describe con precisión el poder subestimado de esta violencia emergente de la resignación, de la acumulación:

---

[1] Fortunato conduce la protesta de la comunidad de Rancas; este relato marcha paralelo a la gesta de Chacón. Cuando la comunidad, llena de miedo e impotencia, retrocede ante el avance del prepotente cerco de la Cerro de Pasco Corporation, Fortunato se enfrenta individualmente a los caporales. Noche tras noche los ataca y recibe brutales palizas, pero siempre vuelve a pelear. En cierto momento el jefe de los caporales empieza a soñarlo, y un Cristo crucificado con el rostro de Fortunato destrozado por los golpes lo acosa cada noche. Desde ese momento lo dejan en paz, pero el anciano sigue persiguiéndolos hasta el día en que se atreve a retar al caporal y darle una paliza mientras éste, aterrado por sus sueños, se resiste a defenderse o a atacar.

> Se piensa que no hay límites en la resignación, que lo peor no tiene límites hasta el día en que estalla una violencia salvaje y ciega, que es la última resistencia de los débiles. Destruir todo, el enemigo, el juego, la propia vida [...]. La violencia acumulada y sedimentada en la resignación explota de manera convulsiva e informe, y ya no se entienden todas las revueltas perdidas de antemano [...]. Ganar o perder, en última instancia, no cuenta, porque esa gente ya estaba muerta. Su vida no era una vida. La revuelta es su última manera de existir, la postrer afirmación de una dignidad fugazmente reconquistada. (Michaud 1980: 178-179)

No podemos decir que Chacón no haya agotado las primeras instancias formales de protesta. Es precisamente lo que aprende durante estos recorridos lo que va a alimentar su radical escepticismo posterior, cargado de desprecio hacia el aparato judicial. Sus primeras frustraciones ante las injusticias cometidas por Montenegro hacen que Chacón reaccione contra sus autoridades «Tú no vales como autoridad [...]. Tú vez [sic] que me abusan y no haces respetar!» (RPR: 125). Pero pronto comprende que el mal procede de otra fuente. Esta línea de reflexión la encontramos presente en las preguntas dirigidas a su padre al salir de su primer encarcelamiento: «¿De dónde salieron los hacendados, papá? [...] ¿De dónde vinieron? [...] ¿Por qué hay patrones? ¿Por qué hay patrón en Huaracautambo [sic], papá?» (RPR: 127-128). Chacón ha empezado a cuestionarse no sólo la naturaleza o el origen del sistema que los oprime, sino la necesidad de la permanencia de dicha situación. Esta reflexión iniciará otra fase del desempeño de lo que él considera su misión: acabar con Montenegro.

Chacón es un campesino más que al ser empujado hasta los límites de su resignación no espera la muerte sino que enfrentándola como su única alternativa al menos decide encararla a su manera. La *maduración* de la cólera es lo que hemos intentado describir al recorrer las diversas fases por las que atraviesa. En esa evolución puede reconcerse el proceso al cual alude Fanon, cuando describe el camino que conduce a la liberación de los colonizados: «[...] la violencia se abre paso, el colonizado identifica a su enemigo, da un nombre a todas sus desgracias y lanza por esa nueva vía toda la fuerza exacerbada de su odio y de su cólera» (Fanon 1963: 63).

Para Chacón la ira, ese elemento que ya brota en su niñez, es el único elemento que le permite seguir aspirando a vivir mientras su comunidad agoniza bajo el peso del miedo y la resignación. Renunciar a esta cólera equivale para él a dejar de ser, a engrosar la multitud de los sobrevivientes, y Chacón es un protagonista que se aferra a la vida:

> En el plano de los individuos, la violencia desintoxica. Libra al colonizado de su complejo de inferioridad, de sus actitudes contemplativas o desesperadas. Lo hace intrépido, lo rehabilita ante sus propios ojos. (Fanon 1963: 86)

El paso por estas experiencias extremas le permite descubrir la regla fundamental: «Y comprendí que los cobardes no tienen tierra» (RPR: 133). Pareciera sin embargo que su valentía, su osadía, su cólera, no resultan suficientes, ya que su aporte a la conjura es la nictalopía. ¿A qué alude este don suyo?

El enigma de la nictalopía de Chacón

> Nosotros nacimos de la noche, en ella vivimos, moriremos en ella. Pero la luz, será mañana para los más, para todos aquellos que hoy lloran la noche, para quienes se niega el día, para quienes es regalo la muerte, para quienes está prohibida la vida. Para todos la luz, para todos todo. Para nosotros la alegre rebeldía, para nosotros nada [...].
>
> Subcomandante Marcos

La nictalopía de Chacón parece, a lo largo del relato, una evidencia conocida y aceptada por todos los que lo rodean. Chacón puede ver en la oscuridad y sorprende la naturalidad y casi indiferencia ante esta cualidad, sobre todo si lo comparamos, por ejemplo, con alguien como El Abigeo, cuya habilidad como lector de sueños hace que sus servicios sean muy solicitados y se convierta en un personaje famoso. La nictalopía será la cualidad que se mencione continuamente como el atributo que Chacón aporta al grupo de conjurados, a la misma altura que los poderes del sueño de El Abigeo, la comunicación con los caballos del Ladrón o el dominio de los venenos de Pis Pis (los conjurados de *Redoble por Rancas*). Ahora bien, no es posible concluir que el aporte de Chacón se limite a la habilidad, literal, de ver en plena oscuridad. No es tan sencillo: el texto mismo nos presenta el caso de Cecilio Cóndor, poseedor de una visión especial, que sin embargo, no es considerado un Nictálope: «[...] el Cerco avanzaba. ¡Ya ni Cecilio Cóndor, capaz de distinguir una vizcacha escondida en pleno Bosque de Piedra, podía seguirlo con los ojos!» (RPR: 51-52).

El día está considerado como el terreno de acción del ser humano y la noche, por la limitación que representa la oscuridad, constituye la zona desconocida, temible, ajena. El nictálope, aquél que ve por la noche, ya se encontraba mencionado en el *Corpus Hippocraticum* de Hipócrates (siglo v a.C.), en Galeno (II a.C), en Plinio (I a.C.) y en Avicena (x d.C). Aquellos seres capaces de superar la frontera que representa la oscuridad serán quienes dominen la totalidad, el día y la noche por igual. Los que lo pueden ver todo. Recordemos que ya los griegos aludían a esta capacidad de *verlo todo* cuando describían las cualidades de la lechuza[2], considerada la dueña y señora del mundo de la noche porque accedía a poderes inaccesibles para el ser humano y visibles sólo para ella. Homero representó a Palas Atenea, la diosa de la sabiduría y de la guerra, con ojos de lechuza. Esta acepción del *ver* como *entender*, como *saber*, resulta importante para interpretar qué es lo que efectivamente distingue a Chacón. El Nictálope no es sólo el protagonista que puede ver los abismos, las piedras o las vizcachas en la noche más tupida, aunque por supuesto que eso representa una gran ventaja. Si nos remitimos a la acepción de ver como conocer, como acceso al saber, podemos afirmar que sus ojos atraviesan la oscuridad no sólo para limitarse a revelar los accidentes geográficos o los detalles. Su mirada alude más bien a una capacidad de vislumbrar lo que otros no pueden. Y ello lo convierte en el único individuo que, pese a mantenerse entre la comunidad, ha logrado acceder a una visión tan sólo a él revelada. ¿Podría afirmarse entonces que si los demás se conforman con estas formas *incompletas*, se mueven en un mundo de apariencias? Si así fuera, la nictalopía resulta una forma de sagacidad, de habilidad para atravesar las fronteras de lo aparente. En ese sentido, si comprendemos que existe la posibilidad de acceder a un nivel de conocimiento superior al de las apariencias, permanecer en el universo de lo que se *ve* cotidianamente podría equipararse al permanecer en la oscuridad, en la noche. La clave reside entonces en la concepción de la dicotomía oscuridad-noche y día-luz como dos formas de percepción, una correspondiente al mundo visible de lo cotidiano y otra que atañe a la realidad invisible, accesible sólo a aquellos con una habilidad especial, con la capacidad de ver *más allá*. Allí radica el don

---

[2] Kahlil Gibrán, en *El profeta*, se refiere en cambio a la limitación de los nictálopes. Para él estos seres nunca accederán al secreto de la muerte y del más allá por ser incapaces de desvelar el misterio de la luz: «La lechuza, cuyos ojos son nictálopes, no puede desvelar el misterio de la luz. Si de verdad deseáis conocer el espíritu de la muerte abrid por entero vuestro corazón al cuerpo de la vida. La vida y la muerte son una, tal como el río y el mar» (Gibran 1995: 29; mi traducción).

de *ver en la oscuridad*, de conocer lo desconocido, que hace que El Nictálope pueda moverse en el mundo de la oscuridad sin temor de caer en las trampas que ofrece a los legos. Dentro de esta interpretación se entiende mejor por qué El Abigeo «investido de los poderes del sueño, conocedor del futuro» (RPR: 70) no logra leer el insomnio[3] de Chacón:

> El Abigeo no develó los pensamientos de Chacón. Valientemente se zambulló en las azabaches lagunas del sueño. Chacón desafiaba las noches. Contra el hombre despierto el husmeador del sueño es impotente. Tres noches se extravió el Abigeo en los matorrales de la soñera: tres noches Chacón se negó a abrirle las puertas de su insomnio. (RPR: 79)

El Nictálope no es un soñador común y corriente, no se desenvuelve solamente en el mundo de la noche; el poder de lo que sólo él puede ver lo hace habitar también el mundo del día, de la luz. Una idea similar la encontramos resumida en la observación que hace Regis Debray al elaborar una semblanza sobre el Che Guevara: «El visionario, vidente hasta el final, se distingue del soñador común en que no se frota los ojos para regresar a la Tierra. Hace de una visión nocturna su mirada de pleno día» (Debray 1996: en línea). La *mirada* de Chacón, definida de esta manera, lo asemeja a Diógenes de Sínope, el filósofo excéntrico que paseaba por Atenas en plena luz del día con una linterna encendida pregonando que buscaba un hombre verdadero. Revelaba de esa manera su condición de *marginal*, en el sentido de haber accedido a una forma de visibilidad/conocimiento que lo ubicaba en otro nivel, ya que veía aquello que el común de la gente no lograba ver. Este don implicaba a su vez, para él, una tarea, la de trascender las apariencias cotidianas en su búsqueda de la esencia. En el caso de Chacón, esta esencia es la convicción de su misión, la de liberar a la comunidad de la opresión, y coloca su capacidad de *ver* al servicio de esta causa.

Usos de la nictalopía

La nictalopía de Chacón le permite en principio hurgar en la naturaleza humana. Así se puede interpretar la mirada escrutadora con que estudia las

---

[3] Se establece, de esta manera, una línea de conexión con otro *insomne* de la pentalogía: Raymundo Herrera, el protagonista de *El Jinete Insomne*.

verdaderas intenciones y el potencial de rebeldía del nuevo personero Agapito Robles[4], durante su encuentro tras la excarcelación de El Nictálope:

> Chacón lo talló con su mirada, capaz de descubrir sapos debajo de las piedras.
> –Sólo me gustaría una cosa. Para eso he venido.
> –A mí también me gustaría.
> –¿Seguro?
> –Hay hombres de paja y hombres de hueso, don –y en sus ojos se empozaron el coraje y el miedo. (RPR: 72)

Una vez decidido a llevar adelante la empresa liberadora, Chacón se dedica a reunir a un grupo de valientes. La alusión a su mirada, cuando recorre a los que acuden a su llamado, revela más cualidades de escrutinio y profunda meditación que la mera habilidad física para superar las limitaciones de la falta de luz:

> –¿Cuántos han venido? –Chacón, el Nictálope, preguntaba por preguntar: sus ojos capaces de descubrir la huella de una lagartija en la noche, distinguían entre las peñas de Quencash los rostros que aguardaban sobre las rocas, sobre el pasto, bajo el hule de la noche. (RPR: 24)

En la misma línea se ubica su capacidad de atravesar la *oscuridad* y estudiar las reacciones de los conjurados en el momento de planificar el asesinato del Juez. Para proteger al pueblo de toda represalia Chacón propone matar al Juez en el transcurso de una supuesta riña, desviando así la atención de la idea de un complot. Para ello, es necesario tomar una dura decisión: elegir a los comuneros que habrá que sacrificar como víctimas de la riña. Sólo Chacón capta el profundo dilema que se apodera de El Abigeo antes de proponer a su candidato, un muchacho enajenado, epiléptico y deforme:

> ¿Quiénes morirán? –preguntó el Ladrón de Caballos chupándose las muelas.
> Sólo los ojos del Nictálope, capaces de distinguir la parda presencia de las vizcachas, percibieron las mandíbulas apretadas del Abigeo.
> –El Niño Remigio –dijo el Abigeo– ya no tiene remedio. (RPR: 26)

Otro matiz tiene, sin embargo, el uso de su habilidad durante la confrontación con El Cortaorejas, el asesino a sueldo enviado por el Juez para

---

[4] Encontraremos nuevamente a Agapito Robles Broncano en *Cantar de Agapito Robles*, la cuarta fase de la epopeya andina, cuando se convierte en el líder de esta etapa de la rebelión.

eliminarlo. Chacón actúa guiado siempre por un objetivo fundamental, de allí que al asumir el cumplimiento de su misión sea plenamente consciente de la magnitud de la misma, de las necesarias decisiones que habrán de tomarse y las consecuencias que ello traerá consigo. En su escala de valores, a la cabeza de la cual se halla la conquista de la libertad, la traición de uno de los suyos a la causa de la comunidad constituye la más despreciable de las bajezas[5]. Cuando decide conducir a El Cortaorejas a un lugar alejado para interrogarlo, sólo él parece saber cómo terminará este enfrentamiento. Ese saber adónde van, ese guiar a todos en medio de la oscuridad rumbo a un lugar que sólo él conoce –además de indicar el terreno geográfico: «Sin los avisos del Nictálope, que prevenía piedras y precipicios, se hubieran despeñado» (RPR: 165)–, alude también a una decisión irrevocable: la muerte de aquél que con su delación hizo fracasar el atentado contra el Juez.

> [...] ¡Confiésate, hijo de puta!
> En la oscuridad, los ojos especiales del Nictálope contaron las gotas de sudor que empapaban la frente de la voz demacrada. [...]
> –Amador, tú siempre te has hecho justicia con tu mano. Tú siempre manejaste el cuchillo como querías. ¡Qué me importa! Pero [...] por una mierda de favores, traicionaste a tu comunidad. Tú nos has vendido al peso. ¡Agárrenlo! (RPR: 166 y 168)

El ver *que transforma*

La peculiaridad del *ver* de Chacón, entendida como la posibilidad de atravesar la oscuridad, podría asimilarse al don de El Abigeo, quien a su vez traspone otro mundo oculto vinculado a la noche: el de los sueños (RPR: 70). Sin embargo hay una diferencia fundamental: El Abigeo no es más que un intermediario de aquello que le es revelado. De allí que ponga al servicio de la vida cotidiana sus lecturas, por ser un mensajero capaz de sumergirse en los sueños y trasladar los detalles al mundo de cada día. Su persona, sin embargo, su ser mismo, no queda transformado como resultado de este ejercicio; sigue siendo El Abigeo, portavoz de acontecimientos por venir. Las revelaciones de los sueños son para el mundo exterior, no necesariamente lo transforman o

---

[5] En *Cantar de Agapito Robles*, Chacón, ya en la cárcel y atormentado ante la idea de que haya sido su propia hija Juana quien lo delató ante la policía, exclama: «Juana me entregó. Juana morirá. Todos los traidores deben morir» (ECAR: 54).

iluminan a él como persona. De allí que en el momento en que los sueños adquieren un matiz que supera la cotidianeidad, el simple mensajero se revela incapaz de interpretarlos, de acceder a ellos. Desde sus temores, sus reparos, sus creencias, contempla lo que le es revelado en sueños y desestima aquello que no encaja en la vida diaria[6]. Esta limitación se hace evidente durante el fracaso del asesinato de Montenegro. El Juez ha sido advertido a tiempo y huye, en vez de acudir al comparendo donde Chacón lo espera para darle muerte.

> ¿Por qué escapa si ha sido notificado? –preguntó el Abigeo. Hacía tres noches había soñado que oyendo el nombre de Chacón el doctor Montenegro palidecía. Lo descreyó. Su cabeza, experta para el husmeo de los sueños, no concebía que el doctor Montenegro alojara miedo a un simple humano. (RPR: 150)

El Abigeo es uno de los conjurados, un participante activo; no se puede negar su condición de rebelde. No se puede negar tampoco que contempla con ojos críticos la explotación de Huarautambo. Sin embargo, deja pasar la revelación de su sueño porque la osadía de ese signo, que irrumpe revolucionando la vida cotidiana, es para él ilegible porque el mundo subversivo e impredecible de los sueños no lo ha *contagiado*. Ante la desmesura de una revelación que supera los límites de su mundo tradicional opta por desestimar el detalle, refugiándose en lo conocido –en este caso, en la leyenda que coloca al Juez por encima de todo ser humano–. Chacón, en cambio, se guía, se deja llevar por sus visiones. Chacón *ve* y actúa en base a una visión, por más descabellada que parezca. Aunque ello lo convierta en un solitario y un paria entre su propia comunidad, aunque ello lo convierta en predicador en el desierto, él sigue adelante. Lo anima una fe nutrida por aquello que sólo él ve, y que ha considerado tan trascendental que se transforma al llamado de esa visión. Héctor Chacón, el campesino común y corriente, deviene así El Nictálope. Su familia misma toma distancia de este nuevo Chacón al percibir la transformación: «Usted ha cambiado. Usted antes no era así. Usted es otro hombre ahora. Yo misma, su mujer, casi no lo conozco» (RPR: 206).

---

[6] En *Garabombo el invisible*, cuando la tropa de asalto empieza a avanzar matando y destruyendo todo a su paso, El Abigeo recién empieza a comprender algunos de los sueños que ha tenido. Los símbolos que se agolpaban en su memoria son descifrados ante sus ojos, pero ya es demasiado tarde. Comprende, casi al momento de morir, por qué los muertos que se le aparecían en sueños los últimos tiempos a pedirle que les informara sobre la rebelión desdeñaban sus relatos. «¡Por fin entendía: El Abigeo informaría en persona!» (GEI: 229).

El cambio radica en su capacidad de *concebir* que la reacción se encuentra dentro de él mismo, que el potencial para poner fin a esa situación ya está en él, y por lo tanto en todos y cada uno de ellos. Los demás campesinos, aunque son conscientes de la injusticia y del abuso, están dominados por el temor y el miedo, y es a tal punto endémica esta actitud que ya prácticamente no les cabe en la cabeza la idea de que el Juez pueda ser un simple mortal. Este temor atávico alcanza incluso a los mismos rebeldes como El Abigeo o el personero. En este sentido, la experiencia de Chacón nos recuerda la alegoría de La Caverna de Platón. Mientras se encuentra en *la oscuridad* con sus compañeros, comparte el mundo de sombras proyectadas teniéndolas por absolutas y reales. Pero una vez que accede a la deslumbrante claridad, está dispuesto a todo antes de permanecer en ese engañoso y esclavizante estado original. Las dificultades que encuentra para convencer a los demás de la necesidad de transformar la situación revelan la irreconciliable diferencia entre él y quienes, incapaces de acceder a lo que sólo él ve, tildan su proyecto de descabellado y peligroso:

> Si vuelto de nuevo a la caverna, disfrutase allí del mismo asiento, [...]. ¿no piensas que ese mismo cambio, esto es, el abandono súbito de la luz del sol, deslumbraría sus ojos hasta cegarle? [...] Supón también que tenga que disputar otra vez con los que continúan en la prisión, dando a conocer su parecer sobre las sombras [...], ¿no movería a risa y obligaría a decir que precisamente por haber salido fuera de la caverna había perdido la vista, y que, por tanto, no convenía intentar esa subida? ¿No procederían a dar muerte, si pudiesen cogerle en sus manos y matarle, al que intentase desatarles y obligarles a la ascensión? (Platón 2000: 276)

En cierto modo el proceso de Chacón ha sido un pasaje de lo irreal a lo real[7]. Sobrepasa las reglas que regían sólo en Huarautambo y entra al mundo –visto desde la perspectiva de los campesinos– de *las fuerzas sobrenaturales*: al

---

[7] En su análisis sobre la retórica de la violencia en *Los ríos profundos*, sostiene Márquez: «La violencia que ha impregnado hasta ahora el ámbito novelado refleja la estructura opresiva y la naturaleza semi-feudal de la sociedad de la cual se ocupa. Principalmente es la violencia que se origina a partir de la explotación socio-económica, cultural, religiosa y abarca desde el abuso físico hasta el moral, condición que desde el punto de vista de las clases dominadas, específicamente del hombre andino, implica una ruptura del orden natural del mundo. Esta violación, exacerbada constantemente, llevará necesariamente a una reacción subversiva de grandes e imprevisibles proporciones y consecuencias contra el orden social establecido» (Márquez 1994: 47).

universo de los hacendados. Contra ellos se alza Chacón y su rebelión equivale a negarse a aceptar su exclusión del mundo. Esta osadía, ya no para defender sino para reclamar su existencia, equivale a apartarse de la colectividad; no puede ya, sin embargo, renunciar a su ideal porque le resulta vital para no perderse a sí mismo. Al desarticular la establecida inversión de los mundos Chacón ingresa, junto con su comunidad, al territorio de la realidad, ya que la explotación del Juez había alterado el curso normal del tiempo y del espacio. El mundo real, donde existe la posibilidad de libertad, es para los campesinos de *Redoble por Rancas* una especie de tierra prometida que sólo le será revelada a un elegido que tendrá que sacrificar su vida en la ardua tarea de conducir a su pueblo hacia ella. Ese mundo irreal en el que vivían los campesinos, impuesto por los caprichos de los hacendados[8], se asemeja a una atroz pesadilla, sólo tolerable por momentos por hallarse debidamente resguardada por los límites de la ficción. El viaje inconcebible que realiza Chacón lo conduce a enfrentar al Juez Montenegro de igual a igual. La osada alteración de las *leyes* que regían la vida del campesino Chacón –obediencia ciega, resignación y sumisión– tiene como efecto despejar las tinieblas de su cautiverio. Se le presenta una revelación, un momento de clarividencia, durante el cual vislumbra la liberación de su comunidad unida al destino irrenunciable que le ha sido reservado.

La misión del Nictálope

Es importante analizar cuál es la visión que anima a Héctor Chacón, cómo es que nace la convicción del rol que debe desempeñar. ¿Qué lo anima a avanzar como un proyectil humano, sacrificándose por el bien de su comunidad? Este humilde hombre de campo empieza defendiendo fieramente lo suyo y termina renunciando a cualquier provecho personal, sacrificando lo poco que tiene –familia y comunidad– por el bien colectivo.

Para comprender la magnitud del acto final que Chacón está dispuesto a realizar, es necesario tener en cuenta la transformación que experimenta, el tránsito de ser un campesino explotado hasta asumirse como el encargado

---

[8] Un ejemplo de este «mundo propio» lo encontramos en *El Jinete Insomne* cuando el topógrafo encargado del levantamiento del plano de la comunidad se enfrenta al patrón de la hacienda Golondrina. Ante su observación de que el Perú es un país libre por el cual todos tienen derecho a viajar, el hacendado contesta: «Esto no es el Perú. Esto es mi hacienda. Aquí no quiero extraños» (EJI: 73).

de eliminar a Montenegro. Hemos abordado ya la estrecha relación entre los niveles de humillación y atropellos que sufre el Nictálope a lo largo de su vida y la reacción que va creciendo en él.

A los nueve años, el humillante castigo impuesto por Montenegro despierta en el niño el espontáneo deseo de matar al Juez. De adulto, los arrebatos de rebeldía con que Chacón responde a los abusos son consecuentemente cancelados por las instancias formales, alimentando su desaliento:

> Volví a Huarautambo y el corazón se me cayó al suelo: los caporales habían capturado mis otros caballos […].
> Me rendí al mayordomo Palacín. –¿Por qué me abusas don Máximo? ¿Qué voy a hacer? Yo soy un miserable.
> Supliqué y supliqué, mientras Palacín terminaba mi botella. (RPR: 119)

La inquina de Montenegro, exacerbada porque tal vez ya vislumbra un problema en el carácter de Chacón, no descansa; las desgracias siguen cayendo sobre el campesino, que en primera instancia tiende a adjudicarlo todo a una cuestión de mala suerte: «Por mi mala suerte me volví a descuidar y los caporales se volvieron a llevar a los caballos». «[…] una noche una tropa de animales destrozó mi papal. ¡Qué mala suerte!» (RPR: 122). Héctor Chacón va perdiendo lo poco que posee, y entonces se produce su primera reacción violenta contra las autoridades comunales incapaces de defenderlo. «Así era yo: un perro que huía cada vez que los hacendados me volvían la cara. […]. –¡Tú no vales como autoridad!– grité mientras le pegaba puñetazos a Salomón» (RPR: 125). Este último momento es importante porque parece marcar el inicio de un recorrido sin regreso. Chacón ha comprendido que pueden arrebatarle todo y que, sin tierra, sus posibilidades de sobrevivir son nulas; el fantasma de la muerte se convierte en realidad. A partir de entonces, sus acciones se tornarán osadas. Primero atrapa las reses que invaden sus tierras y las entrega a las autoridades. Sobreviene su primera detención pero, aún así, continúa resistiendo; cuando lo amenazan con quitarle la cosecha tan preciada, su ira se dirige al corazón mismo de la opresión: a la hacienda donde, perdido ya todo temor, desafía a gritos a quien quiera escucharlo: «Yo quiero que todos los huarotambinos vengan a cosechar mi papa! –grité […]». «¡Quiero que ahora mismo venga el hacendado a sacar todas mis papas!» (RPR: 131).

La transformación de Chacón se ha producido: ha sobrepasado la barrera del miedo. Ahora es inmune incluso a la amenaza de muerte. Esta nueva fase de su enfrentamiento se define en los siguientes términos: «Me acerqué a Procopio y le dije: Sobrino, ya faltan pocos días para luchar a muerte» (RPR: 131). Llevando esta línea de pensamiento a la práctica, reemplaza su carabina por una escopeta: «Mi carabina es de una bala y sólo mata uno; la escopeta derrama la muerte» (RPR: 133). Al comprobar que ante su actitud los caporales retroceden, concluye: «Y comprendí que los cobardes no tienen tierra» (RPR: 133). Al empujarlo hasta los límites de la más absoluta desesperación, el hacendado, sin saberlo, ha iniciado su propia destrucción. Las múltiples humillaciones que colocaron a Chacón al borde de la muerte lo han obligado a buscar en el último reducto, allí donde se suponía que no había nada: en sí mismo. Encaminado ya por esta senda de rebeldía, en este momento clave en su evolución lo envían a la cárcel por cinco años. Allí conocerá a otros rebeldes, escuchará discursos que lo sorprenderán, su mundo se ampliará y regresará aún más concientizado. La próxima vez que mencione la necesidad de eliminar a Montenegro no aludirá más a sus motivos personales; su principal prioridad la constituirán ahora las recuperación de las tierras de la comunidad y el cese de la explotación de los yanacochanos. El proceso de toma de consciencia de Chacón ha seguido un duro camino de sufrimiento, pero el campesino, decidido a defender lo suyo, se ha transformado en un hombre con la misión de liberar a su pueblo.

Misión y ejecución

Una vez que Chacón se convence de que la única solución a la dramática situación de despojo es la desaparición del hacendado, asume también la responsabilidad de ejecutar personalmente la tarea. El razonamiento que lo anima parece sustentarse en una simple relación de causa-efecto: sin el hacendado que monopoliza las tierras y los priva del recurso elemental para sobrevivir, la situación mejorará:

> Mañana voy a acabar con ese abusivo. Para tener pastos, ése debe terminar. (RPR: 46)

> Para que los animales tengan pasto debo cometer ese crimen –dijo Chacón suavemente. (RPR: 47)

> Estas violencias nacieron de los pastales, hijos. Si Montenegro nos hubiera dejado un pedacito de pasto, todo sería igual, pero ahora es demasiado tarde. (RPR: 176)

A medida que evoluciona el enfrentamiento, incluso una vez fracasado el atentado, Chacón no se desanima y puede seguirse una universalización de su perspectiva. El Juez Montenegro, inicialmente el único objetivo, se convierte en un símbolo, una representación, un eslabón de un fenómeno estructural que Chacón parece ir comprendiendo: la existencia de gamonales y de hacendados ricos revela la injusticia de la situación y el desequilibrio de poder. La distribución de las tierras y la riqueza en general empiezan a ser seriamente cuestionadas:

> No lloren. Yo tengo que vengar a la gente pobre. […] (RPR: 177)

> Camino de Huánaco [sic], ensoñó formar una banda de armados capaz de expulsar, a balazo limpio, a los hacendados. […] Y soñó reunir a los desesperados y volver para matar a Montenegro. […] (RPR: 189)

> La muerte de los ricos la debemos comenzar en Yanahuanca. (RPR: 191)

> Para tener tierra hay que masacrar a los gamonales –Chacón masticó una sonrisa cruel. (RPR: 199)

La misión que Chacón se compromete a asumir no es, pues, un acto precipitado. Cuando El Nictálope decide actuar, tiene muy bien definidos ciertos aspectos básicos de su misión. En primer lugar, paralela a su toma de consciencia sobre la necesidad de la eliminación de Montenegro, se desarrolla también la convicción de su rol personal como único ejecutor de dicha tarea. Él, y nadie más que él será el encargado de eliminar al Juez. Incluso tiene pensada la estratégica escenificación de una riña en la cual deberán caer unos cuantos comuneros para disimular la muerte principal: la del hacendado. Se muestra igualmente dispuesto a asumir la tarea de eliminar a los elegidos. Esta monopolización del rol principal está muy lejos de obedecer a un deseo de protagonismo; tiene, más bien, que ver con la otra convicción que anima al Nictálope, la de asumir su necesario sacrificio personal por el bien de la comunidad. Ya desde sus tempranas protestas, cuando aún luchaba por mantener su cosecha, observamos este afán de proteger a los demás exponiéndose solo a la ira del hacendado: «Todos debemos ayudarnos. –Si ustedes me ayudan, la justicia los acusará. No se metan. Preferible yo solo» (RPR: 132).

Una vez que expone la necesidad de eliminar a Montenegro, el primer acuerdo al que llega con los conjurados es la manera de disimular la acción a fin de evitar represalias de la policía contra la comunidad. Ya a solas, mientras se prepara para el ataque, decide perdonar también a los comuneros sentenciados asumiendo, de esa manera, la responsabilidad absoluta del atentado: «Sea como sea, mataré a Montenegro», –pensó– y en ese relámpago perdonó a los sentenciados. Ni el Niño Remigio, ni Roque, ni Sacramento morirán» (RPR: 47).

René Girard sostiene que en la naturaleza de aquél que se sacrifica está el reemplazar no a uno u otro individuo del grupo, sino a la comunidad entera. El objetivo es proteger la existencia del grupo, amenazada por la violencia latente que podría brotar enfrentando a los miembros del clan y llevándolos a la destrucción. El elegido desvía, con su acción, la energía de la colectividad entera hacia un objetivo (víctima) exterior (Girard 1972: 265). La intensidad de la convicción de Chacón, sin embargo, no sólo lo lleva a alterar el acuerdo al que había llegado con los conjurados, sino que yendo incluso más allá, desafía a la máxima autoridad de la comunidad: al Personero. Éste, temeroso de las posibles consecuencias para el pueblo, intenta disuadirlo de su acción y se enfrentan dos posturas radicales:

–No ejecutes ese crimen –suplicó el personero-. No te manches.
–¿Para qué me he preparado? ¿Soy un juguete?
–No cometas ese asesinato.
–No es asesinato. Es justicia.
–Solo no puedes proceder.
–Está bien –se resignó Chacón más decidido que nunca–. (RPR: 107-108)

Nada parece poder detener ya a Chacón. Es interesante observar que, si bien lo que motiva su acción es el beneficio de la comunidad y su sacrificio renueva su profunda comunión con ella, por otro lado viola una norma fundamental que todo comunero por tradición obedece: las decisiones del común[9]:

---

[9] El grado de importancia de las decisiones del común se puede medir por la amplitud de su vigencia. Una vez amnistiado por el Gobierno de Velasco, Héctor Chacón regresa el 28 de julio de 1971, acompañado por una comitiva, a Yanacocha, la comunidad donde transcurre parte de *Redoble*. Allí una delegación presidida por las autoridades comunales recibe a Scorza, su esposa Cecilia, Thorndike y la prensa. No reciben a Chacón porque éste debe primero disculparse, formalmente, por haber ignorado las órdenes de la asamblea quince años antes. Dos o tres días después, gracias a la intercesión de Scorza, Chacón es perdonado y se reintegra a su comunidad (véase Thorndike 1997).

> Las autoridades –tosió el Personero– no estamos de acuerdo en esa muerte. Tú no puedes comprometer al pueblo, Héctor. […]
> –Nadie puede proceder sin autorización.
> El revólver ardió en la mano del Nictálope. (RPR: 45)

El último círculo, el más cercano, al que también deberá renunciar es el de su familia. Sus tempranas protestas generan ya el recelo, nacido del miedo, que embarga a su mujer. Ignacia contempla atemorizada la evolución de la osadía de su marido, que termina enfrentándolo abiertamente al Juez y convirtiéndolo en perseguido de la justicia. Chacón deberá también superar la preocupación por su hermano Teodoro, que sufre las consecuencias de ser pariente de El Nictálope. Su futuro yerno será maltratado a fin de presionar a la hija para que delate su paradero. En la escena de la despedida y el reparto de los escasos bienes entre su mujer e hijos, luego de la muerte del Cortaorejas, se aprecia el convencimiento de El Nictálope:

> No estoy seguro de volver. Si me agarran vivo la condena será larga, pero no será fácil capturarme. […]
> –Yo no siento pena, sino rabia; no sufro, estoy sereno. (RPR: 176)

El conflicto y las rupturas a diversos niveles que afronta Chacón lo revelan como un decidido protagonista individual. Hasta ahora, el convocar a otros adeptos a su causa obedece, sobre todo, a una razón estratégica: necesita personas que lo apoyen y faciliten su tarea, pero está dispuesto a llevar adelante el proyecto por su propia cuenta.

El Nictálope, un solitario

> Hello, darkness, my old friend
> I've come to talk with you again […]
>
> Simon & Garfunkel

Si consideramos que La Guerra Silenciosa es la narración de las luchas de las comunidades olvidadas de los Andes, ¿cómo ubicar en la gesta a este campesino que emergiendo del seno comunitario se lanza, en solitario, a perseguir una solución individual al conflicto agrario? El sueño de El Nictálope, que precede a la decisión de convertir en realidad su deseo de eliminar a Montenegro, nos proporciona claves interesantes para comprender la naturaleza del rol de Chacón:

> [...] Héctor Chacón soñó que cabalgaba por un camino de nieve, absurdamente plagado de flores. El escándalo de una canción solitaria –cuyas frases no comprendía– convocaba a los hombres: diez, cien, doscientos, quinientos, mil, cuatro mil hombres avanzaron por el mismo camino cantando la canción inaudita. Cabalgaron meses por comarcas sin sed ni fatiga, hasta que encontraron un camino de herradura que conducía a la provincia; bajaron, atravesaron el puente, inundaron la plaza. Mirando aquella muchedumbre, los guardias civiles huyeron despavoridos. La multitud atravesó la plaza y derribó violentamente las puertas azules de la casa del doctor Montenegro. Pálidos huyeron los caporales, el mismo doctor huyó de habitación en habitación, lo persiguieron a través de un laberinto de habitaciones inmensas, unas cubiertas de nieve, tapiadas otras por selvas, siempre cantando lo capturaron y lo sacaron a la plaza. Eran las tres de la mañana, pero el sol, un diamantino sol, ardía. Los alguaciles convocaron con cornetas a todos los hombres y animales de la provincia para juzgar al doctor Montenegro. El Alguacil Mayor se vistió de blanco y preguntó: «¿Hay alguien que no haya sido afrentado por este hombre?». Nadie se levantó. «Perdóname, no lo volveré a hacer», sollozaba el traje negro. El Alguacil solicitó la declaración de los perros: «¿Hay algún perro que no haya sido pateado por este hombre?». Los perros inmovilizaron sus colas. El Alguacil insistió: «¿Hay algún gato que no haya sido quemado por este hombre?». Los veloces pájaros, las alegres mariposas, los vivísimos chingolos y los soñolientos cuyes testimoniaron. Nadie perdonó al doctor. Lo montaron en un burro y lo expulsaron de la provincia, entre músicas y cohetes. (RPR: 72-73)

En el combate contra Montenegro, Chacón asume, inicialmente, el rol de movilizador de ánimos, de predicador de la necesidad de rebelarse; sobre todo, se reserva el rol de ejecutor. El primer protagonista de la saga scorciana es un convencido de una solución definitiva y radical al problema de la opresión. No retrocede, es más, planifica llevar adelante, él solo, la empresa final. En ese sentido es significativo lo que sí capta o *visualiza* en su sueño: el avance de las multitudes, la marcha por un mismo camino, los esfuerzos (cabalgar meses, por comarcas, atravesar el puente, superar la sed y la fatiga) hasta alcanzar el objetivo: la casa de Montenegro. También vislumbra, y no le sorprende, el increíble retroceso de los guardias, los caporales y la huída de Montenegro ante el avance de las masas. Presencia no sólo el juicio del invencible traje negro, humillado por los más humildes y pequeños –mariposas, chingolos, cuyes–, sino también su expulsión, uno de los peores castigos a los que una comunidad campesina puede condenar[10]. Lo único que lo desorienta es la canción inaudita y las frases de la misma que no logra entender, elementos que son, precisamente, los que convocan a las multitudes. En este sueño se le revela la posibilidad de justicia, la esperanza de enderezar el desequilibrio ancestral impuesto por Montenegro. El futuro con el que él sueña, una vez eliminado el Juez, es posible. Esta eliminación, en su tradición comunal, equivale a una forma definitiva de expulsión. Sin embargo, su limitación, respecto a las letras de la canción, revela a las claras que Chacón no es el conductor de las masas[11]; no es Garabombo, que valiéndose de su investidura invisible, inicia la prédica *colectiva* del levantamiento:

> Blindado por su armadura de cristal cruzaría hitos vedados, penetraría a caseríos resguardados, convencería a los tímidos, seduciría a los prudentes. (GEI: 164)

> Bajo lluvia, bajo nieve, contra tempestades recorrió las estancias casi siempre separadas por kilómetros de estepa solitaria [...]. No era fácil convencer a los colonos [...]. Con paciencia infinita Garabombo predicó que en todo Pasco germinaba una tormenta que pronto arrasaría con todos los alambrados de la tierra. (GEI: 84)

---

[10] La trascendencia de esta sanción emana de la esencial vinculación entre la existencia del comunero y su afiliación a la comunidad. Durante el conciliábulo de los conjurados, cuando se discute quiénes deberán ser eliminados durante la riña, leemos: «Antes deben ser expulsados de la comunidad –dijo el Abigeo–. El hombre que no coopera, no debe existir. ¡Que mueran como perros sin dueño! –¡No! –dijo Chacón–. Si los expulsamos, la justicia sospechará» (RPR: 27).

[11] En *Cantar de Agapito Robles* encontramos lo que podría ser la continuación de esta primera fase de la misión de Chacón. Tras un año en prisión, junto con todas las autoridades de Yanacocha, acusados de la muerte de El Cortaorejas, El Nictálope se entera del avance de las comunidades dispuestas a recuperar las tierras usurpadas. Conocedor del valor simbólico de Huarautambo decide una vez más sacrificarse a cambio de la libertad del Personero Agapito Robles, a quien encarga comandar la marcha sobre la hacienda: «¡Yo me declararé culpable de la muerte del Cortaorejas! Si es necesario, asumiré todos los crímenes pendientes de la provincia: los que se han cometido, los que se están cometiendo y los que se cometerán. [...] cualquier cosa, cualquier condena [...] será honor para mí [...]» (CDAR: 59-60). A continuación tiene una visión que revela su comprensión de las letras de aquella canción inaudita que la multitud entona mientras marcha a tomar la inaccesible Huarautambo, guiada, sin embargo, por Agapito Robles. «Estoy viendo el día en que nuestra comunidad descienda victoriosamente por las laderas robadas. Estoy oyendo el griterío detrás de las banderas. Estoy viendo huir al Juez Montenegro» (CDAR: 60).

El primer héroe de la pentalogía posee la intuición liberadora; acorde a esto, le ha sido reservada una primera tarea en la epopeya de los levantamientos. Es el encargado de romper el estigma del temor, el encargado de demostrarle a la comunidad que uno de los suyos es capaz de enfrentarse y luchar: a él le corresponde revelar a la comunidad su potencialidad de lucha. Su empresa es el primer paso necesario en la gesta colectiva que describe La Guerra Silenciosa. ¿Cómo narrar el levantamiento de un pueblo, cómo aspirar a «incendiar el mundo» (CDAR: 245), sin antes relatar el despertar individual[12]? En este sentido, Chacón es el proyectil que rompe, de modo ejemplar, violentamente, la historia de opresión. No se necesita, en esta fase, más que un campesino, El Nictálope.

El destino del Nictálope

> Y visionario no es más que aquél que ve visiones que encierran la clave de un secreto acerca de lo que sobrevendrá, que es capaz de discernir en el símbolo del que está hecha su visión el significado, no de un futuro, sino el de una fatalidad, de un destino.
>
> William Blake

El Nictálope, aquél que ve en la oscuridad, actúa guiado por una visión fundamental que le ha sido revelada. Chacón se ha movido por años en un mundo de apariencias, si es posible considerar así al mundo creado por Montenegro y su tradición de opresión. Este mundo *oscuro*[13] en el cual los campesinos comparten una historia de humillaciones, explotación y terror, los ha ido despojando del sentido de su propia valía. En este universo el Juez reina

---

[12] Scorza mismo declaraba en una entrevista a propósito de la pentalogía: «*Redoble por Rancas* es la revuelta individual; *Garabombo el invisible*, la revuelta colectiva; *El jinete insomne*, la reconstrucción del coraje [...] *Cantar de Agapito Robles* plantea nuevamente la empresa colectiva y refleja un triunfo provisorio. *La tumba del relámpago* es el libro de la lucidez, la adquisición de una conciencia colectiva» (González 2000: 5).

[13] Este universo nocturno, de oscuridad, en el que Chacón se mueve cómodamente como el único vidente, será también la matriz de la que emergerá el siguiente líder, el no-visto: Garabombo El invisible.

como monarca absoluto, dueño de voluntades y ejecutor diario de decisiones de vida o muerte. La magnitud de su poder ha sido a tal extremo exaltada en la mentalidad campesina que prácticamente se le llega a adjudicar una naturaleza sobrehumana: él es invencible, ningún ser humano puede amenazarlo. Chacón comparte este universo, pero tras una vida de sufrimientos experimenta una revelación que lo eleva por encima del mundo de apariencias hacia el universo real, donde vislumbra la posibilidad de que los campesinos puedan recobrar su humanidad. La vuelta, luego, al mundo de la oscuridad a propagar la herejía[14] de su revelación lo convierte en El Nictálope, aquél que *ve* algo que nadie más está en condiciones de ver. Sin embargo, el don de esta visión excepcional no sólo le permite vislumbrar la necesidad de las transformaciones exteriores, también implica asumir –con cierto criterio fatalista– la magnitud de su propio rol que es, a la vez, el de su propio sacrificio para alcanzar esta transformación. Chacón es el *visionario*, al que le es revelado el detalle elemental de la mortalidad del Juez, hasta entonces considerado casi un dios, imbatible, invencible, intocable. La magnitud de su poder material se expresa en los rumores de su inmortalidad. Sólo Chacón comprende su fragilidad: Chacón *ve* más allá de sus propiedades, de sus capataces, de sus privilegios. La mirada de Chacón atraviesa al Juez con la misma certeza con que distingue a sus compañeros campesinos. Bajo las vestiduras, el emperador está desnudo, ése es el gran descubrimiento de Chacón:

> El colonizado, por tanto, descubre que su vida, su respiración, los latidos de su corazón son los mismos que los del colono. Descubre que una piel de colono no vale más que una piel de indígena. [...] Toda la nueva y revolucionaria seguridad del colonizado se desprende de esto. Si, en efecto, mi vida tiene el mismo peso que la del colono, su mirada ya no me fulmina, ya no me inmoviliza, su voz no me petrifica. Ya no me turbo en su presencia. (Fanon 1963: 39-40)

A continuación deberá revelarle tamaño descubrimiento a una comunidad enferma de miedo. Chacón carece del poder de convencimiento y del paciente don de seducción de Garabombo y se enfrenta, entonces, a una misión descomunal. Eso no lo intimidará; al contrario, Chacón comprende cuál es la tarea reservada para él y los términos en los que ha de cumplirla. Se encara

---

[14] Durante la reunión de los conjurados Chacón comunica su pensamiento en los siguientes términos: «[...] en esta tierra hay un juez que no se aplaca con palabras ni oraciones. Es más poderoso que Dios. –¡Jesús María! –se santiguó Sulpicia. –Mientras él viva, nadie sacará la cabeza del estiércol» (RPR: 24-25).

con su destino: él es el encargado de revelar, en una sola acción, la evidencia de su descubrimiento. Recordemos sus palabras: «Mataré su cara, mataré su cuerpo, mataré sus manos, mataré su sombra, mataré su voz» (RPR: 47). No se trata de eliminar a un hombre, se trata de trastocar un sistema, de arrancar de raíz una tradición, de reescribir una historia, de ahogar un mito: todo aquello que por centurias ha sobrevivido, hábilmente alimentado por el miedo y la ignorancia, y que ha ido cultivando la negación de la condición humana de los campesinos. El miedo debe exorcizarse con un solo acto cuya magnitud sea capaz de resquebrajar la endémica costra de miedo que paraliza al pueblo. Si de entre ellos surge uno que consiga levantarse, se constituirá en ejemplo irrefutable de que cualquiera, o todos, podrán seguirlo. El poder del Juez ha sido impuesto, por décadas, mediante la violencia. La propaganda de sus allegados le concedió dimensiones sobrehumanas, su ira despertaba el pavor, no sólo de indios, sino también de blancos. Chacón es el único que a los nueve años escucha la voz de otra ira, la propia, como respuesta a los abusos del Juez. Es significativo que la andanada de castigos, dolor, impotencia que este pueblo experimenta no lleguen jamás a hacerse, a *crear* cólera. Chacón será quien responda a la violencia del Juez con la misma violencia. De alguna manera, al margen de todo análisis moralista, la reacción, nacida de la historia de impotencia, explotación, abuso, frustración y temor, no podía ser otra que el deseo de la muerte del tirano. Esta acción se convertirá en revelación, en acto que se asocie al sentido de esperanza, de recuperación de la osadía perdida, de recuperación de su condición de seres humanos:

> Para el colonizado, ser moralista es, muy concretamente, silenciar la actitud déspota del colono, y así quebrantar su violencia desplegada, en una palabra, expulsarlo definitivamente del panorama. (Fanon 1963: 39)

La posibilidad de la ira y sus efectos destructivos, capaces de hacer retroceder a los caporales y al mismo hacendado, será el primer paso en la recuperación del orgullo y la dignidad campesinas. En el momento en que Chacón plantea la liberación del yugo del Juez se encuentra en la etapa final de su recorrido introspectivo, ha pasado ya por la previa aceptación del riesgo fundamental que esto implica y que paraliza al resto del pueblo: la amenaza de perder la vida. La opresión ejercida sobre las comunidades descansa fundamentalmente en el ejercicio de variadas formas de agresión constantemente presentes y evidentes: desposesión, privaciones, humillaciones e incluso la desaparición física. La existencia del cementerio privado en Huarautambo no tenía solamente una función práctica, sino también simbólica y ejemplar: era el constante recordatorio del terror. Quien aspirara a sobreponerse a este temor, sembrado en la psique de la colectividad al extremo de hacerla percibirse inexistente, requeriría necesariamente, de antemano, la renuncia a la vida física. Chacón es el elegido porque para él resulta insoportable aquella otra muerte a la que estaba condenada la comunidad entera, esa simple supervivencia que era lo que quedaba luego de tolerar todas las formas de despojo. La acumulación de esta violencia no hacía más que convertirlos en muertos en vida, muertos sociales e históricos. Desafiar la natural tendencia a aferrarse a la vida biológica significa también superar todo temor a la superioridad del agresor, ya que se lo despoja de su arma fundamental. Chacón está plenamente consciente de lo que le reserva el futuro; pese a haber estado encarcelado durante cinco años, sabe que esta vez le espera algo peor: «Mañana moriré –pensó el Nictálope–. La Guardia Civil me acribillará, me amarrarán a un caballo y me arrastrarán. Nadie reconocerá mi cara. Ni mi mujer, ni Juana, ni Fidel, ni Hipólito me reconocerán» (RPR: 46). Paralelo a este momento de aceptación de su destino, la concepción de su misión se le revela también más clara que nunca: «"Sea como sea mataré a Montenegro", pensó y en ese relámpago perdonó a los sentenciados. Ni el Niño Remigio, ni Roque, ni Sacramento morirían» (RPR: 47).

Chacón es la prueba viviente de que es posible superar el miedo y la parálisis emanada del terror, de que se puede anular el mito de la sumisión atávica y la pasividad resignada. Su misión es doble: destruir el mito de la inmortalidad del Juez y, con él, el de la irreversibilidad de las estructuras de poder, y demostrar que un campesino común y corriente posee valor y es capaz de encauzar su ira hacia la liberación. En este sentido, su persona se convierte en portadora de un discurso y su sacrificio no contribuye más que a legitimar ese mensaje que él representa. Este acto subversivo de Chacón pertenece a la transgresión original[15], su naturaleza de ruptura es tal que ni siquiera cabe dentro de las

---

[15] La tradición de personajes con atributos *sobrenaturales* vinculados a proyectos de resistencia o rebeldía lo encontramos ya en el 500 a.C. en la literatura oral Vicus. La cultura Vicus, anterior y contemporánea al Imperio Incaico, se desarrolló en Chulucanas, al norte del Perú (actual departamento de Piura). Los Vicus, cazadores y agricultores, pese a encontrarse a 100 km del mar jamás llegaron a las costas debido a la presencia en el desierto de Sechura de la temible sociedad Tallán, matriarcado regido por las capullanas. Cuando el fabuloso ejército Inca avanzó simultáneamente desde el sur, el este y el norte, estos pequeños asentamientos ofrecieron poca resistencia. Precisamente al narrar este aguerrido aunque infructuoso enfrentamiento

fronteras de lo concebible por su comunidad. Yves Michaud, cuando analiza el lugar del terrorismo[16] en la temática de la violencia, señala:

> [...] el terrorismo no es un instrumento dentro de una serie continua de medios, sino un modo de trasgresión; no está inscrito en los modos de comunicación legítimos en el seno de una comunidad, sino que pertenece más bien al orden de la ruptura y del tabú. (Michaud 1980: 140)

La subversión del atentado de Chacón radica en la destrucción del tabú de la inmortalidad del Juez, símbolo del poder: con él caería la estructura completa de autoridad de Huarautambo y el pueblo se repondría del miedo paralizante. Sin embargo, la ruptura del tabú acarrea también la evidente eliminación de un ser humano, la muerte es el complejo elemento agregado a la ecuación. La confusión se encuentra presente aunque se trate de la eliminación del opresor: ¿cómo alejar la idea de un simple y ordinario asesinato? Chacón y el Personero de su comunidad se enfrentan, entre otras razones, por sus opiniones discrepantes sobre la definición de la empresa de El Nictálope: ¿es un asesinato o es justicia? Aquí entra en juego el elemento del sacrificio. El sacrificio del Nictálope resulta inevitable para transitar la espinosa frontera entre vida y muerte que requiere el fin de la opresión. «En el sacrificio, la muerte, que es el límite fundamental, es domesticada» (Díaz Fernández 2000: 238). La radical eliminación del tirano requiere traspasar las fronteras de la violencia y el extremismo de dicha acción puede convertirse en algo difícil de explicar, a menos que quien lo ejecute logre estratégicamente mostrar, de preferencia en sí mismo, la superación del concepto

---

cuenta la leyenda que en el actual Monte de los Curas, entonces PaloParado, se reunieron una noche el nictálope pabur (el que ve en la noche) y la sinchi atarama (la que todo lo puede) y bailaron con sus mejores trajes y bebieron el agua de las lagunas de las huaringas. Discutieron qué podían hacer y al final, siguiendo el consejo de sus mejores hechiceros, decidieron trabajar juntos y a esto lo llamaron minga. Los amautas (los que todo lo saben) de cada pueblo enseñarían sus habilidades a un grupo selecto de supays (los que están dispuestos a saberlo) de cada bando, y así, pensaron, se conservarían sus conocimientos y con el paso del tiempo serían invencibles. Los incas los dominaron pero no lograron conquistarlos, y la fusión de los conocimientos de estas culturas sigue en pie desafiando el paso de los siglos.

[16] Mencionamos la figura del terrorismo por encontrarse en el extremo de la paleta de la violencia y por lo tanto ser susceptible de aludir en su carácter transgresivo al acto de Chacón. También la eliminación de alguien, en cualquiera de sus variantes, constituye una expresión máxima de violencia. Aplicamos el concepto por similitud; no estamos, en absoluto, calificando o clasificando la empresa de El Nictálope.

de muerte[17]. En este juego de equivalencias que se produce, precisamente, en las controversiales fronteras de la vida y la muerte, la tradición y el tabú, podría ubicarse la definición del valor. Desarrollar la estrategia adecuada, en el momento preciso, mientras se maniobra en la zona minada de fronteras controversiales, es lo que determinará, en este caso, la noción de valentía. El Nictálope consigue apropiarse y dominar el espectro de la muerte al renunciar voluntariamente a la propia vida, y alcanza así la intercambiabilidad necesaria: la eliminación del Juez con su sacrificio. Ello transforma la espiral de violencia destructiva en productiva (Díaz Fernández 2000: 236), ya que no sólo garantiza la supervivencia de la colectividad (Girard 1972: 46), sino que redefine las fronteras de lo alcanzable al subvertir un tabú, un orden, un mito opresivo que amenazaba la existencia de la comunidad en sí. Este rol pionero le garantiza a Chacón un lugar en el universo mítico fundacional de su comunidad y el papel desencadenante de la epopeya liberadora que narran las cinco novelas de Scorza. En México, el Ejército Zapatista de Liberación Nacional subvirtió, desde su aparición, muchas normas en las que se sustentaban las tradiciones. Ese fue también el caso de sus comunicaciones, mezcla de pronunciamientos políticos, análisis social, filosofía, literatura, antropología y simple correspondencia. La carta del subcomandante Marcos titulada «Insurgentas y La Mar en marzo» contiene en la postdata «La historia del aire de la noche», narrada por el viejo Antonio. Este relato, desde la inusual perspectiva de aquellos familiarizados con la oscuridad[18], subvierte

---

[17] Hugo Blanco, el dirigente campesino que encabezó las tomas de tierras en el Cuzco en los años sesenta, nos brinda otro ejemplo de *domesticación* de la muerte. Durante su encarcelamiento, mientras esperaba la aplicación de la pena de muerte, dejó constancia de su adhesión a la vida como una obligación revolucionaria, lo cual constituía una premisa para hablar de la muerte misma: «Ser revolucionario es amar al mundo, amar la vida, ser feliz, por eso el revolucionario no huye de la vida, sabe que es su obligación vivir para luchar y le gusta vivir. ¡Pero tampoco huye de la muerte! Porque también muriendo se combate; porque también muriendo se transforma al mundo. ¡Porque también muriendo se ama la vida! Porque también muriendo se vive. Por eso también le gusta morir» (Melgar Bao 2007: en línea).

[18] El EZLN en sus documentos ha recurrido constantemente a alusiones sobre la noche y la oscuridad para articular sus planteamientos: «[…] y entonces, cuando nos hacemos luz de la sombra que somos, les dolemos los ojos y es nuestra palabra música que hiere sus oídos […]» (Comunicado 27.02.2001). «[…] nuestros hijos morían por la fuerza que desconocíamos, nuestros hombres caminaban en la larga noche de la ignorancia que una sombra tendía sobre nuestros pasos» (Comunicado, 22.2.1994). «Cuando los tiempos se repetían sobre sí mismos, sin salida, sin puerta alguna, sin mañana, cuando todo era como injusto era, hablaron los hombres verdaderos, los sin rostro, los que en la noche andan, los que son montaña […]» (Comunicado 26.2.1994).

la tradicional imagen temible y oscurantista, cultivada por aquellos que sólo se mueven en el día, que caracteriza a la noche y a sus habitantes.

Cuando los dioses originales hicieron el mundo crearon el aire y los pájaros. Entre los últimos se encontraba uno que se quejaba constantemente sobre el obstáculo que el aire representaba para el perfeccionamiento de su vuelo. Él era ágil y veloz, pero sostenía que sin el aire podría llegar a ser aún mejor. Hartos de tanta protesta los dioses lo castigaron quitándole las plumas y la luz de los ojos. Lo enviaron desnudo al frío de la noche y desde entonces tendría que volar ciego. Su vuelo, antes gracioso y ligero, se volvió desordenado y torpe. Sin embargo, tras muchos tropiezos,

> [...] el pájaro se dio la maña de ver con los oídos. Hablándole a las cosas, este pájaro, o sea el tzotz, orienta su camino y conoce el mundo que le responde en lengua que sólo él sabe escuchar. Sin plumas que lo vistan, ciego y con un vuelo nervioso y atropellado, el murciélago reina la noche de la montaña y ningún animal camina mejor que él los oscuros aires. De este pájaro, el tzotz, el murciélago, aprendieron los hombres y mujeres verdaderos a darle valor grande y poderoso al sonido del pensamiento. Aprendieron también que la noche encierra muchos mundos y que hay que saber escucharlos para irlos sacando y floreciendo. (Marcos 2000: en línea)

De esa misma noche emerge El Nictálope, traductor del idioma de la oscuridad, portador de uno de los sonidos del pensamiento que liberaría a su comunidad.

V.

GARABOMBO EL INVISIBLE

> We are like the dead
> invisible to those who do not
> want to see,
> and color is our only protection against
> the killing silence of their eyes [...].
>
> Judith Ortiz

Nuestra lectura nos ha conducido al terreno de un planteamiento político. La confirmación en la praxis de esta afirmación la encontramos en la renovada atención prestada por movimientos indígenas posteriores[1] a la figura de Garabombo, el protagonista de la segunda novela de la pentalogía.

¿CUÁL INVISIBILIDAD?

La invisibilidad a la que hacen referencia las novelas radica en la capacidad de *ver*. Con esto hacemos una distinción fundamental con novelas clásicas como *El hombre invisible* de Wells, donde la invisibilidad es el resultado de un afán científico de alcanzar el estado de transparencia. Allí se trata de experimentar ese supuesto estado de *libertad* que un ser humano sólo alcanzaría al no poder ser identificado como autor, por lo tanto, no tendría que responder por sus actos. La invisibilidad vinculada al tema de la libertad, en el sentido de

---

[1] Me refiero por ejemplo a los discursos del EZLN del subcomandante Marcos (1994), a las revueltas campesinas ecuatorianas (1999) y a las bolivianas (2000). En todos estos casos encontramos textos que hacían referencia explícita a Garabombo, abordando también el tema de la invisibilidad.

constituir el estado ideal donde las ataduras del deber brillan por su ausencia, constituye una constante en el debate filosófico que encontramos sobre todo en Platón y su versión sobre el mito de Gyges[2]. Otra versión del mismo mito, que también resulta interesante para nuestro estudio, es la de Herodoto, que relaciona la invisibilidad con el poder. Posteriormente el Panóptico de Foucault, la infraestructura ideal de vigilancia y castigo, retomará la idea de la mirada que lo controla todo pero que, a su vez y por definición, debe ser invisible para reafirmar su poder.

La invisibilidad en las novelas de Scorza nos remite al debate sobre los efectos de la mirada del *otro*. Como la experiencia de Garabombo lo demuestra, la manera en que otros nos perciben parece ser esencial ya que ese detalle *visual* define lo visible de lo invisible. La evidencia irrefutable de que algo no es visible, y que se extiende a no ser tomado en cuenta o no existir, la proporciona el testimonio de la mirada del *otro*. En este sentido *El hombre invisible* de Ralph Ellison, novela que describe la manera en la que el protagonista negro arrastra su invisibilidad impuesta por los ojos de los otros, constituye la propuesta más cercana a Garabombo[3].

---

[2] En *Historias,* Herodoto narra la fascinación que Candaules, rey de Lidia, experimenta por la belleza de su esposa. Era tal su pasión, que considera necesario hacer partícipes de semejante prodigio a más personas e intenta convencer a su ministro Gyges para que oculto (no visible) en la alcoba real se convierta en testigo de la belleza de la reina. Gyges se resiste recordando los tabúes estrictos sobre la desnudez, cuya desobediencia la ley lidia castiga severamente. Finalmente Gyges acepta pero cuando se retira sigilosamente luego de la contemplación es descubierto por la reina. Astutamente, ella calla; días después convoca a Gyges y le exige escoger entre la pena de muerte para el infractor de la ley o para el incitador a la falta. Gyges elige nuevamente el rol de «invisible», esta vez para eliminar a traición al monarca y asumir luego todos sus privilegios. En *La República* de Platón la versión de Gyges el Lidio surge en el contexto de un debate sobre la virtud. Cuando el ser humano actúa correctamente, ¿lo hace por convicción o bajo el peso del miedo por el castigo a las infracciones? ¿Cómo comprobarlo? Sólo si se poseyera el anillo de Gyges. Gyges era pastor en la corte de Lidia cuando un día un terremoto produce una fosa profunda en el campo donde trabajaba. Descendiendo a ella encuentra un caballo de bronce con varias «puertas» a través de las cuales podía verse un cuerpo yacente. Gyges se apodera del anillo del muerto y regresa a sus labores. Durante una asamblea con otros pastores descubre casualmente que al girar el anillo hacia el interior de su mano sus compañeros dejan de verlo y que podía volverse invisible. Decide entonces ingresar a la corte del rey como representante de los pastores; una vez allí, valiéndose de su invisibilidad, seduce a la reina y asesina al rey para asumir el trono de Lidia (Shell 1978: 28-37).

[3] En su artículo «Manuel Scorza, el cronista de la epopeya india», Dario Puccini señala: «Sabemos, por ejemplo, que en la invención de la invisibilidad de Garabombo [Scorza] se ha remontado a la creación cervantina de *El Licenciado Vidriera* para terminar apoyándose en *El*

El caso de Garabombo

Para iniciar el análisis del fenómeno de la invisibilidad de Garabombo, protagonista de la segunda novela de la saga scorciana, es importante señalar el momento en que la transparencia se hace evidente:

> Bajé a quejarme a la Subprefectura [...]. Siete días pasé sentado en la puerta del despacho. Las autoridades iban y venían pero no me miraban [...]. Al comienzo no me di cuenta. [...] Yo me decía «siguen ocupados», pero a la segunda semana comencé a sospechar y un día que el Subprefecto Valerio estaba solo me presenté. ¡No me vio! Hablé largo rato. Ni siquiera alzó los ojos. Comencé a maliciar. (GEI: 24-25)

La queja a la que se refiere Garabombo es su primera protesta contra el dueño de la hacienda Chinche, acostumbrado a *inaugurar*, junto con sus yernos, a todas las mujeres indígenas de su hacienda. Cuando intentan hacer lo mismo con la mujer de Garabombo él reacciona violentamente. Esta protesta, en apariencia justificada, es completamente inusual, y si Garabombo adopta semejante decisión es porque no es un campesino común y corriente. Habiendo hecho el servicio militar obligatorio aprendió sus derechos y conoció la Constitución. Un conocimiento aciago como lo comprueba El Abigeo al visitarlo en su escondite de la sierra: «Por eso estás acá [oculto en las cuevas de la sierra luego de su expulsión de la hacienda][4]. ¡Hay cosas que es mejor no saber!» (GEI: 24). Desde este momento inicial ya se perfilan en Garabombo ciertas cualidades que, una vez desarrolladas, harán de él un líder. El momento en que se evidencia el *mal* no parece casual porque revela dos detalles importantes: las circunstancias en que ocurre, durante la presentación de una queja, y los actores: Garabombo, un indio rebelde, y las autoridades blancas que adolecen de una peculiar ceguera. Estos elementos son esenciales, porque van a constituir las bases del entramado que se encuentra oculto tras la mítica invisibilidad.

---

hombre invisible de Ralph Ellison, con el cual su Garabombo presenta notables afinidades» (Puccini 1986: 70).

[4] En enero de 1982, durante un simposio de literatura en Ayacucho, el antropólogo Juan Rivera presentó su investigación sobre la reverencia con que las comunidades indígenas vecinas honraban al cerro Jupaicanán. En este lugar se encontraba la cueva en la que se mantuvo oculto Garabombo. Garabombo mismo estaba considerado como jirca (dios protector) del cerro.

Y AHORA ES INVISIBLE...

Pese a haber experimentado el fenómeno en su propia persona/cuerpo, Garabombo se resiste a asumir su condición con resignación. Lógicamente recurre para un diagnóstico más preciso a la única posibilidad médica de su pueblo: la temida curandera Victoria de Racre. Ella diagnostica que se ha vuelto invisible porque alguien le ha hecho *daño*[5]. Garabombo resultará un individuo difícil de convencer en cuanto a la irreversibilidad de su mal, hasta el momento que se vea confrontado con un acontecimiento inusual. En un mundo basado en la estricta división de grupos sociales, es *costumbre* que los indígenas afronten la actitud despectiva, la indiferencia de parte de los blancos, de modo que Garabombo no comprende que la escena con el prefecto sea especial y que sobrepase los límites del desdén acostumbrado en el trato entre blancos e indios. La prueba contundente la constituye la indiferencia con que los patrones reciben sus osadas protestas ante una injusta y abusiva repartición de tierras. Esta situación era desde todo punto de vista inconcebible en un mundo donde las estructuras rígidas de poder eran custodiadas por los hacendados, recurriendo a la violencia si fuera preciso, sin tolerar el menor brote de desobediencia. Airado ante la exclusión de los ancianos en la concesión de tierras –algo que equivalía a condenarlos a la muerte por hambre– Garabombo explota, en público, contra los hacendados y contra la pasividad de sus paisanos:

> ¡Aprendan! Ese es el pago de todos sus servicios. [...] Eso que ustedes llaman desgracia se apellida Malpartida. –Grité y grité. ¡No me importaba que los caporales me acabaran a latigazos! ¡No me importaba nada! Largo desagüé mi corazón. Pero nadie me oyó. ¡No me veían! [...] ¡No me miraban! [...] De oír mis afrentadoras palabras me hubieran despellejado a latigazos. ¡Pero en esa época yo era invisible! (GEI: 46)

La ausencia de reacciones o de consecuencias constituye para él la mejor prueba de que su mal ha alcanzado dramáticos niveles de gravedad. Esta evidencia rinde a Garabombo, que termina por aceptar su condición de enfermo

---

[5] La tradición popular andina señala que el «daño» es una forma de hechizo causado a la víctima por terceros interesados en perjudicarlo. Puede ser directamente inducido por algo que el *dañado* toca o ingiere o bien suceder *a distancia*. Generalmente es preparado por un curandero *malo* que se ha especializado en magia negra o brujería, a diferencia de la magia blanca que se dedica a curar y sanar.

y sobrelleva la situación buscando, sin embargo, continuamente algún remedio casero.

> ¿Esta enfermedad es curable? Preguntó Garabombo angustiado.
> –Los perros aúllan cuando miran las ánimas. Ellos ven a los invisibles. ¿Ha ensayado untarse con lagaña de perro? –dijo el Ladrón de Caballos.
> –Todavía no.
> –Ensaye. (GEI: 26)

A partir de esta comprobación, su invisibilidad es una condición que sobrelleva como si emanara de su cuerpo y, como sucede con toda enfermedad una vez que se ha manifestado, carece de importancia toda reflexión sobre la vía de contagio o las circunstancias: sólo cuenta la esperanza de recuperación y el combate de los síntomas. Garabombo no vuelve a analizar su *mal*, sólo lo atormentan los efectos y no pierde oportunidad de buscar alivio.

Debido a esta actitud poco inquisitiva, pasa por alto un detalle interesante que se hace evidente desde el comienzo. Son unos pocos los que, aparte del mismo doliente, son capaces de percibir su mal. Si se tratara de una enfermedad común, del cuerpo, sin duda cualquiera podría notarla. Sin embargo hay un detalle curioso. Para los indios como él, su invisibilidad es un fenómeno imposible de corroborar con los sentidos: ellos sí lo ven, como lo confirma el diálogo entre el Ladrón de Caballos[6] y Garabombo cuando se encuentran por primera vez:

> –¿Qué es eso que me cuentan que usted es invisible? [...]
> –Bajé a quejarme a la Subprefectura.
> –¿Y?
> –No me vieron.
> –¡Pero yo lo veo!

---

[6] Otros que también logran *ver* a Garabombo son los caballos. Girasol, el audaz caballo del Ladrón, que continuamente interviene con agudas observaciones lo confirma: «Lo interrumpió [al Ladrón de Caballos] el burlón relincho de Girasol. –De qué te ríes? –Me río del Invisible –relinchó Girasol. / –¿Y qué te da risa, baboso? / –Yo veo al Invisible» (GEI: 26). Este detalle es interesante si consideramos que apoyando al levantamiento de comuneros se planea también una solidaria «sublevación equina». Al final de la novela, el capítulo 36 enumera el dramático sacrificio de todos aquellos valientes caballos que mueren por la causa de los hombres. Una interpretación política del rol de los caballos (como símbolo de una sociedad ideal, opuesta tanto a los comuneros como a los latifundistas) en la saga scorciana la encontramos en Pranzetti 1987.

—Es que usted es de nuestra sangre, pero los blancos no me ven. (GEI: 23-24)

Son únicamente los blancos los que no lo ven. Con lo peculiar que suena este detalle no será suficiente para despertar suspicacia alguna: nos encontramos en un universo donde las relaciones entre los dos mundos, blanco e indio, se rigen precisamente por el absoluto extrañamiento entre ambos. La ausencia de percepción de algo tan evidente como la existencia física de un ser humano no es más que un argumento que se añade al abismo ya existente entre sus mundos. Esto se desprende de las palabras del Abigeo tras escuchar el relato de Garabombo: «El Abigeo concluyó: —Así son ellos, Fermín [nombre de Garabombo]: miran cosas que nosotros no miramos y al revés. ¡Ese es tu caso!» (GEI: 26). Garabombo pasará a ser el triste varón a cuyas cotidianas penurias, compartidas con su comunidad, se le agregará su condición de *dañado*, lo cual le impide incluso desempeñar cualquier rol significativo en la solución de los problemas de su pueblo: «¿Y si fuéramos a reclamar a la Subprefectura? ¿Si fueras tú, Garabombo? Tú hablas bonito —dijo Bernardo Bustillos. —¡Soy transparente! No me ven, Bernardo […] (GEI: 46).

La actitud de sus compañeros evolucionará, del pánico inicial ante semejante fenómeno, hacia la conmiseración y finalmente, en un mundo campesino pragmático, Garabombo empezará a convertirse en un estorbo ya que no puede ayudar en la lucha. Finalmente surgen incluso los reproches por cierta *inmunidad* que su invisibilidad le garantiza.

Garabombo recordó también las amargas recriminaciones […].
—Ustedes los metieron en la lucha [hablan los parientes de los rebeldes encarcelados] […]. A ustedes les toca sacarlos. […]
—Mañana me presentaré al Puesto.
—¿Qué gracia tiene? Tú estás protegido. ¡Eres invisible! (GEI: 68)

Ante la ineficacia de cualquier intento de protesta (suyo o de su comunidad) Garabombo sugiere viajar a la capital a presentar una denuncia de los abusos. En Lima logran iniciar los trámites pero los propietarios se enteran de lo que sucede y entran en acción. Bajo falsas acusaciones, los campesinos rebeldes que osaron protestar, son apresados en Chinche y enviados a Lima. La desesperación de los familiares —conscientes de que muchos de los detenidos no sobrevivirán, por ser ancianos o ser muy débiles— presiona a Garabombo, que decide entregarse (ya se encontraba requisitoriado por la policía bajo la acusación de agitador) a cambio de la libertad de sus paisanos. Treinta meses permanecerá preso entre la

Intendencia y El Frontón. De esta terrible experiencia emergerá, sin embargo, un Garabombo *curado*. Cuando en primera instancia, creyéndose físicamente enfermo, consulta sobre su mal a la temible Victoria de Racre obtendrá un diagnóstico que después en la prisión El Frontón[7] será revertido por un preso trotskista, el Mocho. En numerosas conversaciones con Garabombo éste le irá revelando otro diagnóstico sorprendente, le descubrirá la verdadera causa de su enfermedad. Las prisiones capitalinas albergaban en aquel momento a la flor y nata de los rebeldes apristas y comunistas, purgados sucesivamente, tanto por el régimen de Odría como por el de Prado[8]. Esta juventud, que se iniciaba así en su conocimiento del lado hosco de la vida política, conformaría posteriormente la élite política de la nación. Las polémicas que menudeaban entre ambos grupos (apristas y comunistas), obligados a compartir las duras condiciones carcelarias, constituyen para Garabombo una inagotable fuente informativa, reveladora de perspectivas y fenómenos de los que él, hasta entonces, nunca había oído. El mismo describirá, posteriormente, este período de su vida como profundamente educativo, sus mejores y más efectivos maestros los encontrará aquí:

> Yo nunca he tenido mejor escuela que la cárcel. Oyendo las discusiones de los políticos se aprende, don Juan. (GEI: 28-29)

> Es cierto que estuve encarcelado. ¡Agradezco! La prisión es la mejor escuela. Allí los abogados y los políticos me abrieron los ojos y me enseñaron mis derechos [...]. ¡Ojalá todos fuéramos a la cárcel para abrir nuestro pensamiento! (GEI: 91-92)

Escuchar las discusiones políticas lo *cura* de su invisibilidad, ¿a qué se refiere cuando sostiene ésto? Para empezar, llega a comprender que lo suyo no era una enfermedad en el sentido tradicional:

---

[7] La isla penal El Frontón, sumamente adecuada para sus fines debido a su inaccesibilidad, desempeñó a lo largo de la historia peruana un rol destacado. Albergó a varias generaciones de políticos dependiendo de los gobiernos y la represión de turno así como del color político de la oposición del momento.

[8] El ochenio de Odría (1948-1956), una etapa de dura represión, está finalizando en 1956 (período aproximado de la detención de Garabombo). Para entonces menudeaban los mítines en el país pidiendo la derogación de la Ley de seguridad interna y la amnistía para los presos políticos así como el restablecimiento de los derechos políticos de los partidos prohibidos por Odría: el APRA y el PCP. En las elecciones del 56 sale elegido Manuel Prado Ugarteche, un banquero apoyado por la oligarquía peruana que seguirá una línea similar.

¡Volvía curado! En la prisión había comprendido la verdadera naturaleza de su enfermedad. No lo *veían porque no lo querían ver*. Era invisible como invisibles eran todos los reclamos, los abusos y las quejas. En el Frontón –en esa isla infausta donde han blanqueado los cabellos de generaciones de rebeldes– comprendió la verídica causa de su mal. (GEI: 163-164)

Su contacto con otros rebeldes que se resistían a aceptar la injusta situación social le permite situar su propia experiencia dentro de una perspectiva colectiva. Esa experiencia, que hasta entonces había asumido como personal, como enfermedad de su cuerpo, tenía relación con otros aspectos que, si bien en apariencia eran más complejos, también eran susceptibles de ser transformados. Por primera vez sitúa los problemas que a diario vivía en su comunidad en otro contexto, entiende que se ubican dentro de un engranaje más amplio. Los intercambios entre las facciones apristas y comunistas, ambas con propuestas progresistas y renovadoras del panorama nacional, hacen desfilar ante Garabombo el panorama de las estructuras sociales, económicas y políticas de un país que le era ajeno y le dan una idea de cómo ciertos fenómenos guardan estrecha vinculación entre sí. Adquiere clara consciencia de su posición en medio de todo este engranaje y también de que no se encuentra solo, sino que una enorme masa de campesinos en todo el país comparte su sufrimiento. Podríamos decir que si hasta ahora su mundo se reducía a su comunidad, entiende que forma parte de una estructura mayor, y que conocerla es fundamental no sólo para explicarse muchos acontecimientos que vive a diario, sino también para determinar sus acciones futuras.

Garabombo experimenta un cambio en su apreciación sobre el problema. Hay una clara evolución, desde su reacción temerosa ante el veredicto de la curandera del pueblo, hasta su asombrada toma de consciencia despertada por las discusiones de los presos políticos. Ha adquirido consciencia *política* de su posición de oprimido al escuchar la estrecha vinculación que guarda su invisibilidad con la interesada incapacidad de los terratenientes de tolerar toda queja o protesta inoportuna e inadecuada. Los hacendados –la defensa de sus intereses– y la osadía de su protesta son las claves de su transparencia. La cárcel, con estas revelaciones, no consigue más que incrementar el espíritu rebelde de Garabombo, y al volver intentará retomar la lucha allí donde la dejó, implementándola con sus nuevas perspectivas. Ha dejado atrás la bandera de combate que sustentaba su inicial rebeldía: la expropiación de las tierras. Ahora se abre paso un nuevo concepto: la recuperación. Esta modificación se asienta en su convicción de que el pueblo es el verdadero y original propietario de las tierras reclamadas: «Los dueños somos nosotros. ¿Necesitas expropiar tu cama? Los dueños no expropian. ¡Recuperan!» (GEI: 168).

Cómo es *vista* la invisibilidad

Para llegar al momento clave en que Garabombo experimenta la *revelación* de su invisibilidad debemos partir de la descripción de cómo era percibida su invisibilidad por ambos grupos protagonistas. Entre los campesinos, el fenómeno queda vagamente localizado en el terreno de lo inexplicable, de lo misterioso; pese a ello, era pasivamente tolerado: «Chinche lo había creído invisible durante años» (GEI: 164).

En el caso de los blancos el mal de Garabombo se encuentra completamente despojado de matices míticos o fantásticos[9], es más, se halla sólidamente vinculado a un asunto político-estratégico en la lucha por los intereses económicos. No podía ser de otra manera ya que precisamente ellos, los blancos, se encuentran en el origen del mal. Es significativa su absoluta ausencia de asombro o reacción durante el período de invisibilidad. Es que la transparencia de *los más* parece ser un elemento que garantiza el mantenimiento del *status quo*, y por ende, a ellos no les llama la atención este hecho. La enfermedad de Garabombo parece ser un *mal*, tan común para las autoridades, que llegan a afirmar que «En Cerro de Pasco no sucedió nada mientras Garabombo fue invisible» (GEI: 133), la situación de calma estaba garantizada. Esta afirmación es una clave de su visión interesada de la situación, si consideramos que la enfermedad convertía a Garabombo en transparente sólo en situaciones de quejas y reclamos ante las autoridades. Su existencia, en otros momentos era intrascendente, ya que en el contexto de opresión, la rebeldía era el único instante en que un campesino destacaba. Significa, entonces, que la ausencia de crítica o protesta ante los abusos es

---

[9] Recordamos aquí también los términos en que se narra la historia del Niño Remigio. Desde la perspectiva de los principales se describe lacónicamente desde el comienzo cómo para matar el tiempo deciden jugarle una broma al tonto del pueblo *aceptándolo* y tratándolo como uno de ellos. Ante los ojos de los campesinos esta increíble ascensión social va acompañada de transformaciones físicas y naturales: *ven* la conversión en Remigio El Hermoso. La *mirada*, la atención del blanco elimina toda tara –y eran muchas– que Remigio tuviera, pero posee a la vez el poder de devolverlo todo a su estado original en cuestión de segundos.

considerada por los blancos como una situación de calma. La invisibilidad resulta una enfermedad bastante conveniente para aquellos que detentaban el poder[10]. Los problemas se inician recién cuando Garabombo se cura. ¿Qué significa ésto? Tengamos en cuenta que para contestar esta pregunta es fundamental tener en cuenta el extrañamiento entre el mundo de los blancos y los indígenas. Para quien, como Garabombo, la invisibilidad constituía una enfermedad, salir de ella no puede ser más que un beneficio. La curación no significa un problema. Sin embargo, desde la perspectiva de los blancos lo es. Revisando los análisis que las autoridades elaboran, una vez que la magnitud de su derrota ha quedado consumada, encontramos las referencias aclaratorias. El fracaso de los blancos lo constituyen las invasiones de indígenas que, en abierta rebeldía, proceden a recuperar las tierras argumentando que les pertenecían desde mucho antes del despojo de los hacendados. Sólo entonces se ven obligados a enfrentarse a la trascendente función desempeñada por la invisibilidad en la pérdida de sus más preciados intereses. Por otro lado, ¿no eran ellos quienes definían quién era reconocido o visto y quién no? Esta invisibilidad, que se vuelve contra ellos, ha escapado a su control.

La invisibilidad revelada

La escena que vamos a describir resulta de particular relevancia para lo que nos ocupa ahora. Este episodio refuerza nuestra opinión de que la invisibilidad se halla esencialmente vinculada con la discusión del poder, la lucha contra la explotación, la búsqueda de estrategias de resistencia.

Al salir de la prisión Garabombo regresa a su pueblo y busca a sus antiguos compañeros de cárcel. Confía a ciegas en el espíritu combativo de estos hombres, que fueron puestos en libertad a cambio de su propia reclusión. Sin

---

[10] En esta lista de enfermedades *peculiares* se ubican también aquellas de *Redoble por Rancas:* «El Prefecto Figuerola, el Juez Parrales, el Comandante Canchucaja, el agente fiscal Moreyra y los mismos Jefes de Puesto de la Guardia Civil dejaron de mirar ciertas cosas. [...] Don Teodoro Santiago decía que los enfermos tampoco veían los colores; pero una mañana el Prefecto Figuerola mandó detener su automóvil [...] para comprar una hermosa manta ayacuchana. Se descubrió que distinguía los colores. Al *Cerco,* en cambio no lo descubría» (RPR: 179). Cuando el alcalde rebelde Ledesma sugiere adoptar medidas contra la Cerro de Pasco Corporation ésta amenaza con incluir a los participantes en una lista negra; a los concejales entonces «los atacó otra enfermedad: paludismo de dientes» (RPR: 180).

embargo, una sorpresa enorme lo espera; sus compañeros, indios como él, «no lo ven»:

> En los ojos le brillaban la alegría del reencuentro, el recuerdo de los sufrimientos, la vehemencia por franquearse:
> –¡Qué gusto, hermanos! ¡Qué gusto me da este encuentro!
> Pero Jiménez y Cristóbal siguieron descargando, aparentemente sin verlo […]. (GEI: 38)

> –¡Soy Garabombo, Poncianito!
> Pero Jiménez siguió descargando con tanta indiferencia que durante un relámpago Garabombo sospechó que Ponciano no lo veía. ¡*No lo veía*! (GEI: 38)

El terror invade a Garabombo: no sólo sospecha una recaída en su atroz enfermedad sino que, por un instante, cuestiona todo aquello que le había sido revelado en la prisión. De inmediato concluye que tal vez la explicación a su invisibilidad, tan coherentemente explicada por el trotskista, sólo resultaba válida en Lima; después de todo, piensa, eran palabras de un extraño que nunca había pisado Yanahuanca, y tal vez eso se aplicaba únicamente a Lima, tal vez «[…]su enfermedad no residía en su cuerpo sino que era una exhalación del lugar, algo que se respiraba en ese aire enrarecido […]» (GEI: 38). Vuelve a ser el Garabombo limitado en sus aspiraciones por decenios de opresión y fracasos, condenado a aquel mundo, tan bien sintetizado por un hacendado en *El Jinete Insomne* como «Esto no es el Perú. Esto es mi hacienda» (EJI: 73).

Su amigo el boticario y presidente de la comunidad será el encargado de aclararle la razón, mucho más prosaica, de esta ceguera: «¡Qué recaída ni recaída! Jiménez y Ponciano no tienen cara para verte, Garabombo. ¿Sabes que son caporales de la hacienda Chinche?» (GEI: 39).

La escena es sumamente importante ya que, por primera vez, vemos a los mismos indígenas recurriendo al uso estratégico del *no ver a alguien*. Estratégico, en el sentido de convertirse en agentes activos, capaces de *negar* (de *invisibilizar*) la presencia de Garabombo, para así disimular la evidencia de su propia traición. La invisibilidad, anteriormente definida como una enfermedad, una emanación del organismo del invisible, se convierte en una estrategia usada por *el otro*. Quien lo considere necesario, sea por culpa y vergüenza unos, sea por explotación y monopolio del poder otros, puede, entonces, *desaparecer* a un determinado individuo. Aquí nace la concepción de la mirada como estrategia de combate, estrategia que puede ser usada *por cualquiera*. Garabombo ha sido, hasta ese momento, víctima de su invisibilidad, ha sufrido pasivamente un mal sobre el cual creía no tener control o poder alguno. Ha hecho lo posible por combatir, con remedios, lo incurable, hasta que, por primera vez, en la prisión, alguien le abre los ojos y le ofrece una interpretación diferente de este mal. Ese será su primer intento de cuestionar los matices netamente mágicos o míticos de su invisibilidad. Recordemos que el primer diagnóstico asumido fue *el daño*. Es también el primer intento de ubicar su mal dentro de un contexto de explotación, de comprender la evidencia de una realidad sociopolítica desequilibrada y la injusticia del abuso y la explotación que le eran familiares. El hecho de que la explicación no haya quedado realmente plantada en su subconsciente lo demuestra su reacción ante la indiferencia de sus compañeros. Las discusiones en la cárcel han sido educativas, lo han asombrado, ha escuchado por primera vez nuevas propuestas, pero será (prestemos atención al mensaje político de este detalle) solamente una experiencia en su pueblo y con sus compañeros de comunidad lo que le reafirme, sólidamente, la validez de esa interpretación[11]. Su confrontación no sólo es con la traición, producto de la debilidad, de algunos de sus antiguos compañeros, sino también con la evidencia de la muerte de otros. Esto acabará con la inocencia de Garabombo. No sólo comprende la simpleza de sus radicales y definitorias conclusiones sobre el espíritu humano, sino que, ahora que ha tomado consciencia de su condición, aprende que, como desposeído, ha de utilizar lo poco que tiene a su favor. Incluso aquello que, en teoría, constituye la prueba de su incapacidad, o tal vez sobre todo ésto. Un último acontecimiento colocará a Garabombo en la encrucijada que le conducirá finalmente a asumir su destino.

Los hacendados, alarmados por el atrevido levantamiento de Rancas, adoptan una serie de medidas precautorias para evitar su repetición. Entre ellas se cuenta la seducción de los potenciales rebeldes a los que se les ofrece –por las buenas o por las malas– puestos de mando que anulen todo espíritu de rebelión. Víctimas de ello han sido los antiguos compañeros de Garabombo y no tarda en llegarle, también a él, una tentadora oferta de empleo para desempeñarse como primer caporal del hacendado. Abrumado, se retirará a reflexionar ante

---

[11] Recordemos las reflexiones de Genaro Ledesma, el protagonista de *La tumba del relámpago,* al estrellarse contra las interminables disquisiciones de los camaradas comunistas sobre los riesgos de una guerra campesina no encauzada doctrinariamente: «La desgracia de nuestras luchas es que no coinciden con nuestras ideologías. La rabia, el coraje, son de aquí, y las ideas son de allá. ¡Nosotros sólo ponemos la desesperación! […]» (LTDR: 235).

la tumba de quienes murieron buscando la libertad: «¡Ya no hay rebeldes, don Florentino! Por gusto murieron ustedes. No es cierto lo que usted decía que un día Chinche sería libre. Todos los antiguos presos son caporales [...]» (GEI: 55).

Garabombo se encuentra en un momento decisivo en el cual se combinan, no sólo los intereses colectivos por los que lucha, sino también su bienestar y futuro personal y familiar. Debe tomar una decisión. Desfilan ante él los rostros de los rebeldes, el recuerdo de su prisión, los maltratos de la policía, las discusiones de los políticos. Finalmente llega el momento, casi místico, en que se retira cabalgando hacia una cumbre donde medita toda la noche. El amanecer encuentra a un Garabombo que finalmente *ha comprendido*: «En el hielo de esa noche decidió volverse invisible, mejor dicho propagar la herejía de su invisibilidad. ¡Antaño había sido transparente para las autoridades, hoy sería invisible para todos los hombres!» (GEI: 164). El momento de revelación, así narrado, no es más que el clímax de todas las transformaciones y acontecimientos que han ido acumulándose alrededor de Garabombo hasta instalarlo en su nuevo y definitivo rol.

Misión Invisible

La masacre de Rancas (narrada en *Redoble por Rancas*) no sólo había sido perpetrada con el fin de desalojar a los campesinos que habían osado entrar en acción para hacer valer sus derechos, sino también para amedrentar cualquier futuro intento de emulación y atemorizar a cualquier rebelde en ciernes. No contentos con esto los hacendados recurren también a la represión estructural: eliminan los caminos de acceso, cierran las escuelas, redoblan la vigilancia armada y *seducen*, sistemáticamente, a los campesinos identificados como incitadores de las protestas. Este es el escenario que encuentra Garabombo cuando regresa de la prisión. Hay miedo, terror, indecisión, pasividad. Pocos mantienen, aún en secreto, la llama del levantamiento, y la movilización del pueblo parece ya una misión imposible. La valentía para asumir el liderazgo, papel que le había correspondido a Héctor Chacón, parece haberse esfumado ahora que El Nictálope se consume en la temible e inexpugnable colonia penal selvática de El Cepa. Garabombo evalúa la magnitud de la tarea y comprende que precisamente aquello que constituye una debilidad podría erigirse como la única respuesta en esta coyuntura. Si el pueblo ha aceptado su invisibilidad por años, habrá que convencerlos que ese mismo mal puede constituir un arma poderosa en este combate tan desigual. Sin embargo ¿en qué radicaría su transformación si, al fin y al cabo, va a seguir propagando su enfermedad? La gran diferencia será la inversión del poder, el *poder ver*. Ya no será la víctima pasiva, sujeta a lo que defina la mirada indiferente de otros. Ahora, desde su invisibilidad, que pasa a convertirse en un eficiente disfraz, será él quien *mire* a los demás. Será él quien defina y dé contenido a su misión, Garabombo procede a redefinir su enfermedad en sus propios términos.

Serán necesarios intensos momentos de prueba para convencer al pueblo de que la invisibilidad puede ser revertida a favor de la causa colectiva. Garabombo empezará a convertirse en el caudillo invencible (el salto de la invisibilidad a la invencibilidad no resulta muy grande) que habrá de conducirlos al enfrentamiento final. Amparado en su invisibilidad cumplirá su primera misión: retirar los Títulos de Propiedad de la casa del personero. Estos documentos, esenciales para el desempeño de cualquier trámite, se encontraban inmovilizados debido a la estrecha vigilancia de las autoridades campesinas ordenada por los hacendados.

–Entonces, ¿cómo sacaron los títulos?
–Garabombo los sacó. En pleno día, en las barbas de los matones. […] – Garabombo es mejor que hormiga. ¡Es invisible! […] Hace años que se infectó con esa desgracia. Pero ya no es una desgracia: es una ventaja. (GEI: 79)

El primer capítulo de la novela, titulado «Del lugar y la hora en que los incrédulos chinchinos comprobaron que Garabombo era transparente», describe la osada incursión del héroe al cuartel de la guardia de asalto en la Plaza de Armas de Yanahuanca, a plena luz del día y ante la presencia de la guarnición entera. Los chinchinos contemplan angustiados cada uno de los movimientos del Invisible que desafía a custodios ametralladora en ristre, a oficiales e incluso al comandante Bodenaco[12] en persona, todos ellos incapaces de *verlo* mientras cumple su objetivo: robar los planes de combate de la guardia de asalto y la lista de nombres de los delatores. Garabombo no limita su actividad a estas misiones, facilitadas por su invisibilidad, sino que procede también a recorrer

---

[12] El comandante de la Guardia Civil Guillermo Bodenaco es el conductor de las tropas de asalto que perpetran la masacre en *Redoble por Rancas*. Era un hombre temible que había participado en cuantos desalojos de campesinos se dieron durante el sexenio del Presidente Prado. Desempeñó un rol principal en la violenta represión y eliminación de cientos de campesinos.

toda la provincia convenciendo, con suma paciencia, a todos los comuneros de la necesidad de una nueva rebelión:

> Blindado por su invisibilidad Garabombo penetró a las haciendas. Sólo un hombre de cristal podía eludir los vigiladísimos portones de Chinche, Uchumarca y Pacoyán. ¡Vigilancia inútil! [...] recorrió las estancias casi siempre separadas por kilómetros de estepa solitaria donde de no ser transparente el bulto de su cuerpo lo hubiera delatado. (GEI: 84)

Su invisibilidad, cuya utilidad queda comprobada en la superación de obstáculos materiales, comienza a convertirse en un argumento sólido para contrarrestar el terror que las brutalidades de la política represiva de los hacendados había sembrado entre los campesinos: «Aterrados por la presencia de un varón ansiado por los calabozos, muchos simplemente escapaban de su mera presencia, pero otros concluían que con un varón invisible nada arriesgaban» (GEI: 84).

El poder de su invisibilidad, que lentamente empieza a filtrar la posibilidad de la rebeldía, resulta suficiente para convencer a la mayoría reticente. Por otro lado, a nivel organizativo, los delegados de las diversas comunidades han comprendido el absurdo de presentar más quejas; si bien fantasean con la idea de recuperar aquello que les pertenece no pueden evitar un tono de desconsuelo ante la superioridad represiva de los hacendados. Bajo el liderazgo de Garabombo, sin embargo, la sublevación empieza a cobrar vida y las comunidades van, una a una, alineándose del lado de El Invisible:

> –Si Garabombo dirige la sublevación –murmuró Epifanio Quintana-. Tingo acepta.
> –Si el Invisible reúne a los pueblos, Huachos acepta –dijo el reposado Benjamín López.
> –¡Pomayaros respalda con la condición de que el Invisible comande! ¡Sólo así estaremos seguros! (GEI: 80)

Cuando el Garabombo visible se reveló incapaz de adecuarse y reaccionar como la costumbre establecida por los hacendados lo imponía, era todavía un elemento controlable porque se movía dentro de las reglas de juego previstas por el sistema opresivo: era la excepción, ubicable, que confirmaba la pasividad del resto. Su desafío era inaceptable pero no por eso impredecible. Pero cuando toma consciencia de que él mismo puede desempeñar un papel y asumir iniciativas se convierte en un rival de dimensiones inconmensurables, un riesgo absolutamente difícil de controlar. Su enfermedad, la invisibilidad, no era más que una garantía de la buena salud del *status quo*, una comprobación de que el orden se mantenía estable: una minoría sostenida en el poder por la productividad de sus posesiones conseguida con mano de obra barata. La desposesión, miseria o abusos sufridos por los campesinos resultaban intrascendentes ya que sus necesidades, como sus personas mismas, no jugaban rol alguno en la ecuación del poder. A esta conclusión llegarán precisamente los hacendados, guardias y autoridades, en sus continuas discusiones surgidas con posterioridad a la insurrección. Una vez que toman consciencia, de manera brusca, de la trascendencia de la invisibilidad de Garabombo, se arrojan la responsabilidad unos a otros. Este es el diálogo entre Espiridón Atala, sargento de la Guardia Civil, don Herón de los Ríos, el alcalde, y el Subprefecto Arquímedes Valerio:

> Las haciendas se perdieron porque ese concha de su madre de Garabombo era invisible.
> –¡Al contrario, Espiridón! –protesta el modoso don Herón de los Ríos– Las haciendas fracasaron porque Garabombo era visible [...]. En Cerro de Pasco no sucedió nada mientras Garabombo fue invisible. Los problemas se presentaron cuando se curó. De eso tiene la culpa don Arquímedes Valerio. [...] Nunca debió tolerar que Garabombo se volviera invisible.
> El Subprefecto Valerio golpea el mostrador [...]. En mi despacho Garabombo no se volvió invisible. Mientras yo fui autoridad nadie se volvió transparente. (GEI: 132-133)

A tal extremo llega este afán de negar, hasta el final, el éxito estratégico de un indio, que el Subprefecto, ante los periodistas que llegan después de la masacre del 3 de marzo, afirmará que Garabombo no existió[13]. Mientras les

---

[13] En la novela, el 3 de marzo de 1962 la tropa desaloja violentamente a los comuneros dirigidos por Garabombo que habían ocupado las haciendas de Chinche, Uchumarca y Pacoyán (GEI: 223). La observación del Subprefecto sobre la presencia de periodistas alude a la conmoción causada –en la vida real– por esta intervención policial, en la cual murieron 27 comuneros y otros muchos resultaron heridos y encarcelados. Todo el departamento de Pasco decretó duelo general y los gremios se paralizaron exigiendo la retirada de la policía. En Lima hubo manifestaciones de protesta y condena. La prensa brindó amplia cobertura a estos acontecimientos, publicando incluso fotos de los campesinos-licenciados del ejército armados de hondas, escopetas y piedras que desafiaban a la policía. Un testimonio directo lo proporcionó el Presidente de la Comunidad de Chinche que burlando el bloqueo policial llegó caminando a Lima a denunciar los hechos. Este campesino, Fermín Espinoza Borja, es el Garabombo de la novela de Scorza (Kapsoli 1975: 101-102).

muestra el Libro de Cargos sostiene: «En ninguna página figura Garabombo. Eso es un cuento. ¡Garabombo nunca existió!» (GEI: 133). La pretensión de negar la existencia de otro mediante el poder de la mirada no constituye más que una manifestación de las gradaciones que puede llegar a adoptar el desprecio por ese otro; el extremo consiste en intentar –activamente– hacerlo desaparecer, eliminarlo físicamente. La afirmación del Subprefecto adquiere tonos macabros cuando leemos, a lo largo de la novela, cómo un asesino a sueldo, contratado por el Juez, le sigue los pasos al Invisible hasta eliminarlo. Es probable entonces que al llegar los periodistas Garabombo efectivamente haya *desaparecido*. Esta pretensión parece carecer de toda lógica, ya que los resultados de la descomunal empresa emprendida por el héroe, propagados a nivel nacional, son la prueba más irrefutable de su paso por la historia. Las haciendas se han perdido, lo reconocen los propietarios mismos; esa sola afirmación clama a gritos la participación del líder invisible. ¿Por qué seguir negando su existencia? Tal vez porque las autoridades empiezan a percibir que Garabombo ha desempeñado una función trascendental y ha sembrado ideas, consciente de la cercanía de su muerte. Su desaparición física –craso error cometido por sus enemigos– ha puesto en movimiento el mecanismo de consagración del mensaje que él encarnó; su muerte lo ha catapultado al mundo de los símbolos, de las imágenes. Beatriz Alem[14] ha estudiado la estrecha relación entre la imagen y la palabra en el proceso de trasmisión del mensaje político y plantea la posibilidad de trascender las limitaciones que este nexo presenta, indagando otras posibilidades descubiertas por el mensaje político para irrumpir en la acción. Alem parte del planteamiento de Regis Debray, quien sostiene que el instante del nacimiento de la imagen se da a partir de la muerte. Una vez que el cuerpo se ausenta definitivamente (muere), su presencia continúa a través de la imagen. El espacio tradicional de lo político es el mundo visible, público, donde las palabras y el discurso constituyen el arte de la persuasión. Aunque la imagen que representa un cuerpo (ausente) se sitúe en el mundo invisible –por definición no público– ello no quiere decir que pierda la posibilidad de provocar reacciones en la sociedad. Afirmar la vigencia de una *ausencia* en el mundo, en principio constituido

---

[14] Respecto al estudio de la imagen y la palabra en la transimisón de un mensaje en el terreno político, Beatriz Alem en «La voz de los espectros» y en «Del grito en la pared al fantasma audiovisual» estudia dos imágenes *ausentes* de la política argentina pero sin embargo imposibles de silenciar, y por lo tanto continuamente presentes y políticamente activas: la imagen de Eva Perón y la de los desaparecidos.

sobre todo por *presencias*, es romper el nexo imagen-palabra. Es más, no sólo cabe hablar de vigencia: la política no logra prescindir de las imágenes para motivar adhesiones o rechazos. Las imágenes resultan de gran peligrosidad, debido a que se encuentran fuera de la esfera pública de la *polis,* donde la lucha política debería ser fundamentalmente argumentativa. La imagen se ubica fuera de la dicotomía verdadero o falso, fuera de la posibilidad de la refutación; se instala más bien en la esfera de las creencias[15], en la intersección entre lo político y lo religioso. Fuera de todo tiempo y liberados del corset de lo profano, estos *cuerpos* se ubican en una incontrolable lógica de presencia-ausencia (Debray 1992), e ingresan de esa manera al escenario político. Allí cumplen aquella «misión que tienen los espectros» (Alem 1998: en línea): poner orden y reclamar justicia con una autoridad que ningún ser vivo consigue igualar. Garabombo adquiere así una vitalidad histórica (en el sentido de su constante contemporaneidad en el debate sobre la opresión), absolutamente fuera de control, ya que su imagen se encargará de evocar constantemente[16] su llamado a la sublevación. Instalado, esta vez, en esa forma de invisibilidad, resultará inmune a las balas de cualquier asesino a sueldo.

La inconcebible osadía del Invisible

Es necesario distinguir entre la invisibilidad causada por la no-mirada de los hacendados y la invisibilidad voluntaria que Garabombo escoge como estrategia de lucha y que lo convierte en transparente ante los ojos de los poderosos, ocultando su verdadera naturaleza y capacidades. Sobre la primera señalamos que guarda una estrecha vinculación con la protección de los intereses de los hacendados. Analizaremos ahora la segunda transparencia. Cuando

---

[15] Manuel Scorza señala en el Epílogo a *Redoble por Rancas* «Indiferente a la voluntad del autor, la realidad de la que nacieron estas novelas sigue (y acaso seguirá) escribiendo capítulos que nunca figuraron en "La Guerra Silenciosa"». Alude con ello a la amnistía del Nictálope como resultado del impacto de la primera novela (1971); al secuestro y ejecución de la malvada esposa del Juez Montenegro por combatientes de Sendero Luminoso (1983) o al reclamo de la comunidad de Tusi que sostenía poseer los ponchos mágicos tejidos por la imaginaria ciega Añada de *La tumba del relámpago* (1982).

[16] Alem, al analizar la célebre frase «volveré y seré millones» de Eva Perón, afirma que se anuncia así un permanente regreso, «[...] pero no en la idea en que regresan los mortales, sino en esta idea de líderes religiosos que no sólo generan veneración sino que modelan comportamientos que se espera se multipliquen» (Alem 1998: en línea).

Garabombo descubre que los hacendados no lo ven porque «no quieren verlo» (GEI: 163) lo único que ha hecho ha sido descubrir el enigma de su enfermedad; esta revelación le devuelve también la existencia, y con ella, la posibilidad de entrar en acción. Pero ¿qué es aquello que lo convierte en *realmente* invisible para los blancos?

Garabombo se oculta tras la imagen estereotipada de *no existente* con la que los hacendados lo califican. Su no-existencia, como ya vimos, obedecía a una cuidadosa y selectiva percepción de los blancos, porque parece ilógico negarles existencia física a aquellos que constituyen el motor que pone en movimiento la infraestructura de la riqueza. Lo que no veían eran las quejas y las protestas; la miseria hacía mucho que les era indiferente. Esta selectiva percepción, nacida del interés pero también de una concepción del indígena como semihumano, será el arma que usará Garabombo. ¿Por cuánto tiempo se les puede reducir a otros seres humanos sus capacidades fundamentales? ¿Por cuánto tiempo se puede vivir en la fantasía de que la comunidad de indígenas no es capaz de emprender nada? La esencia de la invisibilidad que Garabombo usa como arma radica en su aprovechamiento del mito sobre la incapacidad de los indios, sobre su mentada inutilidad e incapacidad, su ausencia de valor, de osadía. Era tal el poder de los hacendados y tan largo el tiempo que habían regido impunemente, que habían perdido la posibilidad de imaginarse que a un indio se le ocurriera violar las amenazas y prohibiciones, que fuera capaz de tramar, que tomara iniciativas, que derrochara ingenio, que se organizara. Garabombo hace todo ello y lo hace abiertamente; allí radica su invisibilidad, en su atrevida explotación de esa incapacidad blanca de concebir otro levantamiento indígena tras una represión tan severa y sangrienta como la de Rancas. El indio rebelde no existe, y reconocerle existencia equivale a romper la dinámica unilateral de *la mirada*: sólo existe la posibilidad de una sola mirada que concede, que otorga la existencia a otros, tan miserables que ni siquiera su evidencia física les garantiza el ser. Los hacendados monopolizaban la mirada que *reconocía*, que otorgaba contenido, y ahora esa misma mirada se convierte en un velo que les oculta lo que realmente está sucediendo, que los ciega al mundo real. Los hacendados siguen *no viendo*, despreciando e ignorando, sin saber que ese desprecio constituye ahora su talón de aquiles y que, a la larga, los conducirá a la derrota. Los indios habían empezado a *ser*, a ver, se habían adueñado de su propio futuro. Al tomar consciencia de su personalidad, las comunidades planean, sueñan y se preparan, y todo esto va más allá de lo que la mente del hacendado puede concebir; su criterio ancestral de que los indios no llegaban a ser personas será su perdición[17].

Garabombo, plenamente consciente del uso de su invisibilidad como estrategia, no se limita a utilizar el mito de su transparencia entre los campesinos para conducirlos a la lucha, sino que también divulga hábilmente, disfrazada como promesa, la ecuación segun la cual la visibilidad equivale a valor y valentía. De esa manera se adelanta al momento, inevitable, en que la confrontación exija su visibilidad; para entonces los indios no interpretarán este hecho como un revés, sino que funcionará, al contrario, como la contraseña esperada y prevista de que el gran momento de luchar ha llegado.

> ¡Lo veían! ¡Garabombo cumplía su promesa: era visible! ¡Nadie los derrotaría! Se verificaban las promesas: «Ni herbolarios ni brujos me curarán. El día que ustedes sean valientes me curaré. ¡El día que comande la caballería comunera!». Una certidumbre más poderosa que los roquedales los irguió. (GEI: 195)

En realidad la promesa de curación de la que habla Garabombo (si bien ya él era consciente de que no se trataba de una enfermedad) es una elaboración basada en su propia situación, que a su vez le era familiar a la comunidad. Plantea su caso como un ejemplo, como un precedente, y este detalle revela sus dotes de visionario: él sabe que está sembrando así la semilla de la rebelión. Si él pudo ser curado por la valentía de sus compañeros, ¿por qué no concluir entonces que es tal la fuerza de la comunidad que es capaz de *liberar* a cualquiera de ellos haciéndolos visibles, que luchando juntos se pueden hacer ver, oír, escuchar, sentir, que pueden existir y ser?

La afirmación «se verificaban las promesas» también posee importancia estratégica. La magnitud con que es descrita alude al futuro, a lo que viene, a la revelación de que sólo la propia fuerza, la propia determinación, fruto de la valentía y la decisión, guiará al pueblo en cualquier conquista. Se trata de una

---

[17] Los propietarios y las autoridades sufren más de un revés, además de la pérdida de las haciendas. Es penoso el momento en que deben bajar de sus pedestales y humillarse a reconocer el genio estratégico de Garabombo: «–¡Te felicito, Garabombo! –exclamó el Subprefecto con voz dolida–. ¡Buena me la hiciste con tu escuela! Garabombo sonrió con timidez» (GEI: 195). Este hecho alude a la ingeniosa manera en que Garabombo supera la prohibición de reuniones públicas para seguir organizando la sublevación. El pueblo se compromete a construir una escuela, que cada vez que está lista es misteriosamente incendiada –hasta tres veces– brindándoles así a los campesinos la ocasión de seguir reuniéndose para planificar el ataque.

empresa colectiva, de la certeza de que el momento de las transformaciones sólo llegará por vía de los mismos campesinos que se encargarán de construirlo.

«¡Garabombo cumplía su promesa: era visible! ¡Nadie los derrotaría!» (GEI: 195). No se alude aquí a una supuesta conversión en invencibles o inmortales. Sin embargo, la afirmación no podría ser más cierta, y efectivamente nadie podría quitarles lo que acababan de conquistar: a sí mismos, la consciencia de su ser, su existencia, su valía, su derecho a ser y existir. Las dimensiones de la conquista se miden en relación a las dimensiones de la pérdida. Ni siquiera la muerte podría arrebatarles lo recuperado[18]. En ese sentido Garabombo, como Chacón El Nictálope, «aquél que ve en la oscuridad», es capaz de vislumbrar las consecuencias que la permanencia de la mirada que elimina puede producir en la masa de campesinos. La invisibilidad activada por el desprecio de los hacendados no sólo refuerza el desequilibrio de poder sino que va causando estragos en la manera en que los indígenas se perciben a sí mismos. Esa imagen, además, se va repitiendo a lo largo de décadas y generaciones. El terror que paraliza a los indígenas se sustenta no sólo en la consecuente brutalidad con que los tratan los poderosos sino también en la convicción de su inferioridad, alimentada por esa constante *no-mirada* de los principales, que les reafirma una y otra vez que su existencia es tan minúscula que ya casi han llegado a ser físicamente transparentes. Es la comprobación del arraigo de este mal, incluso entre sus propios lugartenientes, lo que despierta la ira de Garabombo. Por ejemplo, comprueba la facilidad con que cualquier obstáculo da paso al miedo irracional:

> Garabombo, ¿no nos habremos equivocado? Quizá nuestro destino es ser esclavos.
> —Si tenemos miedo siempre seremos esclavos, Bernardo.
> […] Bustillos se secó las lágrimas. —Perdóname, Garabombo. Me acometió la pena». (GEI: 72)

---

[18] Este razonamiento parece animar al subcomandante Marcos, *invisible* postmoderno, cuando escribe: «Hermanos […]. No somos ya más los innombrables. Nombre tenemos nosotros, los olvidados […]. Tenemos ya un lugar en el corazón de nuestros hermanos, ustedes, y un rincón pequeño en la historia que realmente cuenta: la que se lucha. Teniendo ya nombre colectivo, descubrimos que la muerte se encoje y nos queda chica… Nombre tenemos. Ya no moriremos. Bailemos. Ya no moriremos. Nombrados somos. ¡Salud hermanos! ¡Muera la muerte! […]» (Marcos 1995b: en línea).

Similar efecto tiene la inesperada prohibición de las reuniones comunales en el momento preciso en que ellos se encontraban preparando el ataque. El derrotismo encuentra un fecundo terreno de cultivo en el ánimo de los campesinos, dispuestos a abandonarlo todo:

>   –¿Y ahora? –preguntó De la Rosa. Por su cara aniñada cruzaba el desaliento.
>   –No se puede –suspiró Quintana-. ¡Los hacendados son demasiado poderosos! ¡Perro chico no pelea con perro grande! Garabombo levantó su rabiosa estatura.
>   –¡Nunca digas eso, Epifanio! Aunque seas mi compadre nunca repitas las palabras de ese maldito personero. (GEI: 166)

El gran peligro que Garabombo percibe en la internalización de la invisibilidad entre sus compañeros es que en determinado momento abandonen definitivamente toda forma de resistencia y terminen resignándose a concebirse en los mismos términos que los hacendados; entonces la batalla por la liberación sería aún más dura, ya que el enemigo se *encontrará adentro*. La derrota habrá llegado antes de librar la batalla, ya que como afirma Galeano «el esclavo habrá empezado a mirarse a sí mismo con los ojos del amo» (Galeano 1999). La lucha de Garabombo contra la opresión está lejos de limitarse al enfrentamiento material de dos contendientes. Él asume también el combate de los efectos de la opresión: el miedo, el desaliento, la inseguridad, la desconfianza, todos ellos destructivos para la autoimagen de los contingentes rebeldes. Esta fase de su lucha contra la injusticia se libra en otro terreno: el del mundo campesino. En este sentido su universo se ha ampliado, al comprender que no sólo se trata de eliminar al opresor principal sino a toda la infraestructura de poder creada por él, uno de cuyos pilares es la actitud de los mismos indígenas.

La invisibilidad, arma del poder

Despojada la invisibilidad de sus ribetes fantásticos para situarla en el terreno de la lucha por el poder, descubriremos que Garabombo no es, sin embargo, el único que utiliza este recurso. Aquellos interesados en mantener la situación de explotación también desarrollan estrategias propias. El ejercicio de la negación del contrario resulta una extensión del monopolio del poder. Las estrategias a las que recurre el Juez Montenegro (el hacendado propietario de Huarautambo) en su afán de reforzar su posición constituyen un interesante material de análisis.

La invisibilidad del Juez no es consecuencia de la negación o la indiferencia[19], es más bien un estudiado velo de confusión que inicialmente pretende desdibujar ciertos aspectos de su naturaleza pero que en última instancia aspira a colocarlo por encima de lo mundano. Para alguien como Montenegro, que prácticamente lo posee y domina todo, lo único que aún constituye un riesgo y lo convierte en vulnerable es su condición de ser humano. La simplicidad de ser un hombre de carne y hueso lo obliga a reconocer la constante amenaza[20] y diseñar una sólida infraestructura para su protección –que jamás descuida– garantizada por sus *compadres* y demás allegados. La masa de indígenas y los otros poderosos sobre los que reina se mantienen controlados por el terror y la ignorancia de sus propias posibilidades. Montenegro es plenamente consciente de las dimensiones del abuso y los excesos en que se sustenta su posición; se sabe temido y respetado pero también profundamente odiado y envidiado. Aquello que constituye su poderío –posesión de tierras y ganado, trabajo barato, sirvientes, mujeres, autoridades corruptas– ha sido conquistado a costa no sólo de los intereses, sino de la eliminación de la humanidad de la masa indígena. Y si bien es verdad que en su trato deja ver que no considera a los indios como seres humanos completos, sabe que bastaría una sola reacción exaltada dirigida contra su flanco débil (su condición de mortal) para acabar con todo. De esta

---

[19] Esta invisibilidad/indiferencia es más bien la que él manipula para mantener constantemente atemorizados a sus allegados. La magnitud del poder del Juez se manifiesta, entre otros, en la existencia de estrictos rituales que deben ser religiosamente observados por aquellos que lo frecuentan. La colectividad vive aterrorizada ante la posibilidad de incurrir en equivocaciones o malentendidos que ofendan la sensibilidad del todopoderoso Juez. Si pese a todo se incurriera en una falta sólo queda esperar la escena en que el *agresor* será públicamente abofeteado y luego el largo proceso de *espera* al que será sometido hasta que el Juez decida perdonarlo: «Desde el momento en que sus manos designan a alguien, el elegido de sus dedos puede intentar todos los sombrerazos: para el doctor es invisible. Más que el castigo atemoriza el perdón» (RPR: 31). Esta falsa indiferencia sólo constituye una fase intermedia durante la cual el Juez somete a la víctima a todas las humillaciones posibles que ésta, a su vez, se mostrará dispuesta a padecer a fin de alcanzar el perdón. Esta farsa sólo cabe interpretarse como un ritual destinado a reforzar, de vez en cuando, la única posición que le corresponde a los allegados del Juez: la sumisión. Ena Lucía Portela describe acertadamente esta estudiada indiferencia en *El viejo, el asesino y yo*: «[...] no mirar es mirar [...] la persona que te ignora puede hacerlo porque sabe justamente dónde estás a cada instante» (Portela: 16).

[20] En *Redoble por Rancas* el temor del Juez ante la osadía del Nictálope es tal que decide eliminarlo: «El día en que el doctor Montenegro se enteró [...] que la mano de Héctor Chacón padecía sed de su garganta y su palidez remontó las cordilleras escoltado por caporales y guardias civiles pensó, antes que nada, en el gusto que le daría acariciar las dos orejas del Nictálope» (RPR: 161).

aprehensión nace su afán de sugerir y divulgar una imagen suya de superhombre invencible, para así reforzar aún más un poder que hasta ahora sólo descansa en la fuerza bruta de sus caporales, armas y militares. Mediante la fuerza domina las voluntades y las vidas, pero eso no impide que aspire a apropiarse también de la imaginación de sus subordinados. Las dimensiones del relato sobre la invulnerabilidad del Juez Montenegro empiezan siendo divulgadas por sus alcahuetes, pero él mismo demuestra poseer una gran capacidad para aprovechar cualquier circunstancia y tornarla en su favor. Durante uno de sus paseos, el caballo espantado por una avispa arroja estrepitosamente al Juez. La noticia se divulga de inmediato a través de los arrieros. La conmoción refleja la magnitud del odio que el pueblo profesaba a Montenegro: «Los comerciantes cerraron las tiendas. Se interrumpieron las clases, se vaciaron las cantinas, se despoblaron las oficinas públicas: Yanahuanca se disparó al camino para comprobar la pavorosa, la deseable noticia» (EJI: 101).

Sin embargo, por una casualidad, el Juez sale ileso de esta caída. Este incidente le brindará la oportunidad que esperaba para diseminar la leyenda de su fuerza: «Doctorcito –dijo el falsario Herón– qué susto hemos padecido. Amigo de los Ríos –contestó la estatua–, ¡Yo tengo huesos de marfil!» (EJI: 101).

A partir de este momento, el rumor, ahora confirmado por el propio Juez, recorre con intensidad los caseríos. Hábilmente instigados por el Juez los alcahuetes proceden a reforzar la conexión entre la fortaleza del Juez y la imposibilidad de toda resistencia, destacando las dimensiones sobrehumanas que tendría que adquirir cualquier intento de rebelión para vencer a un contrincante de estas características.

> Los escasísimos humanos que soñaban en una rebelión contra el hombre-de-los-huesos-invulnerables se desmoronaron. ¿Qué sentido tendría el atentado? Ni puñales ni balazos perforarían su piel. Y aunque algún hombre alcanzara lo que ni el Nictálope logró: disparar contra el juez, sólo desperdiciaría sus balas y sus años en la cárcel. (EJI: 102)

Podríamos suponer que Montenegro, dada su singular visión del mundo, dirige esta ofensiva sobre todo contra aquéllos a quienes su mentalidad prejuiciosa concibe profundamente influenciables y fáciles de convencer. Pero por estar en juego el reforzamiento de su poder, el Juez hace gala de una amplitud de criterio hasta ahora desconocida. Su estrategia de *invisibilidad* se dirige no sólo a los indígenas, sino también a las demás autoridades, aquellos que, según su discriminatoria concepción del mundo, pertenecen a su propia élite y que, por lo tanto, tendrían que ser inmunes a estos argumentos.

> Al destapar la quincuagésima botella el profesor Cisneros exhaló un gangoso «¡Qué bueno estuvo eso de decirles, doctor, que usted tiene un esqueleto de marfil!». El doctor se limitó a un gélido: «¿Usted me ha visto los huesos? –No, doctorcito. –¿Entonces?». (EJI: 101-102)

Montenegro actúa inspirado por la desconfianza, actitud que cultiva y que lo mantiene siempre alerta en la custodia de sus intereses. En ese sentido, al no conocer exactamente la magnitud de la oposición, sembrar una idea de lo sobrenatural que frustre todo proyecto de resistencia le reporta beneficios, tanto si arraiga entre los indígenas o en cualquier otro grupo que lo amenace. El poder de semejante afirmación (su invulnerabilidad) radica en su acérrimo dogmatismo, en la eliminación de todo asomo de duda, ya que en este caso las excepciones sólo consiguen debilitar su imagen en la medida que lo humanizan. Montenegro aspira a consagrarse como el tirano absoluto incluso entre sus entrañables aliados, al fin y al cabo todopoderoso. El tipo de invisibilidad significa, en el caso del Juez, inaccesibilidad, una característica del poder absoluto. Quien quiera asumir un control total debe conocer al detalle todo lo que sucede a su alrededor y al mismo tiempo debe guardar las distancias con sus subordinados, los cuales deben ignorar lo máximo posible sobre él. En términos similares se describe la interpretación que Herodoto da sobre el poder absoluto, que le concede a Gyges su condición de *voyeur*/invisible:

> Herodotus's account of Gyges's rise to power emphasizes reversals of visibility and invisibility. Neither a ruler nor his queen must be seen. A tyrant maintains power by using his *nomos* against being seen to punish enemies who «see», and so ensuring that he himself be invisible when it is prudent to be so. (Shell 1978: 17)

La cita pone de manifiesto el enfrentamiento que surge entre aquél que lo ve todo y aquéllos que se atreven a *ver*. Este atrevimiento alude a la contemplación directa de lo inaccesible, con las consecuencias que ello podría ocasionar: surgimiento de dudas, cuestionamiento, desmitificación y rebeldía, actitudes que pueden comprobarse tanto en el Nictálope como en Garabombo. Este último empieza descubriéndose a sí mismo para luego instruir a su comunidad en la conducta irreverente que desafía el control absoluto. Montenegro ha descubierto las ventajas que le reporta la inaccesibilidad: por un lado si la masa dominada se sabe constantemente controlada, su pasividad queda asegurada; por otro lado, mientras más ignoren sobre él, más fecundos resultarán sus esfuerzos de adjudicarse características sobrehumanas[21]. El objetivo de Montenegro es distanciarse de los demás, ya que si se mantuvieran en contacto pronto confirmarían que el Juez es tan humano como ellos. Otra ventaja es que surgen interrogantes sobre las fronteras que el Juez realmente puede trasponer. La gente primero duda si será posible, para después –con la ayuda del Juez y sus secuaces– empezar a convencerse de que tal vez sea en efecto invencible. A lo largo de las novelas comprobamos el éxito alcanzado por su estrategia: los indígenas parecen haberlo consagrado como *invisible*, intocable y sobrehumano. Así lo confirma el desconcierto que los invade, durante el enfrentamiento final, cuando, pese a encontrarse ya en rebelión abierta, asisten a la *humanización* del Juez:

> El juez palideció. Y algo cedió en ese instante en su pecho porque una lágrima le brilló en el ojo. La lágrima titiló en su pestaña, rodó por el pómulo. Un ventarrón la sopló hacia la laguna. Y cuando esa lágrima, la única que el juez Montenegro derramaría en el mundo, la tocó, el agua se erizó. (CDAR: 228)

> El aire arrebató el sombrero del doctor Montenegro. Nadie nunca lo había visto sin sombrero. Asombrados contemplaron su cabeza cana y comprendieron que el tiempo nunca en verdad se había detenido. ¡Los ríos corrían y el doctor Montenegro envejecía! (CDAR: 229)

> Y ocurrió algo que ningún humano podía concebir: doña Pepita Montenegro comenzó a sollozar. Pareció primero que reía, luego que hipaba, pero pronto fue

---

[21] Foucault aborda también el poder que encierra la dicotomía de ver y ser visto al referirse a la sociedad de vigilancia y sus dispositivos disciplinarios. El Panóptico como modelo de prisión ideal se sustenta precisamente en el principio de que los individuos allí recluidos experimentan una vigilancia permanente –están condenados a la visibilidad–, al mismo tiempo que ellos no tienen la menor idea de quién vigila, quién articula esa mirada: «Una construcción en forma de anillo en la periferia, con una torre central con anchas ventanas que se abren en la cara interior del anillo; la construcción periférica está dividida en celdas, cada una de las cuales atraviesa toda la anchura de la construcción. Tiene dos ventanas, una que da al interior y otra al exterior, de tal manera que la luz atraviesa la celda de una parte a otra. Un vigilante en lo alto de la torre central, por el efecto de la contraluz, puede percibir cualquier movimiento de aquél que se encuentre en la celda. Cada prisionero es perfectamente individualizado y constantemente visible, mientras que, desde la celda, el reo no puede observar quién lo observa desde la torre (si es que lo observa alguien)» (Foucault 1976: 203).

inocultable: lloraba. [...] Los ancianos se emocionaron. Polidoro Leandro se sacó el sombrero. Bernardo Chacón y Sebastián Albino se descubrieron. (CDAR: 225)

El paralelismo entre los acontecimientos, entre la evidencia de la humanidad de Montenegro y el final de la *paralización* de la naturaleza y del tiempo evidencian el encadenamiento que ambos fenómenos guardan entre sí. En el momento que el Juez vuelve a adquirir sus dimensiones humanas cae el velo deslumbrante de su poderío, un poder que también se extendía sobre la naturaleza impidiendo «verla» en su estado original: «[...] comprendieron que el tiempo nunca en verdad se había detenido. ¡Los ríos corrían [...]» (CDAR: 229). En este sentido podemos decir que el tiempo del mito se va tornando en tiempo del levantamiento campesino: tiempo de la Historia. A lo largo de las tres primeras novelas asistimos a la paralización de los ríos, de los cielos, a la alteración del tiempo. En *Cantar de Agapito Robles* el personero reflexiona:

[...] en el mundo los ríos corren, las nubes atraviesan el cielo, la lluvia cae, el tiempo fluye. En nuestra provincia todo está detenido por culpa de nuestra cobardía. El día que aceptamos que el doctor Montenegro acortara los meses para acercar las fiestas, el tiempo enfermó. Y cuando el juez cambió el calendario a su capricho, enloqueció. Esta atrocidad sólo acabará el día que acabemos con su tiranía. (CDAR: 112)

Dentro de las fronteras de lo mítico se conciben este tipo de alteraciones del tiempo y de la naturaleza, lo que ha llevado a la crítica a sostener que las novelas de Scorza evolucionan del tiempo del mito y la leyenda al tiempo de la historia[22]. Ahora bien, no coincidimos con la afirmación de que eso necesariamente vaya en detrimento de la utopía andina (ya que se sostiene que la primitiva concepción del mundo de los andinos es mítica); nos encontramos, más bien, ante la evolución de condiciones *objetivas* en la lucha por el poder. Si superar el tiempo del mito significara la derrota de la mentalidad india, los beneficiarios resultarían los hacendados, los blancos a quienes les correspondería el tiempo de la historia. Salir del tiempo mítico, sin embargo, como hemos visto en nuestra lectura, perjudica también a Montenegro cuyas estrategias se ven más bien magnificadas en la fase mítica.

---

[22] En este sentido, véase Kokotovic 1999, Wilson Osorio 2001 y Sentís Maté & González Soto 1998.

Si bien la osadía de Garabombo radica en el salto de inexistente a adalid, Montenegro no se queda atrás en sus afanes de consolidación de poder. Para él, ubicarse dentro de las fronteras del mito viene a ser un descubrimiento que le garantizará inaccesibilidad. Teniéndolo todo, en sentido material, con su sed de poder aspira a superar incluso su estado natural. Como a todo ser mortal, sus debilidades corporales le suponen fronteras que audazmente intenta traspasar. Para entender mejor la magnitud de su aspiración hay que apreciarla teniendo como telón de fondo el caso histórico de los monarcas. Ernst Kantorowicz ha analizado el «doble cuerpo del rey» en su interesante ensayo teórico de definición de un ser humano en términos de eternidad[23]. Los reyes, dada la magnitud de sus poderes, se veían confrontados con la enorme limitación que constituía su cuerpo mortal, físico: reinos enteros dependían de la habilidad política de sus élites gobernantes para definir en términos contundentes y convincentes el poder centrado en el monarca. En este contexto surge la ficción del doble cuerpo del rey, una suerte de metáfora corporal del monarca que sostenía que éste se encontraba conformado por un cuerpo natural, físico y mortal, y por otro cuerpo místico, no sujeto a la enfermedad o a la muerte. La continuidad dinástica se sustentaba en esta figura representativa de la inmortalidad. De esa manera, una vez ocurrida la inevitable muerte física del rey, el cuerpo eterno del poder sobrevivía y continuaba en su sucesor. Kantorowicz insiste en el hecho de que esta doctrina se basa en *la ficción* de un cuerpo ubicado en la dimensión de la inmortalidad. Montenegro, el moderno aspirante andino a monarca, se debate entonces ante la doble amenaza que también enfrentaban los monarcas renacentistas: el riesgo de perder su *corona*, *equivalente* al poder, y el riesgo de perder la vida física. Pero la ficción a la que alude *The King's Two Bodies* nace precisamente de la necesidad de preservar la más valiosa de las *vidas*, la de la corona, a sabiendas de que si se vincula la existencia del reino a la vida física, la llegada irremediable de la muerte del cuerpo significará también el final

---

[23] *The King's Two Bodies*, el libro de Kantorowicz, describe minuciosamente la transformación paulatina, de la cual Inglaterra fue pionera, que llevó a la identificación entre el monarca y el Estado. El estudio, basado en fuentes históricas y jurídicas, parte desde la Edad Media para ir analizando los medios de los que se valieron ciertos axiomas de la teología política para sobrevivir y mantener su validez hasta nuestros días. Aborda conceptos claves en la definición del estado soberano y su perpetuidad como la corona, la dignidad, la patria y, sobre todo, la ficción de los dos cuerpos del rey. La originaria noción cristiana del cuerpo místico fue secularizándose hasta convertirse, desde el Renacimiento, en la noción del cuerpo de Estado hoy vigente.

del imperio. Ésta era una manera de preservar el poder sabiendo que ninguna ficción podría disimular la decadencia corporal, ni eliminar la evidencia de la muerte. Montenegro, sin embargo, aspira a monopolizarlo todo, el poder pero también la inmortalidad. Al eliminar la evidencia de su mortalidad, su fragilidad física[24], intenta imponer su corporeidad *ad infinitum*. Y devenir así el monarca absoluto, literalmente inmortal y omnipresente.

Los (post)modernos invisibles

Garabombo el invisible, como las otras obras de la pentalogía scorciana, aborda la histórica postergación de la población indígena como tema general. El concepto específico de la invisibilidad ingresa ya a una disección sobre el tema de las fuentes del poder, el poder tanto de aquél que logra *invisibilizarse* como el mecanismo de la mirada que define la transparencia de otros. El acierto de la simbología de Scorza parece quedar confirmada por las circunstancias en las que su Garabombo vuelve a ser retomado. O tal vez no quepa hablar de circunstancias sino de una lucha indígena inconclusa que estalla en fases, precisamente cuando los *invisibles* deciden hacerse presentes e imponer su existencia por la fuerza.

Un primer ejemplo podría ser el caso del levantamiento zapatista (EZLN) en México. La estrategia de lucha (ningún acto terrorista, ningún asesinato, ningún atentado, ningún secuestro, ninguna alianza con los narcos, ningún tráfico de armas) del Ejército Zapatista de Liberación Nacional, sin precedente en los levantamientos latinoamericanos, se completa con la presencia del subcomandante Marcos. Armado con «la palabra, la memoria y los sueños» y consciente de la ruptura de la filiación histórica con las revoluciones precedentes, Marcos conduce, con ritmo de aventura popular, a los indios zapatistas hacia una nueva modernidad política (Blanc 2001: en línea).

Los textos del Subcomandante se nutrieron constantemente de la retórica que alude a la disolución de los indígenas en un olvido secular. En México, un país en crecimiento a punto de ingresar a la ansiada era de la globalización, la alegoría de la invisibilidad cobra o mantiene actualidad. El avance del pro-

---

[24] Ni siquiera la elaborada ficción del doble cuerpo del monarca consigue ignorar la evidente fragilidad de lo físico: «The frecuent assertion that only the king's body natural could suffer from the "Infirmities that come by nature or Accident", and that his body politic is not subject to passions or death as the other is [...]» (Kantorowicz 1957: 18).

greso parece implicar la postergación de aquellas mayorías, casi convertidas en estorbo, pero cuya grandeza pasada, irónicamente, se exalta. «Los indios no son: fueron» (Villoro 2001: 76). Precisamente este proyecto de país, insistente en su afán de darle la espalda a «los más», fue desenmascarado el 1 de enero de 1994 por la insurrección del Ejército Zapatista de Liberación Nacional, sobre cuya principal estrategia de lucha comentaba su líder: «Y miren lo que son las cosas porque, para que nos vieran, nos tapamos el rostro; para que nos nombraran nos negamos el nombre; apostamos el presente para tener futuro; y para vivir [...] morimos» (Marcos 1995c: en línea).

La lucha de Marcos[25], como la de Garabombo, se basa en la misma estrategia de ruptura de la pasiva aceptación del olvido y la reversión de una práctica humillante convirtiéndola en arma contundente. Se trata de sacudirse la pasividad, la callada aceptación de su invisibilidad, la creencia de su propia responsabilidad en este mal endémico. Una vez que se produce la toma de consciencia reveladora de las manifestaciones de la situación de injusticia, es posible oponer resistencia, cuestionar y eventualmente revertir el orden impuesto. Juan Villoro, ensayista y cronista mexicano, resume este despertar en su análisis sobre la situación de Chiapas:

> Si los indios antiguos se habían convertido en calaveras adornadas de jade en los museos y los actuales en estadísticas de la pobreza, los enmascarados del EZLN hacían de la invisibilidad una condición de fuerza. Esta vez, los olvidados borraban sus señas de identidad a propósito para ser oídos. (Villoro 2001: 76)

Dentro de la dinámica de la explotación llega un momento en que el excluido llega prácticamente a ser invisible. Si él mismo no se propone hacer evidente su presencia, esa práctica puede prolongarse indefinidamente puesto que los otros actores, los poseedores de la «mirada que define», se encuentran cómodos con la posibilidad de la transparencia de los subordinados.

Otro caso ilustrativo es el de los movimientos indígenas en Bolivia, en torno al cambio de siglo: en este país, en el año 2000, la situación explosiva creada por la supervivencia de la dicotomía blanco-indio y el polémico «comodín»

---

[25] En su reseña «Leer las noches, nombrar las estrellas», y al comentar la aparición del libro del subcomandante Marcos *Desde las montañas del sureste mexicano*, Hernández Navarro concluye: «Los trabajos incluidos en *Desde las montañas* están construidos a partir de una multiplicidad de viejos relatos indios y de una amplia bibliografía. Más allá de obvias diferencias, el resultado final de esta mezcla recuerda a la obra de Manuel Scorza» (2000: en línea).

del mestizaje pareció haber llegado al punto de ebullición. Permanentemente ignorados por el *establishment* político, ni qué decir ya de la posibilidad de participación, los indios (aquí el término campesinos también fue desenmascarado como excluyente) finalmente reclamaron su derecho a existir. En un artículo de *La Razón Digital* que intentaba explicar la crisis por la que atravesaba Bolivia se recurría a Garabombo:

> La historia de Garabombo nos es útil para comprender lo que ocurre ahora con los movimientos indígenas bolivianos [...]. Por décadas, la izquierda (y la derecha mucho más) boliviana ha ignorado que además de campesinos en nuestro país existen indios, con su propia lengua, con su propia cosmovisión, con sus costumbres y con su reclamo por tener territorio, no solamente tierras. (Iturri 2000: en línea)

En abril y septiembre del 2000 Bolivia se estremeció con el estallido de una crisis de legitimidad del poder establecido. Cochabamba, escenario de la «guerra del agua», era señalada como el centro del conflicto, pero en La Paz el pueblo indígena de Achacachi ocupó las primeras planas. En abril el gobierno de Banzer denunció el brutal asesinato y mutilación de un capitán del ejército a manos de una turba aymara. Las represalias incluyeron ocupaciones, allanamientos, torturas e inclusive la muerte de tres bloqueadores de caminos durante una protesta. La Defensoría del Pueblo fue revelando la brutalidad de la represión y las verdaderas circunstancias del asesinato del militar, que había ocurrido como airada respuesta del pueblo ante el asesinato de dos pobladores. La investigación también comprobó que la mutilación no había sido cometida por los aymaras.

La resistencia de este pueblo estalló en toda su plenitud contra la usurpación de tierras y contra un proyecto de ley de aguas puramente comercial que ignoraba su trascendencia para un pueblo eminentemente agrícola. Entre los nuevos protagonistas que surgieron en este escenario de combate destacaba Felipe Quispe Huanca, más conocido como El Mallku, indígena aymara, cofundador del Ejército guerrillero Tupac Katari, líder del Movimiento indígena Pachakuti y secretario ejecutivo de la Confederación Sindical Única de Trabajadores campesinos de Bolivia. Las aspiraciones de su movimiento eran planteadas en los siguientes términos:

> [...] el actor social, político e ideológico tiene que ser el indígena, este movimiento es la expresión de la nación indígena, es el único que puede reflejar la verdad

de esta nación oprimida, esa nación que vive en la clandestinidad, esa nación que ahora busca autodeterminarse. (Guamán 2001: en línea)

En Ecuador, por último, el 21 de enero del 2000, tras una serie de enfrentamientos en el contexto del estallido de una severa crisis nacional, los indígenas ingresaron al Parlamento ecuatoriano, continuaron su avance hacia la Corte Suprema de Justicia y cercaron finalmente el Palacio de Gobierno. Horas más tarde el presidente Jamil Mahaud se retiró ante la evidencia de la caída de su gobierno. Había irrumpido un nuevo actor social en el escenario nacional como consecuencia de una postergación que ya se había hecho intolerable. La prensa recurrió también a Garabombo para intentar explicarle a la nación tan repentina visibilidad de los inexistentes:

Quito, Ecuador, 23 de enero. Garabombo ha vuelto a ser invisible. Ofreciendo una última enseñanza de dignidad, los quichuas, shuar, achuar, otavalos, saraguros, cañares, cholos, quichuas amazónicos y tscháchilas que [...] situaron en el ojo del mundo su existencia irrenunciable se evaporaron mágicamente [...] retornaron a los páramos y montañas, a los pajonales y la selva, habiéndoles asestado a los poderes económicos mundiales un golpe frontal. ¿Cómo que los indios? ¿Cómo que en palacio? ¿Cómo que una revolución? (Vera Herrera 2000: en línea)

¿Hasta qué punto podía, sin embargo, sorprender esta insurrección? Tal vez sea necesaria una lectura en el contexto de la visibilidad de los invisibles. Sólo así se podría entender cómo es que pasaron desapercibidos otros levantamientos, protagonizados por los indígenas ecuatorianos, desde el arribo de la democracia a su país. Esta última acción constituía la cuarta que las comunidades de indígenas ecuatorianos protagonizaban en sus intentos de hacerse visibles.

VI.

Raymundo Herrera, el Jinete Insomne

> [...] la libertad es como la mañana. Hay quienes esperan dormidos a que llegue, pero hay quienes desvelan y caminan la noche para alcanzarla. Yo digo que los zapatistas somos los adictos al insomnio que la historia desespera.
>
> Subcomandante Marcos

Herrera, su insomnio y otras peculiaridades

El Jinete Insomne describe, por un lado, una secuencia de acontecimientos alarmantes en Yanacocha y por otro la decisión de su presidente, el anciano Raymundo Herrera, de embarcarse en una misión que será la última de su vida. La comunidad de Yanacocha, despojada de sus tierras, se debate entre la explotación del Juez y los caprichos de su esposa Pepita Montenegro. Precisamente el aburrimiento de la última, combatido en base a la absoluta alteración del calendario para que las fiestas tradicionales se sucedan a diario, empieza a producir extrañas reacciones en la naturaleza. Los ríos y todas las corrientes de agua detienen su curso, los viejos no mueren y los niños envejecen sin pasar por la adultez, los relojes sucumben presa de una peste purulenta y las entrañas de la tierra se estremecen de modo aterrador. Raymundo Herrera decide llevar adelante una atrevida misión: levantar los planos de los terrenos, propiedad de la comunidad, para así recuperar ante los tribunales lo que le pertenece a Yanacocha. Para ello debe superar no sólo el miedo ancestral de los comuneros, sino el brutal abuso de los hacendados. Cuando la muerte lo alcanza ha conseguido cumplir la tarea que se propuso: acabar con el miedo y la pasividad yanacochanas, las verdaderas causas del estremecimiento telúrico. Deja a su pueblo, como herencia, la Rabia despierta, que sobrevivirá a la masacre con que concluye la novela para renacer, una vez más, en la próxima hazaña que emprenderá el heredero Agapito Robles.

Como el título lo menciona, la característica más notoria del presidente es su insomnio, pero ¿cómo es el insomnio de Raymundo Herrera? Para contestar esta pregunta conviene detenerse en las diversas escenas que, a lo largo de la novela, describen el fenómeno. Por un lado, tenemos la opinión del mismo Herrera sobre la naturaleza de su padecimiento; por el otro, la idea que tenían los demás campesinos sobre esta peculiar condición de su Presidente. Siguiendo las diversas afirmaciones del mismo Herrera, encontraremos que, por momentos, describe su padecimiento como algo similar a una enfermedad, «la enfermedad de estar despierto»:

> Esa noche, como todas las noches desde que contraje la enfermedad de estar despierto, no pude cerrar los ojos. ¿Cuándo la contraje? ¿En 1705, cuando la cacica Ticsi Rimi ordenó que saliéramos a medir nuestros límites? (EJI: 124)

Es necesario prestar atención porque no nos encontramos ante una *enfermedad* corporal. El mal se inicia al «salir a medir los límites del pueblo en 1705» (EJI: 124). Inusual circunstancia ésta para contraer una enfermedad corporal, lo que requiere de mayor precisión para entenderla. En todo caso, ya en 1705 la comunidad de Yanacocha intentaba definir sus fronteras, y con ello reafirmar su existencia como pueblo. En otras ocasiones se habla del insomnio en términos de costumbre, como si la interrupción del sueño fuera algo a lo que alguien pudiera acostumbrarse. Es el caso de la vigilia de Herrera durante el preámbulo de las batallas que definieron la emancipación sudamericana de España, en 1824: «Yo duermo poco. En las minas, creo, perdí la costumbre de dormir» (EJI: 128). Es importante observar aquellos momentos en los que el insomnio de Herrera se vincula a su consciencia de la responsabilidad de sacar adelante un gran proyecto. En estos extractos notamos que la descripción de su *mal* no alude precisamente a la sintomatología de la carencia de sueño sino que habla de algo diferente, de algo más: «¡Este viaje nos tomará meses, quizás años! El viejo nos miró. –Este viaje durará más que mi vida. Por eso lo emprendo» (EJI: 63). O también:

Esa noche tampoco dormí. Me acordé de un alcalde de indios […] quien también padecía por sus ojos abiertos […]. ¿Qué estará mirando, ahora, debajo de la tierra? ¿Qué miraré yo cuando de mí sólo queden mis ojos, estos ojos que no se hartan de mirar –generación tras generación– los mismos reclamos, los mismos quebrantos, los mismos abusos, los mismos engaños, los mismos desalientos? (EJI: 169)

Si se han planteado dudas sobre la naturaleza corporal de la enfermedad, hay que buscar entonces una explicación a las alusiones a los estragos físicos, típicos del insomnio patológico, que padece Herrera. Como el caso de la *alucinación*, durante la cual cree ver el fantasma de Inri Campos[1]: «En la boca de la caverna le pareció ver, estoy loco, el corpachón de Inri Campos. La falta de sueño me chupa el seso. Me sucede mirar estrellas en noches sin estrellas o no verlas en cielos estrellados» (EJI: 189).

Durante la mencionada travesía hacia la Gran Pangoa, Herrera habla ya de su insomnio: «La noche nos agarró en la bajada […]. La gente se desbarrancó a un sueño pegajoso. Yo no dormí. De pie miré subir el sol» (EJI: 193).

El detalle importante en el que hay que concentrarse es la lucha del Personero por vencer este agotamiento. Ello tiende a reforzar la idea de que derrotar aquel *sueño*, que amenaza con derribarlo, no es más que una metáfora de una lucha mayor, de un combate mucho más trascendental que el de no ceder ante la urgencia del descanso reparador para superar el cansancio diario.

> La madrugada que parpadeaba entró en mi corazón. ¡La lucha seguía! ¡No se perdería por mi debilidad! La falta de sueño me trastrueca los sentidos. Por momentos mi cuerpo es algodón, por momentos plomo. Pienso entonces en todas las mujeres con quienes he compartido trechos de mi camino. […] Sin esas mujeres que entibiaron este mi pellejo granizado por las desgracias; sin ellas quizás me hubiera quedado dormido. […]. ¡Mientras no acabe de levantar el plano, mientras nuestra queja siga con los ojos abiertos, yo tampoco los cerraré! (EJI: 181-183)

Sea cual fuera la naturaleza de su insomnio, pese a que altera gran parte de su vida, no consigue ocupar un lugar trascendental entre las preocupaciones del

---

[1] En 1914 Inri Campos y sus tres hijos serán los encargados de guiar a la comunidad de Yanacocha, acosada por el hambre, hacia terrenos fértiles donde podría hacerse realidad una nueva fundación. La llanura del Gran Pangoa, una fructífera región selvática, será escenario de la nueva arcadia, que llevaría por nombre Yanacocha Nueva. Esta experiencia terminará en un fracaso.

Personero. La naturalidad con la que Herrera acepta su situación («Yo duermo poco»; «Esa noche tampoco dormí»; «No pude dormir. Esa noche la pasé recordando») contrasta con la alarma e incredulidad, incluso la seria preocupación, que despierta en sus compañeros la contemplación de su continua vigilia: «¿Está usted despierto, señor? [...] hace semanas que no duerme [...] ¡Protéjase, don Raymundo! Está usted enfermo. De nuestro pueblo ya salió tosiendo. No hace sino toser. Trate, por favor, de descansar [...]» (EJI: 163-164). O: «Raymundo, no sé debido a qué, duerme poco. De noche, enmudece: la fatiga lo mustia. De mañana, con el sol, se recupera: habla» (EJI: 178).

Dice el campesino Lorenzo Chavalía: «No propalen que Raymundo Herrera es hombre propenso a cóleras. Raymundo duerme poco y la falta de sueño irrita, lo sé [...]» (EJI: 175).

Tanto la naturaleza poco común de su insomnio, como las enigmáticas alusiones de Herrera («Este viaje durará más que mi vida»; «Qué miraré yo cuando de mí sólo queden estos ojos que no se hartan de mirar [...] los mismos reclamos, los mismos quebrantos, los mismos abusos [...]»), invitan a reflexionar sobre la esencia de lo que realmente está describiendo.

Raymundo Herrera es un personaje peculiar y por momentos se revela como un enigmático visionario ante sus sorprendidos compañeros, que no saben de qué habla y a quienes él no se toma el trabajo de instruir. El episodio en el que los campesinos discuten las causas de la *paralización* del río Chaupihuaranga, adjudicándole el *hechizo* a los embrujos de la hechicera Félix, nos muestra a un Herrera francamente ininteligible:

> Sólo usted, don Raymundo Herrera, insistió:
> –No es Félix.
> –¿Entonces quién es?
> Usted nos miró con esa cólera, ese resentimiento, esa conmiseración, que ciertas veces le encharcan los ojos.
> –Todos saben *quién* para las cosas. (EJI: 20-21)

Cuando el río, ya detenido, se transforma en lago donde anidan los patos y navegan las lanchas, Herrera sigue protestando, ajeno a la algarabía general: «El único que siguió tronando contra la indiferencia de aquellos-que-creen-que-las-cosas-pueden-pararse-impunemente, fue don Raymundo Herrera. ¿Quién lo oía? El presidente de Yanacocha no bailaba ni bebía: era un aguafiestas» (EJI: 22).

La letanía sobre «la queja», que se multiplica en sus reflexiones, es otra de las características que contribuye a reforzar el aura de extrañeza alrededor de Herrera. Sólo el respeto que le inspiran las sabias decisiones tomadas por el Personero hace que el pueblo se limite a escuchar, desconcertado, muchas de sus afirmaciones. Así:

> [...] estoy parado sobre el suelo de todas las generaciones, detrás de esta queja. El maíz, los hombres, los ríos, las edades, brotan, crecen, se exaltan, mueren, desaparecen. Lo único que permanece es nuestra queja. (EJI: 165)

> ¡[...] mientras nuestra queja siga con los ojos abiertos, yo tampoco los cerraré! (EJI: 182)

Herrera parece *ver* o saber algo con profunda convicción. Es algo de cuya certeza se encuentra tan convencido que llega a extremos increíbles para convencer a sus compañeros sobre su plan de acción. Podríamos afirmar que nos encontramos ante un visionario. Sin embargo, una vez que es elegido presidente, su conducta desorienta aún más a la comunidad. Herrera empieza a comportarse de modo errático, cada noche sale a las calles a insultar a gritos a los yanacochanos:

> Los viajeros creen que en nuestro pueblo hay hombres y mujeres. Las ropas engañan. En Yanacocha sólo hay mujeres. ¿Por qué insulto a las mujeres? ¿Qué hombre tiene los cojones de la vieja Sulpicia que sola se enfrentaba a las autoridades? Un ladrón imperioso abaja nuestra provincia: se adueña de los bienes, apresa a los despojados, castiga a los murmuradores. Nadie chista. Por el contrario: nos inclinamos para saludarlo. (EJI: 59)

Los insultos van subiendo de tono cada noche, y el lector mismo asiste intrigado a estos excesos impropios del anciano reposado que parece ser Herrera. Finalmente, vejados hasta el extremo, un grupo de *valientes* se le enfrenta. Eso no parece amedrentarlo; sólo cuando están a punto de golpearlo revela su proyecto, lo que realmente perseguía con ese comportamiento:

> —¡Pégame, Isaac! Si mi boca te ofende, rómpeme la boca. ¡Con gusto perderé los dientes!
> —¿Delira señor? ¿Nos insulta para que lo castiguemos? El viejo temblaba.
> —Busco, hermanos, encenderles la sangre, contagiarles mi rabia tan grande contra la injusticia. Hace siglos que reclamamos en vano nuestras tierras. Estamos

ya acostumbrados al abuso. ¡Reaccionen! Todo lo que me propongo gimiendo públicamente por nuestras desgracias es que ustedes se enfurezcan. ¡Está hecho! (EJI: 60-61)

Una vez culminada su tarea de despertar[2] a sus compañeros, Herrera les propondrá la iniciación de la fase más atrevida: el levantamiento del plano de la comunidad para así poder reclamar la propiedad de sus tierras. Vemos, entonces, que tanto el insomnio de Herrera como su extraña conducta no constituyen detalles sueltos sino que son manifestaciones de la misión que debe llevar adelante. Incluso podríamos afirmar que la imagen que el lector percibe del comportamiento de Herrera, inicialmente vago y confuso, es de por sí estratégica. Podría aludir a la acostumbrada mirada, entre sorprendida y despectiva, con que se contempla a menudo las *extravagantes* formas de organización o los procesos internos de estas comunidades tradicionales[3]. A medida que el relato avanza no sólo se percibe la lucidez del proyecto que el anciano se ha comprometido a sacar adelante, sino el trascendental simbolismo del Insomne.

LA INUSUAL LONGEVIDAD DE HERRERA

> [...] Si las voces de los que escriben la historia hablan de descompás, es porque la voz de los oprimidos no habla... todavía. No hay calendario histórico, nacional o regional, que recoja todas y cada una de las rebeliones y disconformidades contra el sistema impuesto [...].
>
> Subcomandante Marcos

---

[2] Como parte de la tarea de hacerlos tomar consciencia, Herrera se empeña en despertar la rabia de los campesinos. Encontraremos esta estrategia en más de una novela de la pentalogía. La trascendencia de este sentir como paso necesario previo al combate se revela cuando al morir Herrera deja al pueblo en herencia su rabia, anunciando que si todos juntan la suya surgirá la Rabia, con mayúsculas (EJI: 216).

[3] Esta incapacidad de concebir a los indígenas como protagonistas de empresas de envergadura la encontramos reflejada en algunas reacciones de las autoridades frente al levantamiento del EZLN mexicano. El 10 de enero de 1994, el vocero de la Secretaría de la Gobernación afirmaba que el EZLN no podía ser considerado un movimiento indígena: «Si fuera así, argumentó, estarían con machetes». Un antropólogo explicaba más tarde que si efectivamente existía un proyecto o una «planeación estratégica» no podía hablarse de un auténtico movimiento indígena (Díaz-Polanco 1994: 18).

Aparte de su insomnio, la edad de Raymundo Herrera constituye el otro detalle que le otorga peculiaridad al personaje. Según el texto, es elegido personero en 1824, cuando contaba con 63 años, y es precisamente su ancianidad el factor decisivo para concederle el cargo. Descubrimos aquí, sin embargo, la primera contradicción, ya que en cierto momento, durante la lectura ritual de los Títulos de Propiedad de la Comunidad, se dice: «[...] en cinco días del mes de diciembre de mil setecientos y cinco años, don Raymundo Herrera, Principal del repartimiento de Chaupihuaranga, de sesenta y tres años, por sí y en nombre del pueblo y común de San Juan de Yanacocha [...]». (EJI: 170). De modo que desde mucho antes (1705), Herrera ha participado en acontecimientos fundamentales: se encuentra *paralizado* en la misma edad. La condena de su insomnio radica, en parte, en el hecho que cuenta con mayor tiempo para recordar aquellos eventos remotos: «[...] desde que contraje esta enfermedad de estar despierto no pude cerrar los ojos. ¿Cuándo la contraje? ¿En 1705, cuando la cacica Ticsi Rimi ordenó que saliéramos a medir nuestros límites? [...]» (EJI: 124)

Pero el hecho de que Herrera sufra la *paralización* de su edad no equivale a dar una impresión de pasividad, de encontrarnos ante un impávido testigo. Más bien, al contrario, Herrera se distingue como un activo participante en los diversos proyectos liberadores que ha emprendido su comunidad: «[...] Yo ya estuve aquí. Muy claro estoy viendo lo que pasó en Yanacocha en 1824. Ese año, hasta yo creí que por fin alcanzaríamos justicia» (EJI: 124). Esta cita hace referencia a un acontecimiento en el transcurso de los preparativos del enfrentamiento final entre las tropas españolas de Canterac y las patriotas de Bolívar. Las batallas entonces libradas, Junín y Ayacucho, serán las que clausuren la presencia española en América del Sur. La comunidad de Yanacocha había participado en estas contiendas[4] entregando batallones de hombres que integraron los regimientos del general La Mar. Ninguno de los voluntarios regresó, incluso varios hijos de Raymundo Herrera se cuentan entre las víctimas. La esperanza del pueblo, sin embargo, se hallaba depositada en una promesa que, como muchas, a la larga, quedaría incumplida:

---

[4] Para información detallada sobre la contribución de los departamentos de la sierra central peruana, desde julio de 1821 en que el ejército español fijó su centro de acciones en el Valle del Mantaro hasta 1824, fecha de las jornadas definitivas de Junín y Ayacucho, véase Rivera Serna 1958.

> En nuestra plaza el general La Mar nos prometerá la tierra. [...] Para que nos la devolvieran, la quebrada Chaupihuaranga entregó un regimiento [...]. A cambio de ellos el gobierno del Perú nos reconocerá la propiedad de la tierra. [...] Pero no nos dieron la tierra, pensó Raymundo Herrera con amargura. (EJI: 130)

Más adelante, en 1881, esta vez en momentos en que se producía el enfrentamiento entre el Perú y Chile (la guerra del Pacífico de 1879), Herrera, todavía de 63 años, se encarga de salvaguardar el Título de Propiedad de la comunidad ante el amenazador avance del enemigo. Los chilenos venían de la costa, donde habían derrotado al ejército peruano que no consiguió frenar su avance; marchan luego por la sierra, sembrando la destrucción y la muerte, incendiando cuanto pueblo encuentran a su paso. Haciendo gala de imaginación, Herrera esconde los valiosos títulos en la choza del idiota del pueblo, único lugar que por su miseria los chilenos dejan en pie. Un sobreviviente de esta contienda, Mariano Requis, al momento de morir, resume el desconcierto general, no sólo sobre la edad de Herrera, sino sobre su identidad:

> No sé si eres espanto o maravilla. Te conozco desde niño. Yo peleé en la guerra contra los chilenos. En Miraflores me marchitaron el brazo. Tú tenías entonces sesenta y tres años. Yo te he visto siempre este mismo cuerpo magro, esta rabia gorda y tu cara cavada por la tristeza. Raymundo Herrera, ¿quién eres? ¡Dímelo ahora que voy a morir! (EJI: 195)

Requis es uno de los campesinos que muere poco antes de llegar a la gran Pangoa, escenario de otra de las grandes jornadas libertarias que la comunidad de Yanacocha emprendió y en la cual también participó Herrera. Estamos ya en 1914. La miseria hace presa del pueblo, que se reúne y decide salir en busca de mejores tierras donde empezar de nuevo. El campesino Inri Campos, acompañado de sus cuatro hijos, vuelve con la noticia de haber encontrado la tierra prometida. Esta se encuentra atravesando los Andes, donde empieza la selva, en una llanura donde reina la abundancia: el Gran Pangoa. Allí se fundaría Yanacocha Nueva. Herrera se cuenta entre los fervientes seguidores que desestiman los argumentos de aquellos que se niegan a partir. Entre las protestas que un caporal dirige a Inri Campos, surge la mención de la edad de Herrera: «-¿Por qué incitas a partir a estos desgraciados? ¿Por qué propalas la mentira de que los conduces a un Pueblo Nuevo? Tú tienes, como Raymundo Herrera, sesenta y tres años. Sabes que en ninguna parte existe un Pueblo Nuevo» (EJI: 191).

El pueblo inicia una sacrificada marcha hacia Pangoa; en el camino algunos mueren y otros desisten, pero los demás alcanzan su objetivo y contemplan la abundancia de la tierra. Aún sin haberse recuperado de la impresión comprobarán, sin embargo, que la geografía de la zona hace imposible salir o entrar de la llanura, lo cual los obliga a regresar, derrotados, a Yanacocha. Herrera ha sido siempre un activo participante en las luchas de su comunidad, pero es también un severo crítico de sus propias acciones. Considerando que en su condición de «eterno anciano de 63 años» ha participado en varios proyectos libertarios fallidos, nadie mejor que él puede evaluar qué se hizo bien o mal durante esos experimentos. Este proceso de autocrítica resulta interesante si consideramos que él participa, en cada proyecto, plenamente convencido, y que, aún así, logra entusiasmarse con cada nueva experiencia e ir reparando errores anteriores. Tiene la oportunidad de corregir los errores del pasado y así lo comprobamos casi al final de su última misión: el levantamiento del plano, cuando en una visión se enfrenta a Inri Campos: «[...] el viejo Herrera distinguió la cara triste de Inri Campos [...]. -Si viene a decirnos que debemos partir a buscar tierras nuevas, se equivoca. Yo no permitiré que confunda a la gente. El camino, don Inri, no es huir sino pelear con los que quieren obligarnos a partir» (EJI: 202). El contraste con el Herrera fervientemente convencido de partir hacia las nuevas tierras es notorio:

>   –¡Viva Yanacocha Nueva! –grité [...].
>   –Raymundo Herrera que consten tus palabras. ¡Que el día en que Inri Campos implante su tiranía sobre eso que jactanciosamente bautizas Yanacocha Nueva caiga sobre tí [sic] el dolor de los yerros! (EJI: 191)

El lúcido Herrera que analiza el error de fondo que se ocultaba tras aquella propuesta ya es otra persona. De esta manera parece aludirse al dinamismo interno de los movimientos indígenas, que incluyen autocrítica y superación pese a ser, a menudo, clasificados como estáticos, simplistas y caóticos.

Si bien es cierto que la extraña *paralización* de su edad despierta recelos y comentarios entre los demás, Herrera asume esta faceta de su vida de la misma manera resignada con que trata su insomnio. Aunque es consciente de la *maldición* que pesa sobre él, todo es soportable teniendo en cuenta un fin superior.

>   ¿Era 1881? ¡Era! Yo tenía 63 años. ¿Quién ordenó que mi edad se detuviera? ¡Qué importa! El hecho es que estoy parado sobre el suelo de todas las generaciones detrás de esta queja. El maíz, los hombres, los ríos, las edades, brotan, crecen, se

exaltan, mueren, desparecen. Lo único que permanece es nuestra queja. Ciertas noches pienso: ¿seré yo el único forzado a proseguir con los ojos abiertos? (EJI: 165)

Sigue siendo sorprendente la fortaleza de las convicciones de Herrera, que además le permiten sobreponerse a un acontecimiento tan sobrenatural como su aparente *inmortalidad*. La trascendencia de la queja sigue elevándose por encima de estos episodios tan notables. Los signos de que el levantamiento del plano será su última cabalgata (de allí su nombre de El Jinete Insomne) se revelan en el momento en que lo alcanzan los estragos de su insomnio. Esa podría ser la explicación del hecho de que se vuelva completamente azul[5]. Sólo en ese momento Herrera –ya en una especie de delirio– hablará abiertamente sobre su verdadera misión, su edad real y su larga lucha. Sus palabras, sin embargo, serán recibidas con suma extrañeza por sus compañeros, que parecen experimentar el paso del tiempo de manera completamente diferente:

–Estamos reclamando nuestra tierra desde 1705. Hace doscientos cincuenta y nueve años que viajamos en busca de justicia. ¡En vano! (EJI: 202)
–Hace treinta días que salimos de Yanacocha, señor Presidente –dijo Agapito Robles– […]. La falta de sueño le confunde el sentido. (EJI: 202)
–¡Sea como sea levantaré el plano! Ni la tos ni el sueño me vencerán […]. El sueño espera que yo cierre los ojos para cazarme. Pero no se acercará. (EJI: 202)

La impaciencia hace presa de Herrera en estos últimos momentos. Convencido de que su insomnio personal ha constituido la garantía de la supervivencia de la queja, pretende evitar el sueño de sus compañeros para asegurar así el cumplimiento de esta última misión: «Yo he aguantado doscientos cincuenta y siete años sin dormir. A ustedes sólo les pido unas noches. ¡Justo para acabar nuestro plano!» (EJI: 203).

Al regresar a Yanacocha se hace evidente el aparente fracaso de su tarea. El ingeniero, intimidado y pagado por el Juez, ha desaparecido. El plano no se hará realidad y Herrera empieza a volverse azul y a debilitarse a medida que se acerca a Yanacocha. Sin embargo, cuando se escuchan los primeros reproches

---

[5] «Al principio, la enfermedad se me notaba en las ojeras azules. Después me alivié. Aunque a veces el cansancio me hace pensar que mi cuerpo se tragó las ojeras. Azul debo tener ahora el esqueleto» (EJI: 124). O también: «El viejo se pasa la mano azul por la frente azul. –Entonces serán mis ojeras. –No son las ojeras, señor. El color de las ojeras, a lo más, le azularía la cara. Pero todo usted está azul. Sus pestañas, su bigote, sus orejas, su pelo, sus manos, son azules!…» (EJI: 213-214).

sobre su ilusa convicción de que un plano les devolvería la tierra, el anciano líder, una vez más impredecible, se yergue para sorprenderlos con la última lección:

–He probado lo que quería probar [...]. –¡He probado que no podemos probar nada! Y cuando todos los hombres comprendan que es imposible probar una causa justa entonces comenzará la Rabia. Les dejo de herencia lo único que tengo: mi rabia [...]. Agapito Robles se acerca, se arrodilla, le besa la mano azul.
–Gracias, padre.
–Que prospere la semilla, Agapito.
–Romperá el suelo, padrecito. (EJI: 215-216)

El último enigma de sus palabras será captado, precisamente, por aquel que se constituirá en nuevo líder: Agapito Robles[6] será el continuador de la semilla plantada por Herrera, el defensor de la territorialización, devuelta a la comunidad por el anciano. La afirmación de que el tiempo se detiene para Herrera y de que efectivamente alcanza los 259 años podría aludir también al desarrollo y al mantenimiento de la injusticia que condena a los pobladores a una vida infrahumana, catapultándolos a un tiempo diferente al *normal* que rige para los demás. Sería una manera de explicar la expresión: el tiempo *se detiene* para ellos. La realidad de abusos, engaños, desalientos y reclamos insolubles, por generaciones, constituye la queja que los insomnes deberán mantener latente. Como manifestación de esta situación, no sólo se ha detenido la edad de los insomnes, la naturaleza también se les une: los ríos se tornan lagos, la semilla no crece, los relojes se pudren, las nubes se detienen. Sólo Herrera conoce la causa: todo es culpa de «Un ladrón imperioso [...] [que] ¡ha parado el tiempo y si quiere detendrá el sol! ¡Por culpa de los cobardes que viven en este pueblo!» (EJI: 59-60).

Otro tipo de alteración temporal es la que ocasiona Montenegro, que altera el calendario al suprimir todo tipo de conexión (a través del correo) entre Yanahuanca y el resto del mundo. Su mujer Pepita va más allá: para curar su aburrimiento celebra todas las fiestas del año una tras otra, a diario. De esta manera, la vida de los principales se convierte en una jarana constante de celebraciones, alterando así el curso del tiempo: «Antes que concluyera [...] 1963, Yanahuanca se preparó para el advenimiento del 1979 [...]. Pronto acabó el siglo veinte y comenzó el veintiuno [...]» (EJI: 157).

---

[6] El próximo volumen, *Cantar de Agapito Robles*, narra el levantamiento guiado por Agapito Robles.

El tiempo experimenta, de esta manera, una demencial alteración. No es casual el detalle de la oposición: el tiempo de los campesinos se paraliza mientras que para complacer a los principales se adelanta locamente. El cataclismo, para unos, apunta al pasado, mientras que para el bienestar de otros se desboca hacia el futuro.

El problema que representa la edad de Herrera es posible entenderlo mejor remitiéndonos a la lectura de Emile Cioran: «En el insomnio el tiempo es tu enemigo porque es un tiempo en que no puedes insertarte» (Cioran 1996: 68). Si asumimos que el protagonista insomne simboliza la tradición de resistencia y la lucha de un pueblo oprimido y que *el sueño* alude a una especie de adormecimiento ante la injusticia y la opresión, el insomnio viene a ser el estado de vigilia o de toma de consciencia que antecede a la sublevación. Lo interesante del planteamiento de Cioran es su rescate de la trascendencia de los momentos de infernal vigilia. La idea de que no se puede pasar por una experiencia de insomnio patológico sin que ello cambie completamente la vida de quien lo sufre no se refiere sólo al padecimiento, sino que alude más bien a una experiencia cercana al éxtasis:

> Durante aquel tiempo [alude al período de insomnio] de tensión interior, tuve la experiencia del éxtasis en varias ocasiones. En todo caso, viví instantes en los que te ves sacado del mundo de las apariencias [...]. En cualquier caso, nunca somos los mismos al volver del paraíso o del infierno. (Cioran 1996: 167)

Por supuesto, al hablar en términos de *éxtasis* no nos estamos refiriendo a una acepción mística sino, sobre todo, al aspecto del conocimiento, de la comprensión, de la revelación de aquello que se encuentra más allá de lo aparente. Cuando Cioran sostiene que «La tragedia del hombre es el conocimiento» (1996: 31), hay que leerlo junto a otra afirmación suya: «Yo he tratado a gente de todas clases, gente que ha comprendido. Para mí, la humanidad se divide en dos categorías: los que no han comprendido (casi toda la humanidad de hecho) y los que han comprendido, que son sólo un puñado» (Cioran 1996: 80-81).

Esta insistencia en la vinculación entre la vigilia absoluta y la posibilidad de abstraerse del mundo de las apariencias para conseguir la *revelación* de verdades fundamentales (de lo que sería el mundo real) coincide mejor con la actitud de Herrera. El correr del tiempo *tradicional* o *formal*, junto con sus transformaciones y avances, no puede entonces aplicarse a los insomnes. Estos pueblos, estas gentes, se encuentran al margen y fuera del tiempo cotidiano: «[...] se tiene otra concepción del tiempo. No es el tiempo que pasa, es el tiempo que no pasa» (Cioran 1996: 225). Cuanto más avanza este tiempo *formal* y más se enraiza el olvido de la queja, es urgente detenerse en el momento en que empezó el *error* para desde allí corregir la injusticia e integrar así estos pueblos al devenir *histórico*. Por eso, simbólicamente, Herrera detiene su evolución, su envejecimiento, 259 años antes. Resulta imposible que *los* Herrera puedan hablar de camino hacia el futuro o de avance, como los demás[7], partiendo simplemente de un hoy situado, para ellos, en el vacío, ya que su ayer se encuentra sin solución, ni siquiera existe en sus memorias.

LA RAZA DE INSOMNES

Hay una característica, hasta cierto punto inquietante, en la *cualidad* de Raymundo Herrera que lo distingue de Garabombo y del Nictálope. Estos dos últimos eran los únicos dolientes de su invisibilidad y su nictalopía, respectivamente. Herrera parece no ser el único; a lo largo del relato encontramos referencias a más personas con los mismos atributos, e incluso se llega a mencionar la expresión «una raza de hombres despiertos» (EJI: 165).

> Lo único que permanece es nuestra queja. Ciertas noches pienso: ¿seré yo el único forzado a proseguir con los ojos abiertos? [...] En una feria de Pacaraos, sería 1768, oí que el apoderado de Michivilca tampoco dormía. ¿Alguien habrá dispuesto que exista una raza de hombres despiertos, condenados a recordar, a no dormir mientras no se absuelva nuestra queja? Quizá, pues, no descansaremos jamás. (EJI: 165)

Esta *comunidad* de insomnes a la que alude Herrera resulta todavía más interesante si nos detenemos a analizar a algunos de sus integrantes:

> Esa noche tampoco dormí. Me acordé de un alcalde de indios que conocí en Ancash, un tal Atusparia, quien también padecía por sus ojos abiertos [...]. Muerto

---

[7] Un comentario de Cioran sobre el progreso, respondiendo a la pregunta de si vive el insomne en otra temporalidad, ilustra este razonamiento: «El tipo que se levanta por la mañana después de una noche de sueño tiene la ilusión de comenzar algo. Pero si velas toda la noche no empiezas nada [...]. Me parece que, si nunca he creído en el progreso, si nunca me he dejado engañar por esa estafa, ha sido también por eso» (Cioran 1996: 225).

ya, en vano quisieron coserle los párpados. Sus rebeldes ojos no se rindieron. ¿Qué estará mirando, ahora, debajo de la tierra? (EJI: 169)

Pedro Pablo Atusparia (1840-1887) fue un indígena que se desempeñó como alcalde de Marian, pueblo cercano a Huaraz (departamento de Ancash, Perú). Conmovido por los sufrimientos que observaba entre los pueblos indios a consecuencia de los servicios gratuitos que debían prestar en las haciendas y del tributo en forma de trabajo individual, elaboró un documento de queja contra esas medidas[8]. Como resultado de este atrevimiento el alcalde fue encarcelado y azotado. El enorme prestigio del que gozaba Atusparia motivó la movilización de los otros alcaldes indígenas que exigieron su libertad. El gobernador respondió entonces con un gesto de temerosa arrogancia: ordenó que se le cortaran las trenzas –el símbolo tradicional que identificaba la autoridad y el poder de los alcaldes indios– a todo aquel que protestara. Como reacción ante esta afrenta estalló una sublevación general dirigida por Atusparia. Los indígenas derrotaron al ejército en siete batallas, tomaron Huaraz, dando muerte a los guardias allí acuartelados, y avanzaron hacia otras ciudades. En el camino se les fueron uniendo más campesinos; la meta era llegar a Lima. Entre los lugartenientes de Atusparia se encontraba otro conocido líder indígena: el obrero minero Pedro Celestino Cochachín, Uchcu Pedro[9], célebre por su radical planteamiento de exterminar a todos los *mistis*, como él denominaba a los blancos. Ante la amenaza que representaba un movimiento de tales dimensiones, Lima envía un poderoso ejército, por mar y por tierra, que consigue derrotar y masacrar a los campesinos. Uchcu Pedro prosiguió con una lucha de guerrillas que duró

---

[8] En 1885 Miguel Iglesias, Presidente provisorio del Perú, firma un tratado destinado a sellar la paz con Chile. Acusado de revelar claras tendencias chilenistas, este tratado desencadena una guerra civil que culmina con la renuncia de Iglesias. Andrés Avelino Cáceres, organizador de la resistencia durante la guerra con Chile, desconoció la autoridad de Iglesias desde el comienzo y lo combatió hasta lograr su salida. En las elecciones de 1886 Cáceres fue elegido Presidente de la República. Durante la guerra con Chile, condujo una exitosa campaña en la serranía ocasionando significativas derrotas a los chilenos. Su ejército se componía de campesinos pobres que se unían masivamente al *Brujo de los Andes*. La historiografía tiende a interpretar el levantamiento de Atusparia contra Iglesias sólo como una toma de posición de un alcalde indio a favor de la causa cacerista, restándole importancia a sus reivindicaciones propias.

[9] En *La tumba del relámpago*, última novela de la pentalogía, el abogado protagonista Genaro Ledesma al reflexionar sobre la tragedia de las luchas campesinas aisladas menciona a «Los grandes rebeldes Túpac Amaru, Atusparia, Uchu [sic] Pedro, Santos Atahualpa, y el desconcertante RumiMaki [...]» (LTDR: 74).

cinco meses más, hasta que fue capturado y asesinado. Atusparia, herido, fue tomado prisionero y conducido a Lima, donde se entrevistó con el presidente Cáceres. En su idioma nativo, el quechua, presentó sus reclamos y sustentó sus protestas. El presidente, convencido, le reafirmó su apoyo a la causa campesina. Al ser liberado regresó a su tierra, para entonces espantosamente castigada por su osada rebeldía, y asistió a un banquete preparado por los alcaldes indígenas durante el cual fue envenenado. Se dice que su gente, sintiéndose traicionada, adoptó tal decisión ante la incertidumbre que les causaba no conseguir identificar a los verdaderos gestores de la derrota.

Otro de los insomnes se encuentra mencionado en *Cantar de Agapito Robles*. Durante uno de sus recorridos por los pueblos Agapito tropieza con un viajero a quien reconoce, por el bastón revestido de plata, como un varayoc (alcalde indio). Este alcalde indio viajaba a presentar un reclamo, ya que su comunidad iba quedándose vacía ante la muerte de los hombres obligados a trabajar en las minas. En cierto momento señala que lo importante es que el documento sea aprobado por el Virrey, de lo contrario hay que rehacer todo el trámite, algo que le ha costado a él caminar ya seis mil leguas (ECAR: 127). Este peculiar viajero que se mantiene todo el tiempo en movimiento y sólo acepta un poco de agua despierta la intranquilidad de Agapito. Al sugerirle que descanse obtiene una respuesta que se asemeja al conocido estoicismo de Herrera:

—Siéntese, por favor. Se va usted a cansar.
El Andarín sonrió.
—¡Al contrario! Lo peor es detenerse. Si uno se para, sobreviene el cansancio, pero caminando la fatiga no encuentra oportunidad. Yo duermo caminando. Me falta mucho camino. (ECAR: 127)

Intrigado, Agapito lo comenta con algunos arrieros y ellos le revelan la identidad del caminante; se trata nada menos que de Tomás Katari[10], alcalde indio que viajó entre La Paz y Buenos Aires, tres veces, a fin de presentar una queja. En cada oportunidad le decían que faltaba algún detalle (un sello, una

---

[10] En 1780 y en la actual Bolivia, Tomás Katari, cacique de Macha, ante las nefastas consecuencias del aumento de los impuestos para la población indígena, asumió la representación de su región y viajó a Potosí y Chuquisaca a elevar su queja, que no fue escuchada. Se convierte entonces en líder de las rebeliones indígenas de Chayanta (Alto Perú). Cuando lo tomaron prisionero una multitud intentó rescatarlo, ante lo cual sus captores reaccionaron asesinándolo. Esto intensificó y extendió la sublevación liderada por sus hermanos Dámaso y Nicolás. La viuda, Kurusa Llave, se desempeñó también como jefa de los ejércitos de Chayanta.

firma, un timbre) y Katari pacientemente volvía a empezar. Cada viaje le tomó un año. Lo sorprendente de este encuentro es que Tomás Katari realizó estas esforzadas jornadas en 1780. En los años sesenta, escenario de la gesta de Agapito, aún deambula, inmortal e insomne como Herrera. El detalle interesante de esta raza de insomnes, entonces, es la inclusión de notables representantes de la historia peruana de levantamientos indígenas. Esa historia es a la que se aludía en *Redoble por Rancas*[11], la que no se cuenta, la que no se retoma, cuyos muertos no se mencionan. Varios representantes de esa historia padecían, entonces, de *este* insomnio. El concepto de insomnio guarda relación con algo que ellos comparten, su carácter sublevante. El mismo razonamiento podría aplicarse para las otras *dolencias* mencionadas, como el caso del tiempo y la edad. Podría vincularse, también, el insomnio con la necesidad de la memoria: Herrera señala, literalmente, que su insomnio tiene que ver con mantener viva la queja. Si el encargado de portar el reclamo no descansa, no duerme, ello contribuirá a que su lucha se mantenga viva y servirá de ejemplo para que el resto del pueblo tampoco olvide su objetivo. Esta concepción de la necesidad de un esfuerzo para volver a acceder a la memoria *desactivada*, observada entre los pueblos marginados, la encontramos también, por ejemplo, en un estudio sobre los indígenas Pumé al sureste de Venezuela. Orobitg Canal denomina al fenómeno *la experiencia dolorosa de la historia* (1994). En su estudio analiza la manera en que los Pumé, llamados también Yaruros, recuerdan, y el proceso a partir del cual construyen su memoria. La trayectoria de los Yaruros está marcada por la huída y la diáspora. Según los Pumé, el olvido (no cuentan con una palabra equivalente a olvido, sólo con lo que es la negación de recordar) de los hombres sólo puede ser combatido yendo al encuentro de la memoria de los *Oté*, los seres míticos. Esta travesía, el *Tôhé*, se produce durante el canto, el sueño o la enfermedad. En estas circunstancias, el *pumethó* (la esencia humana) viaja por las dimensiones míticas al encuentro con los dioses. La presencia de la enfermedad, diferente pero a la vez parte de las otras dos experiencias, alude también a la vinculación del dolor como posibilidad de acceder a la

---

[11] «Ocho guerras perdidas con el extranjero; pero, en cambio, cuántas guerras ganadas contra los propios peruanos. La no declarada guerra contra el indio Atusparia la ganamos: mil muertos. No figuran en los textos. Constan, en cambio, los sesenta muertos del conflicto de 1866 con España [...] en 1924, la guerra contra los indios de Huancané: cuatro mil muertos [...] la isla de Taquile y la isla del Sol se sumergieron medio metro bajo el peso de los cadáveres [...]. En 1924 el Capitán Salazar encerró y quemó vivos a los trescientos habitantes de Chaulán» (RPR: 217-218).

visión del pasado, el presente y el futuro. De esta manera, las vivencias que han conformado la existencia del individuo pueden volverse accesibles durante una temporalidad dolorosa. Pero no sólo eso, sino que el viaje en sí guarda relación cercana con la muerte, ya que si la esencia, *pumethó*, no regresa, ésto se conoce como *horentadé* (no recordar) y constituye una experiencia equivalente a la de morir, mientras que la vuelta, *horenta* (recordar), se considera como sinónimo de vida (Orobitg Canal 1994: 12). Esta simbología retoma la idea de la memoria como elemento esencial vinculado a la construcción de la propia historia[12] de estos pueblos.

¿Es subversivo el insomnio?

¿Por qué podría resultar inquietante la idea de una raza de seres insomnes? En primer lugar por su condición de *diferentes*, pero sobre todo por su razón de ser y por las causas de su insomnio. ¿A qué se alude con la expresión *raza de insomnes*? En los capítulos dedicados a Garabombo y El Nictálope se ha visto cómo las novelas describen la manera en que los indígenas (re)definen, a su favor, las míseras circunstancias en medio de las cuales viven. Es importante resaltar que no nos encontramos ante el insomnio, individual o colectivo, de un grupo cualquiera, sino que se trata del insomnio de seres marginales, invisibles, postergados, explotados. Aquellos que padecen de insomnio también se encuentran condenados a una situación de exclusión, de modo que comparten con los indígenas esta calificación. Cioran, considerado un insomne *notable*, resume así esta perspectiva: «[...] el insomnio te coloca fuera de la esfera de los vivos, de la humanidad. Estás excluído [...]. No hay sino esa inmensa noche que está ahí» (Cioran 1996: 67).

Lo más significativo es que el insomne no busca semejante estado y hace todo lo posible por abandonarlo, mientras que Herrera se esfuerza en permanecer así; cree que, de lo contrario, no podrá completar su misión. De ahí que exista algo en el insomnio que él considera útil o vital para su lucha. Cioran

---

[12] Sobre la dicotomía entre Historia con mayúsculas y relatos históricos –con minúscula–, resulta pertinente la observación del Subcomandante Marcos: «Al lanzarnos con todo lo que tenemos en esta lucha, los indígenas mexicanos [...] hemos obrado con un impulso universalmente humano, el de la rebeldía. Ella [...] nos ha convertido en una fuerza histórica, no por su trascendencia en libros o monumentos, sino por su capacidad de hacer historia, así, con minúsculas» (Marcos 2001c: en línea).

afirma que la condición del insomne le permite acceder a ciertos conocimientos vedados a la comprensión de los demás (Cioran 1996: 67). La razón por la cual los seres humanos soportan la vida radicaría, desde esta perspectiva, en la posibilidad de la discontinuidad. Una existencia sometida a una absoluta continuidad equivaldría a un infierno absoluto. El insomnio se constituye en un estado de vigilia continua, una vez que ha desaparecido el sueño. Este sueño, a su vez, sería la garantía de la discontinuidad que hace tolerable la vida (Cioran 1996: 67). El estado de permanente vigilia, de consciencia absoluta de todo, es insoportable para el ser humano. La función del sueño es, precisamente, brindarle el descanso necesario, o mejor dicho, la posibilidad de olvidar todo aquello que lo mantiene alerta y despierto: «[...] la vida es soportable gracias a la discontinuidad. En el fondo, ¿para qué dormimos? No tanto para descansar cuanto para olvidar» (Cioran 1996: 225).

El insomne es el único ser que vive la infernal experiencia de contemplar permanentemente el mundo y la existencia *tal cual son*, sin posibilidad de olvido, de sueño, de relajamiento. La maldición del insomne o del que es lúcido de manera permanente consiste precisamente en lo que Cioran denomina su «inaptitud para la ilusión». Para aclarar de qué ilusión está hablando, Cioran remite a la idea de la perfección del ser humano antes del nacimiento, a la inocencia que se pierde con la lucidez. La única posibilidad de soportar la vida es dejándola transcurrir en cierto estado de inconsciencia respecto al mundo y la existencia. De allí que la consciencia absoluta constituya «una herida abierta en el corazón de la vida» (Cioran 1996: 31). La supervivencia radicaría en el sacrificio de la consciencia absoluta, en el «mirar sin comprender» (Cioran 1996: 81), ya que el infierno sería comprenderlo todo. Cioran habla de la perfección perdida del ser humano y equipara la vigilia con la caída de Adán del Paraíso, la pérdida del bienestar que proporcionaba la inocencia del desconocimiento, de no *ver* las cosas tal cual realmente eran. El exceso de *verdad* resultaría entonces una situación insoportable para el ser humano común y corriente. En ese sentido, la idea de Raymundo Herrera de que para asumir la lucha necesita someterse a una vigilia continua entronca con el pernicioso efecto que *el sueño* tendría en la toma de consciencia de la situación de atropello, consciencia a su vez fundamental para decidirse a iniciar el enfrentamiento. Hay que hacer notar que la acepción de sueño que él combate es aquella que implica el alejamiento del durmiente de su realidad, la huída del contacto con sus duras condiciones de vida[13]: el mal general es el olvido,

---

[13] El sueño en su acepción *activa,* la contraparte de esta *huida,* es actualmente retomado por los movimientos indígenas. «Con nuestra lucha leemos el futuro que ya se había sembrado

y a eso aludiría el *sueño* en la medida que dormir constituiría un resquicio por el cual los campesinos podrían huir de la realidad de su existencia cargada de miseria, una suerte de analgésico que les permitiría continuar soportando. La capacidad de *entregarse al sueño* equivaldría a distraerse de la indignación ante el atropello. Con el paso de los años, este *escapismo* conduciría a la pasividad, a la mansedumbre y a la indiferencia. La Rabia, entonces, funciona como el detonante, el instrumento provocador, la *punta de la lanza* que ha de confrontar a los indígenas con la idea de que no están completamente *dormidos*, de que en algún lugar aún son capaces de *sentir* indignación. En todo caso, que su situación no es irreversible. Preparado así el ánimo, luego sobrevendrá la fase de encauzamiento de esa rabia primigenia hacia la acción.

Un razonamiento similar, donde el sueño resulta equivalente a la insensibilidad, lo encontramos en la descripción de la vida –previa al accidente– de Ireneo Funes, el protagonista de «Funes el memorioso» de Jorge Luis Borges:

> Diecinueve años había vivido como quien sueña: miraba sin ver, oía sin oír, se olvidaba de todo, de casi todo. Al caer, perdió el conocimiento; cuando lo recobró, el presente era casi intolerable de tan rico y tan nítido, y también las memorias más antiguas y más triviales. (Borges 1985: 181)

La condición de «no ver», «no oír» y «olvidar todo[14]» nos recuerda la respuesta de Herrera a aquellos que al conocer su afán de levantar el plano impugnan su candidez: ¿a su edad aún no ha aprendido la lección de que la ley nunca favorece a los indios? Herrera insiste en luchar por la vía judicial –con el plano y los Títulos– hasta lograr la recuperación de la propiedad territorial de su comunidad. Ahora bien, esto no significa que sea él quien tiene fe en la justicia; su acción se orienta a los otros:

---

ayer, que se cultiva hoy y que sólo podrá cosecharse si se lucha, es decir, si se sueña». «Al escepticismo hecho doctrina de Estado, a la indiferencia neoliberal, al realismo cínico de la globalización, los pueblos indios hemos contrapuesto la memoria, la palabra y el sueño» (Marcos 2001c: en línea).

[14] La vinculación entre el insomnio y el olvido, en otra variante, la encontramos también en *Cien años de soledad*, donde la gravedad de la peste de insomnio se manifestaba en el olvido: «[…] cuando el enfermo se acostumbraba a su estado de vigilia, empezaban a borrarse de la memoria los recuerdos de la infancia, luego el nombre y la noción de las cosas, y por último la identidad de las personas y aún la conciencia del propio ser, hasta hundirse en una idiotez sin pasado» (García Márquez 1998: 60).

—La gente que no se saca aún la telaraña de los ojos, lo cree.. Esta gente es un obstáculo para la lucha que emprenderemos. No puedo torcer a la fuerza el criterio de esos hombres. Es necesario que comprendan. Para eso necesitan mirar desnudo el abuso. (EJI: 61-62)

Esta ardua tarea de *hacer ver* a quienes aún no han tomado consciencia del abuso es algo que comparte esta raza de insomnes. Los insomnes pertenecen, entonces, a la especie de los que *ven*. La característica más notable de Atusparia, por ejemplo, eran sus ojos abiertos, siempre mirando: ni siquiera al morir consiguieron cerrarle los párpados. Recordemos al Nictálope, el único capaz de *ver* en la noche, allí donde nadie más lograba orientarse. También tenemos a Garabombo, que podía convertirse en el no-visto. Nos encontramos, efectivamente, ante una raza de marginales, de tipos peculiares, precisamente porque ven lo que los demás no ven, y en ese sentido ven *demasiado*. Cioran manifestaba que era el insomnio el que le permitía *comprender*. De allí la importancia capital que le otorgaba a las «noches blancas», como definía a sus noches sin sueño, al punto de confesar que tanto su producción como su visión de las cosas fueron resultado de esas «vigilias del espíritu».(Cioran 1996: 225-227).

Desde la perspectiva del poder de turno se define como marginal al que carece de los signos exteriores, formalmente reconocidos, de riqueza y de poder, y se categoriza su existencia como una de absoluto despojo. Precisamente al condenarlo a un universo oscuro, a la invisibilidad, se elimina también la posibilidad del conocimiento y el acceso a su parte del mundo; más bien se estereotipa *su* mundo como un submundo. Lo irónico es que si se hace un esfuerzo y colocándose en la postura del marginal se mira desde *su* mundo, desde su dimensión, entonces la figura se invierte. Los despojados, los ciegos, resultan aquellos que por dormir se privan de conocer el mundo *completo*, ya que *sólo* ven una parte del universo, el día, tornándose ciegos al anochecer; aquéllos que no logran ver toda la otra mitad del mundo sólo *ven en parte*. Los que detentan el poder se revelan así como poseedores de un conocimiento incompleto y parcial[15]. Cioran llegaba a afirmar que la humanidad, para él,

---

[15] Otro ejemplo de esta práctica de inversión de perspectivas que ejercita el oprimido lo encontramos en el discurso del EZLN. El bastión de los zapatistas recibe irónicamente el nombre de «La Realidad». Se pone así en duda la convicción del estado mexicano de constituir el único México *real*. El levantamiento denunció las flagrantes prácticas de exclusión, de allí que su lema fuera «Nunca más un México sin nosotros». Los Zapatistas confrontaban así al país con la realidad desde La Realidad.

se dividía en dos categorías: los que habían comprendido, que eran pocos, y los que no habían comprendido, la mayoría (Cioran 1996: 80). Y en esa línea, llegaba al extremo de afirmar que despreciaba a aquellos que podían dormir.

Scorza nos confronta, a lo largo de sus novelas, con un mundo (im)posible conformado por insomnes, invisibles, gente que se comunica con los caballos, lectores de sueños y bordadores del futuro en sus tejidos. Ellos constituyen el aterrador mundo paralelo de aquellos históricamente condenados a otra dimensión. ¿Pero por qué resulta amenazador este mundo marginal? Si partimos del hecho que su mundo es desconocido, al *mirarlos* se toman siempre como punto de referencia confortables y antojadizas presunciones sobre ellos. Nada puede resultar más sobrecogedor, entonces, que la posibilidad de que desde este *submundo* emane una propia descripción o versión de la noche, de lo oscuro, de lo invisible, que no coincida con los términos en los cuales se les ha creado o definido. La idea de que los *sin voz* terminen redefiniendo el calificativo y la posición que se les impuso al punto de terminar irguiéndose enriquecidos en medio de su supuesto despojo abriría las puertas del caos, del desorden, de la noche, de lo inasible. Todas estas características, tradicionalmente asimiladas a lo atemorizante, constituyen precisamente el ambiente en el cual el marginado se encuentra a gusto. La voz del oprimido sobresalta ya que no sólo da señales de vida, sino que amenaza con alcanzar una posición de sujeto hablante. Las consecuencias resultarían impredecibles: desafío, desmitificación, desarreglo, subversión del discurso *del orden*, de su autoridad, de *la* versión oficial.

Leyendo la historia escrita en la tierra

> La historia no es más que garabatos que escriben los hombres y mujeres en el suelo del tiempo. El Poder escribe su garabato, lo alaba como escritura sublime y lo adora como verdad única. El mediocre se limita a leer los garabatos. El luchador se la pasa emborronando cuartillas. Los excluidos no saben escribir […] todavía.
>
> Subcomandante Marcos

La travesía que Herrera inicia para definir los límites de la comunidad está lejos de constituir un *manotazo de ahogado* en la accidentada tradición de lucha de la comunidad por sus derechos. A primera vista parece una tarea infructuosa si se considera que casi siempre los resultados han sido adversos. Sin embargo nos encontramos ante algo más, un proceso propio, vital, que la comunidad va a emprender estratégicamente. En primer lugar, la comunidad cuenta ya con el instrumento que prueba que tienen derecho a aquello que reclaman. Herrera ha preservado, a costa de grandes sacrificios, el Título de 1705[16] en el que se reconoce la propiedad de sus tierras; lo único que hace falta es el plano que delimite las fronteras, para demostrar así la magnitud del despojo. Ésta no constituye una empresa sencilla. Para empezar, es casi imposible encontrar a alguien capaz de atreverse a realizar la medición, y en segundo lugar se requiere atravesar cinco haciendas, propiedad de soberbios y violentos hacendados, pero los comuneros lograrán superar todos estos obstáculos y proceder a la medición. Aunque no es poco el esfuerzo que esto implica nos concentraremos, sobre todo, en el principio que anima este recorrido, que sobrepasa con creces la simplicidad topográfica del hecho. En su travesía, Herrera conduce a la comunidad entera hacia la recuperación de algo más que una determinada extensión de terrenos: es el viaje de la apropiación o recuperación de la memoria de haber poseído, es decir, de su historia inscrita en esas tierras. Nos encontramos ante la vinculación de historia y territorio, un nexo que se encuentra en la base de las recuperaciones territoriales de muchas comunidades indígenas; la historia *yace*, por así decirlo, en la tierra, a la vez que el territorio *construye* la historia. William Rowe ha estudiado los sistemas de la memoria en situaciones de trasmisión oral del conocimiento. Entre las modalidades no alfabéticas andinas, señala el paisaje como punto de referencia en el trazado de la memoria. De igual manera «[...] la forma y ubicación de las ruinas prehispánicas se incorpora en mitos y/o sirve como soporte material y visual del relato histórico» (Rowe 2002: 36). Esta concepción es bien diferente de aquella que maneja la Historia, según la cual los *relatos* de los pueblos indígenas no constituyen parte representativa de la versión oficial ya que sus fuentes básicas no se adaptan a los parámetros historiográficos tradicionales.

Analicemos ahora la manera en que se realiza la medición. Para empezar, el tiempo cronológico en que se calcula la señalización de hitos es, a simple

---

[16] A su entrada al pueblo de Rabí, Raymundo Herrera lee el Título, expedido por la Audiencia de Tarma en 1705, en el cual se reconocen sus derechos y se indica incluso los rituales con los que los indígenas sellaron la posesión. Una nota a pie de página señala que se trata del documento original (EJI: 170).

vista, desproporcionado, si se lo compara con la duración normal de un evento de ese tipo: «¿Cómo medirá Huarautambo? ¡Este viaje nos tomará meses, quizás años! El viejo nos miró. –Este viaje durará más que mi vida. Por eso lo emprendo» (EJI: 63).

Lo anterior bien puede considerarse un indicio más de que en realidad no se está haciendo referencia a una medición literal de los terrenos, sino que se alude a una travesía de mayor trascendencia. Luego tenemos los puntos de referencia a los que Raymundo Herrera recurre en la identificación de la territorialidad. En el caso de los pueblos indígenas, el problema no sólo lo constituye la ausencia de linderos oficiales –ante un tribunal estas pruebas materiales tendrían que figurar por escrito, algo que estos pueblos, de tradición ágrafa, no poseen– que definan sus tierras, sino que de entrada se les desconoce todo derecho o posibilidad de poseer. Pero más grave aún es la carencia de la memoria, al interior de la comunidad misma, sobre aquello que alguna vez fue suyo. El desafío entonces viene a ser cómo revelar o recuperar aquello que parece ya no existir. Cuando Herrera en compañía del audaz topógrafo llega a un pueblo va en busca de Carmen Girón, un anciano de más de cien años[17], a quien se dirige de la siguiente manera:

>   —Yanacocha ha decidido luchar contra los hacendados que nos usurpan. Para comenzar legalmente nuestro reclamo necesitamos levantar el plano catastral de nuestra tierra. Hemos perdido la memoria de los hitos pero si ustedes, ancianos, se acuerdan, descubriremos las antiguas señales. (EJI: 120-121)

Recurrir a tan inesperada fuente de información evidencia que en la lucha que emprenderá el pueblo por recuperar su territorio-historia jugará un rol trascendental la recuperación de la memoria, de la tradición. Es en ese sentido que Vasco Uribe, en su estudio sobre la recuperación de la memoria de los Guambianos de Colombia, hace notar que, además del recorrido del espacio territorial para recuperar la historia:

---

[17] En *El Jinete Insomne* se describe la importancia de los ancianos para estas comunidades: «Las viruelas, las levas para las minas, los sufrimientos, agostan la semilla de los humanos […]. En nuestros pueblos los varones entregan el alma a los treinta, a los cuarenta. El viejo capaz de atravesar los trabajos, las pestes, las mortandades es la preciosísima botija que guarda la memoria de nuestro pueblo.» (EJI: 127)

Cuando se recorre el territorio para leer en él la historia, hay que hacerlo con los mayores de conocimiento, escuchando su palabra, la palabra mayor, *nu wamwam*, el otro lugar de vida en donde la historia reside. (Vasco Uribe 2002: en línea)

Cuando las comunidades perdieron sus tierras lo primero que hicieron los usurpadores fue eliminar toda muestra visible, formal, de territorialidad establecida por las autoridades indígenas para identificar sus territorios. Sin embargo, como señala el anciano Girón, «Pero hay hitos imposibles de destruir» (EJI: 159). No se está refiriendo así a una característica física, sino a la esencia de lo que ellos conciben como hitos, que no radica en el objeto. Esto confirma la imposibilidad de separar las categorías *historia y territorio* cuando se hace referencia a los procesos históricos de las comunidades campesinas[18]:

«Hay hitos plantados en el fondo de la Laguna de las Garzas. Allí nuestros abuelos enterraron grandes piedras donde están grabadas la "S" y la "J", iniciales de nuestra comunidad» (EJI: 159-160). Y algo más adelante: «En la cueva Intimachay, al fondo, existe una roca en forma de mano: abajo están pintadas en rojo y amarillo nuestras letras» (EJI: 160). O también:

—Remontando la cordillera Huachac existe una tierra colorada, infranqueable en época de lluvias [...].—Cerca, cubierta por la hierba, encontrarás una muralla de los antiguos. En todas esas murallas hay piedras-campana: suenan si se las toca con un guijarro. Bien. Detrás de la piedra-campana de la muralla Pucush, constan también nuestras iniciales. (EJI: 160)

Hace más de un siglo Pomayaros y Yanacocha disputaron por una mujer de belleza incomparable. Añada se llamaba. Por sus sonrisas los hombres de Pomayaros y Yanacocha nos acuchillamos; después de una generación decidimos amistar. En esta plaza nos juramos hermandad eterna [...] El día del banquete Yanacocha nos regaló una campana. En el interior de esa campana, grabado en bronce, dice que Pomayaros es anexo de Yanacocha. ¡Es hito! [...]

---

[18] Este mismo planteamiento lo encontramos en el discurso del EZLN: «[...] Somos mexicanos, mayoritariamente indígenas, y nos alzamos en armas el primero de enero de 1994 demandando voz, rostro y nombre para los olvidados de la tierra [...]. Estos suelos son ricos en petróleo, uranio y maderas preciosas. El gobierno las quiere para las empresas transnacionales. Nosotros las queremos para todos los mexicanos. El gobierno ve en nuestras tierras un negocio. Nosotros vemos la historia escrita en nuestro suelo» (Marcos 2001a: 210).

«Cam..pa..na..re..ga..la..da..por..la..co..mu..ni..dad..de..Ya..na..co..cha [...] A..su..a..nexo..San..tia..go..Pomayaros.. [...] El..año..mil..ocho..cientos..se..ten..ta [...]». (EJI: 185)

Este recorrido de reconstrucción de la territorialidad que es la travesía de Yanacocha junto a Herrera tiene como problema central la memoria perdida. De allí la importancia de seguir uno por uno los puntos que definen su propiedad. Porque en la ubicación de cada uno de los hitos no sólo encuentran las bases del mapa topográfico sino que, sobre todo, se retoman los acontecimientos importantes que forjaron, que *hicieron* a Yanacocha y a los yanacochanos. Este relato se actualiza en la memoria de los testigos (la comitiva que marcha con Herrera[19]) que, ayudados por el viejo, van «leyendo la historia» en las piedras, las campanas, el color de la tierra. El ir de un hito a otro reconstruye también el tiempo, factor importante que les brindará ayuda en su lucha de este momento:

> En el territorio, constituyéndolo, existen todos los tiempos, como capas que se han depositado en él y que es necesario levantar, separando, retomando y relacionando precisamente aquéllas que son necesarias para conducir la vida de hoy y resolver sus problemas» (Vasco Uribe 2002: en línea).

La memoria se reconstruye, entonces, a partir de un proceso actual que involucra la participación y un compromiso del *hoy* de los participantes para poder recuperar su *ayer*. Al ir atando los cabos de los diversos acontecimientos, en los diversos lugares/tiempos de su ayer, los pueblos van formándose una idea de cómo se inserta su existencia, hoy, en este acontecer, y de las posibilidades o rumbos que podrán adoptar en el futuro. En cierta medida se recupera también «la memoria del futuro». La reconstrucción del ayer que se da en el hoy es el prerrequisito para constituir el mañana.

Esta propuesta, además de constituir una confrontación con las concepciones tradicionales (sobre fuentes históricas, procesos de construcción identitaria y de memoria), revela la actual validez de estos procesos alternativos, los torna reales y palpables. En los momentos en que los campesinos surgen del relato

---

[19] Vasco Uribe destaca la importancia de los testigos en la realimentación de la memoria colectiva. Son testigos aquellos presentes en los acontecimientos, los que los oyeron de quien los vio o los que repiten lo dicho, y de ahí que algunos pueblos indígenas distingan grados de certeza y veracidad en los testimonios de quien obtiene el conocimiento. Si la gente no se reconoce en su propia memoria necesita la *palabra dada* de un testigo para constatar que *así es* (Vasco Uribe 2002: en línea).

como seres desvalidos, sin armas para movilizarse en el terreno burocrático, la osadía de Herrera irrumpe no sólo recuperando lo perdido, sino haciéndolo en sus propios términos. La validación del Título de Yanacocha contiene una trampa legal al requerir un plano catastral cuyo levantamiento mismo es un imposible. No imposible físico, porque los campesinos van superando cada dificultad. Es en el terreno formal donde los indígenas no estarán en condiciones de demostrar fehacientemente la propiedad de sus tierras, de superar la desposesión. Desposesión que no sólo implicaría su actual pobreza y miseria, sino algo más: la negación de su existencia, de su tradición, de su historia. La confrontación parece darse entonces en la aceptación de las pruebas presentadas desde dos sistemas diferentes. Por el lado formal tenemos los documentos. Herrera a su estilo recurre a la recuperación de la historia *escrita* en los lugares donde se ha vivido: en la tierra. Puede seguirse en la novela la manera en que la historia, la existencia, la propiedad de Yanacocha empieza a surgir de sus fuentes imperecederas, tan contundentes como los documentos. Pero ¿será aceptada la validez de estas fuentes? Es allí donde radica el dilema de esta parte de la pentalogía, en la confrontación de dos formas de razonamiento. Si en la praxis estas dos formas pudieran convivir se enriquecerían una a la otra. Sin embargo en la realidad hay un perdedor: Yanacocha prueba su existencia en sus propios términos, pero a nivel formal eso no tiene valor. Esta intolerancia sólo deja lugar a una opción: la rabia y el enfrentamiento. La tarea de Herrera ha sido descomunal y la ha cumplido; no el levantamiento del plano topográfico, sino el haber conseguido que Yanacocha *recuerde*[20] y recupere su historia, su tiempo. Una vez conseguida esta *reubicación* le corresponde a otros luchar para mantener lo propio, lucha que de por sí constituirá la manera de revivir constantemente la memoria, porque «la memoria no es ni principal ni exclusivamente un recordar» (Vasco Uribe 2002: en línea).

---

[20] Es impresionante la escena en que Herrera se dispone a preservar, para la posteridad, la memoria de las fronteras de las tierras comunales. Hace reunir a los niños del pueblo alrededor de la roca que constituye el hito principal de la comunidad, la prueba de que esas ruinas fueron la capital de los antiguos. A continuación hace azotar a los pequeños sin apiadarse de sus quejas, mientras les va explicando: «Hijitos: estos latigazos a mí me duelen más que a ustedes, son para que este recuerdo no se les borre de la carne [...]. La memoria es de arena. Pero ahora cada que miren sus cicatrices [...]. ¡Crezcan tranquilos! ¡Tengan hijos, nietos, biznietos! Y a su tiempo, si todavía no son libres, ¡azótenlos aquí! (EJI: 212-213).

VII.

LA TUMBA DEL RELÁMPAGO:
LA TUMBA DE LA EPOPEYA

La tumba del relámpago es otra de las páginas, la última, que escribió Scorza sobre la gesta de los campesinos de los Andes en su intento por recuperar sus tierras. Precisamente durante los momentos más críticos del enfrentamiento alguien califica a Genaro Ledesma como el «hombre que nos conduciría al asalto del cielo» (LTDR: 256). Como se ha adelantado ya, tanto el tenor general de la quinta novela como el protagonista de la misma tienen una importancia especial en la pentalogía. Al respecto, conviene seguir paso a paso la línea de pensamiento de Ledesma desde el momento en que se enfrenta a la realidad de Cerro de Pasco, su ulterior desempeño como dirigente y, por último, su traslado a la cárcel, una vez que se produce lo que él califica como la derrota del relámpago sublevante.

La diferencia entre las anteriores novelas y esta última podría sintetizarse en la significativa manera en la que el autor cierra esta fase del enfrentamiento. El tono con que se describen los levantamientos anteriores, pese a que todos terminan en masacres, puede ser calificado de impotencia, de dolor, de frustración; de resignación, incluso, y hasta de velada esperanza, pero en ningún caso de derrota declarada. *Redoble por Rancas* culmina con un diálogo de tumba a tumba entre los campesinos caídos durante el enfrentamiento con la tropa, en el que se ponen al día de los abusos sucedidos tras la masacre (RPR: 230-234). *Garabombo el invisible* termina con un encuentro secreto entre hombres cuyos cabellos empezaban a blanquear, no así su valor (GEI: 40). Ellos son los encargados de organizar una nueva rebelión (GEI: 251-254). Al final de *El Jinete Insomne* el lago Chaupihuaranga cambia de color y de nombre, Lago de Sangre: Yáwarcocha. Otros ríos ya han vuelto a su estado natural pero en Yanacocha «las aguas siguen enlutadas de rojo» (EJI: 223).

Agapito Robles, en la cuarta novela, recibe a la tropa con una enloquecida danza. Su poncho de colores se despliega en todas direcciones y al grito de ¡Wifala! «¡Un zig zag de colores avanzaba incendiando el mundo!» (CDAR: 245). En *La tumba del relámpago*, por último, se lee: «¡Hemos fracasado! [...] sobre la lápida de esa sublevación, nadie borronearía el más pobrísimo epitafio. ¡Ninguna mano arrojaría ninguna flor sobre la tumba de ese relámpago!» (LTDR: 267).

Arribar a la conclusión de que precisamente esta derrota escribe el epitafio de la lucha campesina de alguna manera le otorga un valor peculiar al último enfrentamiento. Interesa concentrarse en la figura de Ledesma para dilucidar si el clamor de derrota del líder de *La tumba del relámpago*, que sorprende por su diferencia dentro del conjunto de la pentalogía, podría significar que se considera a este levantamiento el intento más cercano al triunfo al que pudieron llegar los campesinos. De allí que, una vez fracasado, sólo quepa anunciar la muerte –la tumba– de la empresa.

Genaro Ledesma, el abogado trujillano

La tumba del relámpago tiene como protagonista a Genaro Ledesma Izquieta, un abogado costeño de Trujillo, acérrimo admirador de César Vallejo y formado por las lecturas de José Carlos Mariátegui y González Prada, entre otros. Ledesma empieza a trabajar como maestro de escuela en Cerro de Pasco pero su compromiso con la causa de los campesinos y los mineros lo conducirá hasta la alcaldía de la ciudad. Mientras desempeña ese cargo ocurre la masacre de Rancas, hecho que motiva una exaltada y comprometida protesta de Ledesma; eso le costará el encarcelamiento y su cese, no sólo de la alcaldía, sino también de su puesto de maestro de historia en la escuela. Al verlo en tal situación los representantes de las comunidades de la pampa de Junín, en un gesto nunca antes visto, le proponen sostenerlo económicamente por el tiempo que necesite para terminar sus estudios y graduarse de abogado, a condición de que luego vuelva para defenderlos. Ledesma cumple, y a su regreso los comuneros incluso le han conseguido un local humildemente amoblado. En cada silla los ebanistas han tallado «Genaro Ledesma, Abogado Defensor de los Comuneros de Cerro de Pasco» (LTDR: 44).

Los abusos que presencia, una vez instalado, le hacen comprender que le espera un arduo trabajo legislativo. Sin embargo, para su sorpresa, la actitud de los comuneros ha cambiado radicalmente en su ausencia:

La tumba del relámpago: la tumba de la epopeya

[...] la situación se ha agravado. Ahora ya no requerimos un abogado sino un dirigente, alguien que nos conduzca a la pelea, doctor. El tiempo de los reclamos murió. ¡No necesitamos expedientes: necesitamos fusiles! (LTDR: 57)

Así Ledesma se convertirá en el conductor del último levantamiento, cuya evolución narra la quinta novela.

Raymundo Villena, el intérprete de ponchos

En paralelo a la de Ledesma, resulta ilustrativo hacer una lectura del recorrido del comunero Remigio Villena[1]. Mientras Ledesma, formado a fondo por sus lecturas, llega al terreno de la práctica –Cerro de Pasco– a poner a prueba lo aprendido, Villena descubre los ponchos y de alguna manera termina *poseído* por ese llamado. Ambos líderes, luego de su proceso formativo, coinciden en una encrucijada del camino y eligen la misma ruta: el enfrentamiento con las haciendas. Lo interesante es la manera en que ambos procesan, en el terreno de los hechos, sus respectivos bagajes formativos, sus experiencias. La diferencia entre ambos ilustra la convivencia evidente de lógicas diferentes en la concepción de los objetivos de la lucha campesina.

Las primeras páginas de la novela nos presentan ya a un Remigio Villena ocupado en descifrar el mensaje de los ponchos. Los campesinos, tras sucesivas derrotas, caen en la cuenta de que mucho de lo sucedido se encontraba ya anunciado en los ponchos tejidos por doña Añada. Esta anciana ciega, luego de ser expulsada de la hacienda, había encontrado refugio y apoyo entre los comuneros de Yanacocha a quienes, como muestra de agradecimiento, les ofrece tejer ponchos en los cuales quede constancia de la historia del pueblo. Al descubrir su valor profético, las autoridades de la comunidad de Tusi ordenan recuperar todos los ponchos, pero sólo encuentran cuatro. Villena eventualmente rastrea algunos más, dispersos por distintos lugares. Los comuneros,

---

[1] Cuando Ledesma empieza a buscar comuneros decididos a entrar en acción le mencionan a Remigio Villena de Tusi. Villena trabajó desde niño en las minas del hacendado, allí vio morir a varios parientes y amigos, y ya de adulto sufrió el despojo de su comunidad rodeada por cuatro haciendas. Tusi era, pues, un pueblo de *tierras escasas,* de allí que sus habitantes tuvieran fama de sobrevivir a costa del robo. «¡No somos ladrones, –le dijo Remigio Villena–. Somos demasiadamente pobres"» (LTDR: 99). Su actitud de protesta y desafío constante le había acarreado la cólera del hacendado de la hacienda Jarria. Ledesma va a rescatarlo de la sexta prisión que Villena purga acusado –por el hacendado– de abigeato.

pese a su esfuerzo, no logran interpretarlos; sólo reconocen algunas escenas de eventos que ya han tenido lugar. Será Villena quien analice detenidamente los dibujos y realice un gran descubrimiento:

> No pudiendo avanzar bajo la luz, por el Mundo de Afuera, la ciega había viajado por el mundo de Adentro. [...] doña Añada se había extraviado. [...] ¡La ciega de Yanacocha no había tejido el pasado, sino el futuro! (LTDR: 10)

Profundamente impresionado por esa comprobación, Villena asume una tarea. A partir de ese momento ubica todos los ponchos para impregnarse del significado de cada uno de ellos. Empieza a experimentar un proceso de transformación similar al que habíamos observado en los anteriores protagonistas de la pentalogía, Chacón, Garabombo, Herrera y Agapito Robles. El simbolismo de su *iniciación* radica en el hecho de que luego de días de paciente observación, los ponchos empiezan a cobrar vida sólo ante sus ojos. Villena, que por años había admirado los pasajes reproducidos en los tejidos como los demás comuneros, declara que «¡Ahora, por primera vez, *veía*! (LTDR: 10). La expresión es similar al don de *ver* en la oscuridad del Nictálope. Ver más allá, es decir, entender. El proceso preparatorio o toma de consciencia de Villena, por llamarlo de alguna manera, ocurre a lo largo de sus confrontaciones con cada uno de los ponchos. No sólo contempla las escenas tejidas sino que para aprehenderlas antes debe *entender* el significado que encierran y luego extraer sus conclusiones de cada lectura. Esas observaciones nos indican cómo evoluciona su preparación para entrar en acción.

En la primera escena-poncho observa cataclismos que parecen destruir el mundo y comprende que no se trata de un terremoto sino de la visión de Inkari. Las dispersas partes del cuerpo del dios empezaban a reunirse cumpliendo su promesa. La tierra ondulante, los vientos contradictorios, las montañas bajando y los abismos creciendo lo convencen de que sin duda es el fin del mundo o «el comienzo verdadero» (LTDR: 9). Una vez que comprende que se trata de la prodigiosa salida de la tierra de Inkari, Villena se pregunta si en efecto el gran momento ha llegado[2].

---

[2] Cuenta el mito que cuando los extranjeros eliminaron al Inca-Rey (Inkari) para evitar que se convirtiera en símbolo para su gente, lo despedazaron repartiendo las diversas partes del cuerpo por remotos lugares del país. Desde entonces el cuerpo del dios se va juntando, hasta que llegue el día prometido en que su cuerpo sea nuevamente uno: «Cuando mis hijos sean capaces de enfrentarse a los extranjeros, entonces mi cuerpo divino se juntará y saldrá de la tierra para el combate final»; así estaba anunciado, y Remigio Villena interpreta así la escena (LTDR: 10).

La tumba del relámpago: la tumba de la epopeya 207

El segundo poncho, titulado «La Huída de los Hombres Pájaro» (LTDR: 27), refleja la historia de un anciano que pretende volar y persevera hasta conseguirlo, ayudado por doña Añada. Entonces todos los ancianos del pueblo se lanzan a las alturas a emular su hazaña, clamando que al menos «el aire todavía es libre», que «no encontramos lugar en la tierra» (LTDR: 31). Villena no consigue reconocer a qué alude este paisaje e intenta imaginar cuándo los hombres se convertirán en pájaros. Hasta entonces los ponchos sólo se entendían *después* que lo representado ocurría, pero Villena descubre que él está concentrado en conocer el *antes*. Precisamente es eso que le ha impedido *ver* que lo trascendental se encuentra más bien en el futuro, en el advenimiento del producto de los hombres-aves. En un rincón perdido del bosque tejido descubre los enormes huevos depositados por los seres alados. Villena comprende asombrado que una nueva raza ya existe y que es liberada durante la noche, ya que de día los huevos aparecen vacíos.

«El combate de las Cordilleras» (LTDR: 46) sume a Villena en profundas dudas. Una Torre elevada hasta el cielo asiste a un furioso enfrentamiento entre las montañas; lo extraño es la expresión de pánico que muestran los vencedores.

En «Las Bestias» (LTDR: 47) numerosos animales devoran cuanto encuentran en la tierra, incluso la Torre defendida por un ejército de arcángeles que empiezan a ser derrotados. Extrañamente, al ser devorados por las bestias los ángeles sonríen y los lugares en que sus cuerpos son despedazados por las mandíbulas animales embellecen, adoptando un color rosado.

En el poncho que Villena encuentra detrás de una imagen de Santa Maca de Tusi (LTDR: 117) numerosos hombrecitos avanzan rumbo a la hacienda Jarria y finalmente la derriban, dejando al descubierto una pared blanca. Villena observa que no se trata de un muro sino de una dentadura que sonríe. Entonces comprende que ha llegado el momento de lanzarse a apagar esa sonrisa burlona.

Otro de los ponchos (LTDR: 119) representa un inacabable mar humano que sube por una escalera de anchos peldaños. Mientras asciende la gente se muestra eufórica, no nota que los únicos tres peldaños terminan contra montañas o bosques infranqueables. «¿Por qué la inutilidad del intento?», se pregunta Villena antes de reconocer aterrado entre los hombrecillos a algunos vecinos de su comunidad, Tusi; se reconoce incluso a sí mismo y entonces exclama «¡Yo no soy un dibujo, doña Añada!» (LTDR: 119).

En un poncho comprado a un comunero Villena descubre «La Guerra de los Árboles» (LTDR: 178). Dos ejércitos boscosos se enfrentan ferozmente; algunos árboles incluso tienen ojos, dientes y llevan lanzas. En una esquina del tejido reconoce la hacienda Jarria en pedazos e interpreta que su lucha triunfará. Los hombres que marchan al enfrentamiento van arrancándose los rostros y reemplazándolos por otros que llevan en el equipaje. Por último, confundido, observa que un océano arrasa con todo, los restos de la hacienda, los pueblos, la multitud y las montañas.

La tarea de interpretar compromete mucho más que la capacidad de observación de Villena; en cierto momento, ya agotado, señala: «Yo no sé quién soy, a veces me creo fantasma» (LTDR: 27). Esta sensación lo acompañará durante toda su tarea hasta el momento en que reaccione al reconocerse en un poncho. Se niega a convertirse en parte de un tejido: no es una figura, y de igual manera, posteriormente, interpretará que si para poder lanzarse a la conquista del futuro ha debido estudiar *los signos*, de ninguna manera puede convertirse en prisionero de los mismos. Su más importante y trascendental conclusión se convertirá en su guía en los momentos más críticos: «Tu visión no está en tu visión sino en aferrarte a tu visión» (LTDR: 28). Es lo que hará al final, eliminando cualquier atadura –y a ello alude el incendio de La Torre– que le impida decidir por sí mismo.

Cuando Villena encuentra en La Torre los ponchos que revelan el futuro, entiende también que ha llegado, literalmente, al futuro. Al decidir quemar el futuro predeterminado en los tejidos, adquiere consciencia de que «¡Somos hombres, no sombras tejidas por una sombra! ¡Mi cuerpo y mi sombra me seguirán adonde los lleve mi valor o mi cobardía!» (LTDR: 202). Así procesa Villena todo lo aprendido, entendiendo que el saber, la tradición, lo han conducido al futuro pero que no lo atan, sino que más bien lo liberan, permitiéndole decidir por sí mismo. En este sentido, resulta interesante la reacción de Villena ante el resultado negativo de la interpretación de los ponchos. «La guerra de los árboles» predice ya la matanza de los campesinos mientras atraviesan el río[3], y la ascensión por las escaleras describe lo infructuoso del intento. Villena, sin embargo, sigue adelante, negándose a aceptar un futuro ya cancelado en las escenas que la ciega había tejido. Se lanza así al intento de construcción de un

---

[3] Visitación Maximiliano, el personero de la comunidad de Pari, describe el desalojo de las tierras; para ello se ven obligados a atravesar el río Mantaro: «Los montados disparaban sobre los rebaños, caían carneros, vacunos alcanzados, su gente retrocedía, tratan de salvar nuestro ganado, el tiroteo crecía [...], los rebaños llegaron al Mantaro, cabrón río crecido, ahora las balsas no servían para nada [...] los guardias de asalto comenzaron a disparar sus metralletas. [...] Miró de nuevo las aguas alfombradas de cabezas que balaban, de sangre, de ropas, más cuerpos, ropas que a dónde irían a parar, a manos de quién sabe» (LTDR: 260-261).

futuro propio, asumiendo las consecuencias y arriesgándolo y entregándolo todo por recuperar las tierras.

Los ponchos en la praxis

Una vez que Villena se ha convertido en un *iluminado* a través del conocimiento de los ponchos, ¿de qué manera aplica este saber durante los enfrentamientos? También él, como Ledesma, verá su preparación sometida a durísimas pruebas. Cuando el personero Farruso, de la comunidad de Jarria, se inquieta por la presencia de los siervos de la hacienda y pregunta qué hacer en caso que se resistieran, la respuesta de Villena es la siguiente:

> –¡Nada! ¡Doña Añada lo garantiza! –exclamó Remigio Villena con los ojos brillantes.
> –¿Dónde? –preguntó Farruso. Ningún tusino dudaba ya de las terribles visiones de la ciega.
> –En «La Guerra de los Arboles» lo anuncia – recordó Villena. (LTDR: 177)

Los legendarios ponchos de la anciana Añada empiezan así a desempeñar un rol trascendental en la revelación del curso que habrán de tomar los acontecimientos. Siguiendo la interpretación de Villena[4] sobre «La guerra de los árboles», la comunidad decide excluir a los siervos de la hacienda de cualquier desempeño significativo en la toma de las tierras. Los siervos eran los indios sometidos por centurias a un grado tan brutal de esclavitud que ganarse su confianza requería un largo proceso que los comuneros no podían en ese momento iniciar.

No serán las únicas decisiones estratégicas «dictadas» literalmente por las señales de doña Añada. El «regimiento Jarria», comandado por Remigio Villena, avanza cauteloso después de haber tomado varios pueblos propiedad

---

[4] El poncho mostraba dos ejércitos de árboles enfrentados en encarnizada batalla, muchos de ellos con ojos, dientes y lanzas en las manos. En un ribete del poncho, Villena reconoce la hacienda Jarria en pedazos. El poncho profetizaba su caída. Igualmente ve una marcha de hombres que en cierto momento se arrancan los rostros con las manos, reemplazándolos por otros que llevaban en las alforjas. Villena demora pero al fin comprende que doña Añada alude así a un cambio no de máscaras sino de hombres. Los siervos de la hacienda deben ser reemplazados por comuneros de la comunidad Tusi. En otro extremo del poncho una visión deja sembrada la inquietud en Villena, las olas de un océano desbocado arrrastraban los caseríos, los pueblos, las personas y las montañas.

de las haciendas hasta llegar a una cañada peligrosa, y deciden entonces enviar un explorador. Los campesinos locales afirman que es innecesario, ya que más adelante el terreno mejora y describen detalladamente el río y las playas aún ocultos a sus ojos. Villena pregunta intrigado cómo lo saben:

> [hay] Varias [playas] pero cerca de La Torre.
> –¿Qué torre? –preguntó Villena, sabiendo ya lo que iban a responderle [...].
> –La Torre de la cieguita, señor [...] (LTDR: 198)

El campesino aludía de esta manera a una escena de los ponchos de la anciana Añada, en la cual figuraba una torre gigantesca que se elevaba hasta el cielo. El estupor de los comuneros de Tusi se convertirá en pánico cuando se encuentren, en efecto, frente a la torre. «Miraban la torre temerosos. Sabían que no *debía* estar allí» (LTDR: 199).

Villena, con gran osadía, se acerca e ingresa al temido edificio; allí encuentra las paredes tapizadas de ponchos tejidos, y en el centro de la habitación, amontonados en una pila, más ponchos: en sus escenas bordadas se narra todo el porvenir. Villena vence la tentación de conocer el futuro y adopta una drástica decisión. En adelante no acataría ninguna ley, aunque fuera dictada por la delirante ciega. En ese instante toma en sus manos su propio futuro. Entiende que nadie está obligado a seguir eternamente los designios de Añada: «Sólo los comuneros liberarán a los comuneros» (LTDR: 200). Comprende que nadie sería libre, jamás, mientras continuaran dependiendo de los mandatos de la ciega. Tras semejante reflexión procede a incendiar el lugar. Es impresionante la descripción en que las diversas escenas y personajes representados en los tejidos cobran vida y se lanzan al ataque de los comuneros antes de convertirse en ceniza. La explicación que Villena les da a los comuneros es simple: «Porque no quiero el porvenir del pasado sino el porvenir del porvenir. El que yo escoja con mi dolor y mi error. [...] ¡Nuestra empresa sólo depende de nuestro coraje! ¡Existimos! [...] ¡Estamos vivos!» (LTDR: 202).

La conclusión de Villena, que se traduce en su código de acción, lo diferencia de Ledesma. Comprende que es su proceso de formación el que le ha permitido acceder a entender la necesidad de lo que está aconteciendo, pero que más adelante no existe nada predeterminado, nada que él no pueda definir y escribir con su voluntad, con su valentía, con su ser.

En este sentido, resulta elocuente que la afirmación de Villena consista precisamente en un «¡Existimos!»; no dice «¡Sobrevivimos!», lo cual sería hasta cierto punto más coherente con tantas batallas históricas perdidas, con tantos caídos, tantos sacrificios. Al fin y al cabo, son ellos los que tuvieron la suerte de vivir para protagonizar ese momento. Pero no lo ven así; ésta es la constatación de que efectivamente nos encontramos ante una batalla continua, que no se ha perdido aún. Al contrario, 442 años de sistemática eliminación y postergación los encuentran en condiciones de definir su futuro. La resistencia es la medida que define su lucha. El mero hecho de encontrarse –y de ser– en este momento es ya un triunfo que resulta aún anterior al de la conquista del poder.

El «¡Existimos, Estamos Vivos!» de Villena es aún más primigenio y anterior al «¡Vivir para conquistar el poder!» de Ledesma. La existencia es, pues, algo que requiere una lucha diaria, incluidas aquellas temporadas de grandes batallas. Esa resistencia es la forma de lucha de este pueblo.

La muestra de que otros empiezan a seguir el ejemplo de Villena surge cuando los campesinos se enfrentan a los «sapos con colmillos» en su marcha rumbo a la hacienda. Esta historia empieza 35 años atrás, cuando el prepotente hacendado se apoderó de las tierras de la comunidad de Tusi. No contento con despojarlos, se burló de ellos y desafió al pueblo, gritándoles que sus esperanzas eran vanas. Vaticinó que sólo recuperarían sus tierras «el día que le salgan colmillos al sapo» (LTDR: 207), y por eso ahora, mientras se acercan a la casa-hacienda, los comuneros encuentran un pozo y se precipitan a comprobar si efectivamente a los sapos ya les han salido colmillos. Es el personero Farruso quien los detiene bruscamente a medio camino. También él, como Villena, interpreta este signo. Les recuerda a sus compañeros la reciente recuperación de cuatro pueblos dominados por la hacienda, todo ello conseguido a costa de su esfuerzo, su valentía y su arrojo, y concluye: «Tusinos: no precisamos que le salgan colmillos al sapo sino al coraje de los hombres. ¡Ese día ha llegado!» (LTDR: 208).

El relámpago que ilumina la historia campesina

> ¿Hasta dónde entendí el socialismo?
> No lo sé bien. Pero no mató en mí
> lo mágico.
>
> J. M. Arguedas

La cuestión principal que se impone en el análisis dedicado a Genaro Ledesma es por qué el conductor de esta fase del levantamiento concluye anunciando –radical y desalentadoramente– el fin del relámpago sublevante. ¿Qué lo conduce a expresarse en términos de tumbas, lápidas y epitafios? Sigamos la lógica que rige los actos de Ledesma, la que lo lleva a evaluar o *mirar* la evolución del levantamiento campesino desde una determinada perspectiva: es verdad que el proyecto trazado, la cuidadosa preparación, las acciones de tomas de tierra y la confrontación con la tropa culminan con un saldo dramáticamente negativo. Sin embargo, en su conclusión fatalista, ¿refleja Ledesma también la visión esencial de los comuneros? Si asumimos que el levantamiento efectivamente ha fracasado eso contradiciría lo que Ledesma mismo ha ido rescatando continuamente a lo largo de la novela: la sabiduría de ese pueblo, capaz no sólo de sobrevivir cuatrocientos cuarenta y dos años de opresión sino de continuar tercamente resistiendo. ¿Por qué no hablar entonces de la culminación de una fase más en la resistencia del pueblo, en vez de fracaso y de una batalla final? ¿Acaso esta confrontación, una de las muchas en que resultan derrotados los campesinos, es entonces la definitiva? ¿Por qué? La clave radica en *la mirada* que contempla la lucha campesina. Cómo y qué *mira* Ledesma es lo que se hace preciso indagar, deteniéndonos en sus diversas observaciones y reacciones a lo largo de la novela.

Desde sus primeras confrontaciones con la sierra peruana se observa en Ledesma un debate interior continuo entre lo que su formación libresca le ha trasmitido, las teorías sobre el campesinado y la práctica *in situ*. La falta de correlación es inclusive geográfica y así lo leemos cuando, víctima del soroche (mal de altura), Ledesma reconoce que: « […] esa cordillera [la] conocía solamente por libros que describían mal ese país inmenso […]». (LTDR: 15). No es casual que la pregunta que se va convirtiendo en una letanía a medida que avanza por las punas sea «¿Y si los libros se equivocan?» (LTDR: 12).

Los cursos de Historia que empieza a dictar en la escuela secundaria de Cerro de Pasco le sirven como iniciación al conocimiento del Perú profundo. A sus clases de la sección nocturna acuden los adultos, sobre todo los mineros, padres de los estudiantes de la diurna. Estos contactos le resultarán de valor esencial. Son los mineros quienes «le descubrirán el Perú secreto de los campesinos quechuas» (LTDR: 17). Profundamente impresionado por el sufrimiento y la explotación ancestral de estos hombres se involucrará en su defensa, primero a través de un programa radial de denuncias y luego asumiendo la alcaldía de la ciudad.

Tras la masacre de Rancas, cuando sus protestas y denuncias motivan su cese, los campesinos acuden en su ayuda pagándole los estudios por el tiempo que le falta para terminarlos, para que pueda regresar ya como abogado. No sólo se transforma su rol original cuando los campesinos le proponen que los conduzca en su levantamiento, sino que también las dudas de Ledesma se intensifican. Sobre todo entran en conflicto aquellos conceptos que le resultaban de vital importancia para su desempeño político, ya que una vez aplicados en la práctica quedan ampliamente superados.

Ledesma se guía por sus lecturas de Mariátegui –constituyen su sustento teórico básico–, que si bien señalan que el campesinado es el reservorio de energías revolucionarias en América Latina, al comentar el proyecto revolucionario de Atusparia concluyen que su fracaso se debía a «[…] la falta de fusiles, programa y doctrina» (LTDR: 12). La burguesía en la América semifeudal, continúa Mariátegui, no ha conseguido erradicar la feudalidad ni hacerse eco de las reivindicaciones campesinas. Esta tarea le corresponde al socialismo[5], la única opción que puede otorgar sentido constructivo a la causa indígena, pero para realizar esta empresa debe contarse con la voluntad y disciplina de una clase determinada en el proceso histórico: el proletariado (LTDR: 13). Aquí las lecturas de Ledesma entran en abierta contradicción con lo que la realidad de Cerro de Pasco le muestra. Volvía a asaltarlo la duda sobre la infalibilidad de los libros.

> ¿Y si en los Andes la vanguardia revolucionaria no es la inexistente clase obrera sino la esquilmada clase campesina? El aletazo de un pensamiento sombrío lo rozó: las revoluciones campesinas fracasaron siempre. (LTDR: 62)

---

[5] La tesis mariateguista de interpretación de la realidad peruana en la construcción de un proyecto socialista tiene como componente central al socialismo indígena. Sin embargo, es interesante profundizar en la percepción de los andinos en la que basaba sus ideas. En su estudio sobre las fuentes que nutrieron el socialismo indígena del Amauta, Leibner señala que Mariátegui mismo no escapa de la afirmación de que «Los revolucionarios criollos y mestizos estaban lejos de conocer y comprender el mundo conceptual de los campesinos en las comunidades» (Leibner 1999: 231). Sus impresiones e informaciones fueron resultado, a nivel interno, de encuentros con representantes indígenas o de los documentos producidos por congresos indígenas, síntesis del discurso indigenista de su tiempo. Éste, sin embargo, estaba formado por diversas voces de distintas regiones, de modo que reproducía la fragmentación que el proyecto de Mariátegui pretendía superar. El equiparamiento entre el pachakuti y la revolución social era producto de «una brecha cultural y cognoscitiva de la que los revolucionarios no eran concientes» (Leibner 1999: 231). El mito del socialismo indígena emanaba entonces «de las propias necesidades ideológicas y psicológicas de los revolucionarios limeños. Era necesario involucrar a los campesinos para imaginar una revolución no excluyente» (Leibner 1999: 231).

Un interesante elemento de análisis lo constituyen también las observaciones que Ledesma realiza en el transcurso de su trabajo, respecto a la «manera de actuar» de los campesinos. Sus reflexiones ante el pedido de ayuda de los integrantes de una comunidad involucrados en un violento enfrentamiento con la comunidad vecina son un buen ejemplo:

> Esos campesinos de Quiparacra, en lugar de fusilar a otros campesinos, ¿por qué no ejecutaban a un hacendado? [...] los campesinos defendían sus intereses o los de su comunidad, pero, raras veces, los de su clase. (LTDR: 74) [6]

Lentamente y como producto de sus observaciones, Ledesma irá elaborando los principios que guiarán su desempeño como conductor del levantamiento campesino. En su opinión, la tragedia de las luchas radica, en primer lugar, en la lucha aislada:

> Era imprescindible que se unieran. ¡Ah, si las comunidades juntaran sus combates dispersos! Si los fusiles que en horas de extravío apuntaban contra el pecho de sus hermanos, se volvieran contra sus verdaderos enemigos. (LTDR: 74)

El otro aspecto, que se esforzará en superar, lo constituye el enfrentamiento entre los propios campesinos:

> Esa es la fatalidad de las luchas campesinas. Los grandes rebeldes Túpac Amaru, Atusparia, Uchu Pedro, Santos Atahualpa, y el desconcertante Rumimaki, fueron combatidos y derrotados por sus propios hermanos armados por sus opresores. ¡Indios combatieron contra indios! (LTDR: 74)

Ante la firme decisión de combatir de los campesinos, Ledesma no puede alejar de su mente la inquietud que le despiertan las sucesivas derrotas, acompañadas de respectivas masacres, que cancelaron históricamente todo intento de reivindicación campesina:

---

[6] Al respecto E. P. Thompson destaca en su historia de la clase trabajadora que se ha prestado excesiva atención a la *clase* mientras que la lucha de clases es un concepto más universal. Las personas se desenvuelven en sociedades estructuradas de determinada manera, experimentan la explotación, identifican intereses antagónicos e inician la lucha en torno a estos argumentos. En el proceso de enfrentamiento se descubren a sí mismos como clase, en lo que se conoce como consciencia de clase. La clase y la consciencia de clase son las fases posteriores, no anteriores, en los procesos históricos reales (Thompson 1989).

La tumba del relámpago: la tumba de la epopeya 215

Queremos que el Prefecto y los hacendados piensen que nos ilusionamos con los reclamos, mientras nos preparamos para luchar. [...] Ledesma no pudo evitar recordar el amargo fin de las luchas campesinas. [...] ¡Cientos de miles de muertos! Alzamientos sucedidos en silencio, combatidos en silencio, aplastados en silencio. (LTDR: 77-78)

Este detalle se encuentra grabado en su memoria por haber estudiado a fondo la trayectoria de las «guerras silenciosas» libradas por los hombres de los Andes. Su tesis universitaria, dedicada al tema, lo llevó a recorrer archivos y recopilar información que no se encontraba en las bibliografías oficiales[7]. Observemos, sin embargo, que Ledesma en ningún momento se cuestiona si los paradigmas en base a los cuales define, organiza y proyecta esta gesta son los mismos con los que los campesinos definen su devenir histórico. Partiendo de su formación y sus convicciones personales, Ledesma prioriza la trascendencia del enfrentamiento explosivo, marginando la posibilidad de que las luchas campesinas, que han demostrado cobrar vida una y otra vez, podrían encontrarse sujetas a otros parámetros de evaluación, a otra lógica, a otra dinámica. Concentrado, pues, en este estilo de confrontación, Ledesma busca intensamente argumentos para convencerse de una posibilidad de triunfo dentro de esos términos:

Ahora es distinto. Ya no estamos en 1930. La Revolución Cubana, las guerras de liberación del Tercer Mundo, nos abren nuevos caminos. ¡Ah, si las comunidades juntaran en una sola cólera sus cóleras dispersas! (LTDR: 78)

Finalmente Ledesma empieza a trasmitirle a los comuneros su proyecto de la tan necesaria unidad. Para ello les expone el ejemplo de Túpac Amaru, la Serpiente Resplandeciente, como lo llaman los campesinos. La más poderosa rebelión de la historia, derrotada por sus propios hermanos: los indios que combatían bajo las órdenes de los españoles. Ledesma hace un llamado que deslumbra a los campesinos: «En lugar de pelear con sus hermanos de Yarusyacán, únanse a ellos para combatir a sus verdaderos enemigos: los gringos y los peruanos que les ayudan a saquear las riquezas del Perú» (LTDR: 87-88).

---

[7] Consultando las *Actas del patronato de la raza indígena* encontró información impresionante. Entre 1922 y 1930 ocurrieron en el Perú 697 rebeliones, un promedio de setenta por año, una cada cinco días. Estos alzamientos así mismo como se sucedieron fueron combatidos y aplastados en silencio pese a que arrojaban como resultado cientos de miles de muertos (LTDR: 78).

La ansiada unidad a la que aspira Ledesma trae consigo una ardua tarea: la de mediar y apaciguar el rencor entre comunidades divididas por rencillas ancestrales. Sin embargo, los campesinos resultan sorprendentemente convencidos por otros argumentos. Enterados de que la comunidad enemiga emprenderá la recuperación de las tierras de la hacienda, los *rivales* se unen a la empresa al contemplar la enorme cantidad de tierras que quedarán disponibles para dividirse, a diferencia de las pequeñeces por las cuales reñían. A medida que avanzan las negociaciones Ledesma continúa anotando: «Los campesinos son hombres de procedimientos lentos» (LTDR: 89). Lo sorprenden, sobre todo, los obstáculos inesperados. La comunidad de «Cajamarquilla solicitó que el acuerdo constara por escrito» y «que el reparto de la hacienda Paria se especificara, sin lugar a dudas en un plano» (LTDR: 89). Si esta expedición hubiera llegado a conocimiento de las autoridades les hubiera costado incluso la vida, y ello hace que el pedido resulte incomprensible para Ledesma[8].

Los anteriores no serán los únicos inconvenientes. Las tierras bajas de las comunidades empiezan a inundarse, los comuneros desalojados se exasperan y exigen que la recuperación de tierras suceda lo más pronto posible. Ledesma lucha arduamente por explicar su estrategia: las recuperaciones deben producirse al mismo tiempo y en todos los puntos posibles del departamento. Sólo así el ejército no podrá contenerlos, cualquier brote aislado será fácilmente eliminado. La fecha para el ataque queda fijada para octubre.

Las dificultades del rol de conductor hacen que Ledesma busque apoyo en sus lecturas, descubriendo que «El marxismo que conocía, y ahora le pesaban sus precarias lecturas de manuales, los compendios históricos que él había leído noticiaban de la Revolución de Febrero de San Petersburgo o de la toma del Instituto Smolny [...]» (LTDR: 127) no contenían información sobre «el proletariado quechua que esperaba su Lenin[9]» (LTDR: 127). Lo único que logra entusiasmarlo es la aparición de información sobre los sucesos en Pasco

---

[8] Durante el *encuentro* entre Europa y el Nuevo Mundo se inaugura la valoración de determinadas formas de representación. Lo escrito, lo documental como sinónimo de lo legal o lo real fue impuesto por los españoles excluyendo y relegando lo simbólico, lo ficcional o fantástico adjudicado a los naturales. Es lo que Michel de Certeau llama «the scriptural operation», ritual por el cual Cristóbal Colón no se limita a «tomar posesión» de América mediante un discurso, sino que también lo transcribe, tornándolo así en oficial e «histórico» (Greenblatt 1989: 58).

[9] La frase proviene de *Tempestad en los Andes* (1927) de Luis E. Valcárcel, apasionado indigenista. En esta obra, prologada por Mariátegui, el autor presenta tanto el paisaje como el drama indígena, para terminar planteando el advenimiento del «nuevo indio». Aquel que se levantará no como producto de la occidentalización sino del espíritu que levantó a otros

en un periódico trotskista. El texto va acompañado de la transcripción de una proclama de Trotski lanzada en San Petersburgo en 1917. La «nota nacional» está dada por el reemplazo de la palabra «mujiks» por «comuneros».

A medida que se acerca el momento de la recuperación Ledesma contempla sorprendido lo que denomina «el renacimiento de un pueblo paralizado desde hace más de cuatrocientos años» (LTDR: 257). La manera en que se organizan, cómo toman la iniciativa en sus ejercicios militares, cómo planifican los ataques, la creatividad de sus métodos de acción rebasan toda la teoría estudiada por Ledesma.

Pero de pronto surge el gran problema. El protagonista del *drama* es un arpista, dirigente de un caserío, que debido a sus frecuentes viajes a la capital servía como correo de los insurrectos. El detalle importante es que además era miembro de la cofradía de Santa Maca[10], patrona de Yarusyacán. El arpista tiene un sueño en el cual la Santa le revela que el triunfo los espera pero que la fecha para la ocupación está mal elegida, que todo debe suceder pasado mañana (LTDR: 137). El arpista se precipita a comunicar el mensaje divino a los dirigentes. Todos lo asumen como una orden celestial e inician los preparativos del ataque. Así, una madrugada de septiembre la comunidad de Yarusyacán cruza los límites de la hacienda Paria.

La importancia de esta señal divina puede entenderse en toda su magnitud cuando leemos que los comuneros de los diversos caseríos habían sostenido una reunión secreta (de la cual ni Ledesma estaba enterado) para jurar ante la Santa que jamás revelarían los nombres de los organizadores ni la fecha del ataque. Sobrecogidos por este ritual, los comuneros se dirigen a sus casas; en este contexto llega el sueño del arpista, que no podía haber resultado más efec-

---

pueblos, el mito. Y el mito, la esperanza indígena, es revolucionaria. La sierra, en su opinión «está preñada de Espartacos».

[10] La figura de Maca Albornoz es sumamente interesante y merecería un análisis aparte. Nace como única hija de un hacendado prepotente que desprecia a las mujeres. Por méritos propios y disfrazada de hombre consigue la aceptación de sus hermanos. Sin embargo, al ser descubierta es humillada y se vengará humillando a cuanto varón encuentre a su paso. Su belleza se vuelve tan legendaria como su afán de echar abajo cuantos principios esgriman los poderosos. En *Cantar de Agapito Robles* da la impresión de simpatizar con la causa campesina: «¿Qué es lo que me llevo de esta vida? ¡La alegría de haber pisoteado a los que pisoteaban! Esos patroncitos, esas autoridades, esos juececitos altaneros. [...] ¡Prepárense para la jarana que Agapito Robles les está organizando!» (CDAR, 180). En algún momento su figura se convierte en leyenda popular, y algo más tarde se le adjudicarán facultades milagrosas y terminará convertida en la patrona del pueblo de Yarusyacán.

tivo. Incluso Exaltación Travesaño, el personero de la comunidad de Chinche encargado de ocupar la hacienda Pacoyán, se resiste al recibir la orden prematura de invadir, pero al escuchar el argumento del adelanto de Yarusyacán *entiende* y se llena de duda: «Y si efectivamente era un buen signo?» (LTDR: 213). Finalmente también se lanza a invadir las tierras de la hacienda.

Ledesma, enterado de la invasión adelantada –una pésima decisión estratégica– sólo atina a seguir adelante y ordena actuar a todas las comunidades[11]. Las autoridades, por su parte, sospechando algo, intensifican sus interrogatorios y el miedo se hace sentir. Ledesma se siente solo, y busca consejo en sus lecturas: «En Trujillo había leído *El 18 Brumario*. Recordaba una frase de Marx: "Lo peor es que en caso de verdadero movimiento revolucionario en París, no habrá nadie para asumir la dirección". ¿Y en Pasco?» (LTDR: 162-163).

Enterado de los acontecimientos, llega para apoyar a Ledesma Elias Tacunán, fundador del Movimiento Comunal del Perú[12] y organizador de comunidades campesinas del Centro del Perú, incansable luchador que había pasado muchos períodos en la cárcel por defender la causa de las comunidades. Entre *políticos*, discuten las posibles opciones y deciden denunciar la masacre que se avecina en un diario que acepte publicarlo. Para esta tarea se recurre a un dirigente que es también escritor, un tal Manuel Scorza.

Diversas comunidades recuperan las tierras de las haciendas pero la situación va empeorando: tropas armadas de Lima empiezan a llegar por ferrocarril.

---

[11] Enterado de la precipitación de Yarusyacán, Ledesma acude a contemplar las movilizaciones. Los campesinos lo aclaman; atemorizado, intenta disimular recordándoles que ahora sólo se trata de vencer. Pero piensa: «Esa gente que cantaba, ¿era el proletariado quechua que esperaba su Lenin? ¡Ignoraban quién era Lenin! Ningún indio se había alzado nunca hasta la lucidez histórica capaz de engendrar un Lenin. ¡Qué mierda importaba!» (LTDR: 145).

[12] Este movimiento, como señala su Pronunciamiento de 1961 publicado en el diario *Expreso*, surge como un partido encargado de asumir la defensa del indio y su participación en la vida nacional. Rechazan la postura de los otros partidos que retomando el pensamiento del conquistador marginan a un enorme grupo al que llaman indios, aborígenes, campesinos o incas y aluden a su incorporación, regeneración o resolución del problema. Existían en ese momento ocho millones de indígenas al margen de toda forma de vida social. La injusta distribución de las riquezas y de la tierra debía ser solucionada, y para alcanzar ese objetivo el Movimiento Comunal apoyaba la devolución de las tierras, usurpadas por los grandes latifundios, a los campesinos. El Movimiento Comunal se consideraba el histórico partido de los Comuneros, el legítimo estandarte de Túpac Amaru y Atusparia; todos aquellos que militaban en otros partidos se encontraban, en su opinión, a la retaguardia del proceso social del Perú. El Movimiento enfatizaba la naturaleza social del problema agrario que, por lo tanto, no podría ser solucionado por la fuerza o la violencia.

Ledesma, cada vez más nervioso, coordina con sus compañeros. El director del Movimiento Comunal, Manuel Scorza, propone, además de una campaña de prensa, convocar una concentración en Pasco a la que se calcula que asistirían 20 mil campesinos.

La situación termina empujándolos a aceptar una gran verdad, que en el Perú, en ese momento, la vanguardia revolucionaria era el campesinado y no la clase obrera.

Este momento es importante ya que uno de los pilares teóricos de Ledesma –y de sus compañeros– se redefine por lo que sucede en el terreno de los hechos. Además esta afirmación equivalía a cerrar las puertas a un esperado apoyo del Partido Comunista, como se verá más adelante. El Seminarista, el joven y entusiasta colaborador de Ledesma, parte a enrolar a los sindicatos, convencido de que «el apoyo de la clase obrera es decisivo, Genarito» (LTDR: 226). Ledesma, no obstante haber recibido sucesivas muestras de lo esquiva que resulta la práctica al intentar encauzarla desde la teoría, continúa razonando en términos librescos. Su resumen de la crisis del momento es el siguiente: «Aquí el problema es la falta de cuadros. Estamos desbordados» (LTDR: 224). Este gran problema de «la falta de cuadros» alude a la falta de dirigentes que puedan *conducir* a los campesinos.

> —¿Crees que una docena de dirigentes puede controlar el desborde revolucionario de cien mil campesinos?
> —¿Por qué controlar?
> —Los campesinos necesitan una dirección política.
> –[…] ¿Hasta cuándo tendremos la pretensión de enseñarle lo que no sabemos a los sobrevivientes de una cultura que ha atravesado cuatrocientos cincuenta años de genocidio? Para sobrevivir en esas condiciones se requería genio. […] Este pueblo sabe. ¡No necesita consejos! Nuestro único papel es canalizar su violencia. (LTDR: 238)

La observación surge pese a que Ledesma ya ha presenciado, impresionado, la capacidad organizativa campesina. Lo anterior no debería sorprender si consideramos que la mencionada carencia constituye un tema infaltable en los textos que desarrollan el tema del potencial revolucionario del campesino. Al abordar las rebeliones, levantamientos o revoluciones campesinas se destaca su potencialidad de acción, pero también se deja en claro su debilidad estratégica, sobre todo en lo referente al asunto del poder. Si el campesinado logra llevar a buen final un levantamiento, posteriormente se presume que sólo tiende a presionar al nuevo detentor del poder para obtener concesiones pero se revela incapaz de atacar el meollo de su estructura básica. James Petras, sociólogo norteamericano, agudo crítico de la política hegemónica de las grandes potencias y estudioso de la alternativa que representan los movimientos sociales, señala:

> El punto teórico clave es que los movimientos revolucionarios de campesinos (a excepción de Cuba) han sido incapaces de hacerse con el poder del Estado y de reconstruir la sociedad y la economía a su propia imagen –o al menos de una manera que consolide y extienda su economía. Las rebeliones campesinas armadas con programas revolucionarios han visto como sus líderes sucumbían a los halagos de las élites urbanas o se limitaban a unas reformas inmediatas consistentes en la distribución de «títulos de tierra». (Petras & Veltmeyer 2002: en línea)

Ledesma y sus compañeros comparten esta versión del desempeño campesino, elaborada desde un punto de vista acaso ajeno a la realidad de las punas peruanas.

A tal punto Ledesma evalúa negativamente las *condiciones* que su desánimo salta a la vista en el siguiente diálogo con Scorza:

> En Pasco hay cien mil campesinos desesperados. Las masas rebasan a sus dirigentes. [...] La gente reclama armas espontáneamente.
> ¿Dónde se ha visto que, sin directivas, sin plan, sin estrategia, se organicen regimientos? [...]. El campesinado quiere combatir. Los mineros los seguirán.
> ¿Y los dirigentes?
> La lucha forja los cuadros, Genaro.
> ¿Y el partido? ¿Y los trotskistas? [...] ¿Y los comunistas leninistas? [...] (LTDR: 226)

No se encuentra ausente, sin embargo, la autocrítica, pero aún ésta, cuando se da, concede prioridad a lo intelectual. «Aquí la vanguardia es el campesinado. Nuestras teorías revolucionarias fueron pensadas siempre en otros continentes. Vivimos a crédito, explotando el trabajo de los intelectuales europeos» (LTDR: 226).

Siguiendo esta línea de pensamiento Ledesma viaja clandestinamente a Lima a entrevistarse con el Secretario general del Partido Comunista, Jorge del Prado, y la comisión política. Recurre a ellos, por definición sus aliados en la causa revolucionaria, para solicitarles apoyo. Ledesma plantea la situación valiéndose de argumentos históricos: la continua resistencia campesina de

La tumba del relámpago: la tumba de la epopeya

hace ya cuatrocientos años silenciada por la historia oficial. Luego aborda la crisis económico-social creada por las compañías mineras, lo cual convierte la recuperación de tierras en una exigencia. Los campesinos unidos a los mineros podrían crear una situación de emergencia al bloquear la carretera central (llamada la yugular de Lima), por donde pasan todos los alimentos a la capital. Su conclusión es clara:

> En Pasco se dan, pues, todas las condiciones para iniciar una lucha armada. El campesinado ha llegado a tal grado de exasperación, que ya está organizando, espontáneamente, un ejército comunero. (LTDR: 233)

Pese a los relatos de Ledesma que describen cambios profundos, el camarada Secretario se muestra reacio a creer que las comunidades y la mentalidad campesina hayan abandonado sus esquemas tradicionales. Su otra gran inquietud, «¿La masa responde?» (LTDR: 233), es despejada por Ledesma, que añade que el trabajo ya está hecho y que lo único que necesitan es «cuadros y armas» (LTDR: 234). La respuesta del Secretario es lapidaria: «Toda posible acción tendría que supeditarse a la conducción de la clase obrera» (LTDR: 234). Aunque Ledesma le explica que en Cerro de Pasco no es la clase obrera sino la campesina la que está a la cabeza de la lucha, del Prado concluirá que cualquier apoyo depende de «la subordinación del sector campesino a la clase obrera» (LTDR: 234). En vano aboga Ledesma por el respeto de la jerarquía tradicional campesina, que ellos obedecen sólo a campesinos. Del Prado está convencido que «la clase campesina que ha dado tantos ejemplos de heroísmo, carece de una verdadera consciencia revolucionaria para llegar hasta el final» (LTDR: 234). Ledesma, ya desesperanzado, observa: «El camarada Del Prado repetía, casi parecía que leía un manual de marxismo, la teoría y táctica de los bolcheviques preparándose a asaltar el Palacio de Invierno» (LTDR: 234).

El levantamiento, mientras tanto, parece cobrar envergadura mayor, y pese a la precipitación de Yarusyacán las otras comunidades logran ocupar la mitad de las haciendas planeadas. Tamaña movilización atrae a numerosos *cuadros* ansiosos de participar. Tal es el caso de Nuñez Laforet, de la Confederación Campesina, y de numerosos trotskistas que se distribuyen por diversas comunidades de Huánuco, Junín e incluso Tingo María (ceja de selva), intentando convencer a los casi doscientos mil campesinos. Manuel Scorza viaja a entrevistarse con Hugo Blanco. Ledesma recobra el entusiasmo y piensa: «La revolución latinoamericana será nada más y nada menos que una etapa, una fase de la revolución mundial. Será simple y puramente, la revolución socialista» (LTDR: 243).

Sin embargo, la mitad de las comunidades inicialmente convocadas aún se resiste a entrar en acción. Treinta y seis personeros se reúnen para adoptar una decisión final. Ledesma espera impaciente los resultados mientras relee *Ideología y política* de Mariátegui: «A Norteamérica capitalista, plutocrática, imperialista, sólo es posible oponer eficazmente una América, latina o íbero, socialista» (LTDR: 244). Las comunidades deciden abstenerse, no quieren arriesgar a sus pueblos lanzándose a la recuperación. Al mismo momento, en Lima, un tal Ricardo va a visitar a Luis[13] a la penitenciaría para informarle sobre el arribo de armas y describirle la situación en el centro del país:

> –[…] Se sienten rebasados […] hay cien mil campesinos listos a la pelea. ¡Necesitan cuadros y armas! […].
> –La organización de Ledesma está infiltrada por el Movimiento Comunal, por ex comunistas como el Seminarista y Nuñez Laforet, por anarcos como Scorza y por trotskistas. ¡Un trotsko será siempre un trotsko!
> –Han logrado unir casi cien comunidades […] Eso no se ha visto nunca.
> –Las condiciones objetivas no coinciden con las subjetivas. Hay que dejar que el movimiento campesino siga su curso. No estamos listos para encauzarlo, guiarlo y controlarlo. Nosotros no podremos actuar […]. Yo saldré para ponerme al frente. Entonces será el momento. ¡Por ahora no conviene apoyarlos! (LTDR: 250-251)

Los planteamientos conceptuales parecieran definir incluso la presencia o ausencia de dirigentes, los cuales se sienten convocados aún sin conocer los mínimos detalles de la situación. Las controversias a nivel teórico-discursivo terminarán determinando el apoyo o el abandono de la causa en la que los campesinos se juegan la vida.

---

[13] Suponemos que podría tratarse de Ricardo Napurí (1925), destacada figura de la izquierda peruana. En 1959, cuando se entrevista con Ernesto Guevara, se compromete a impulsar, en el Perú, un proceso revolucionario similar al de Cuba. Deportado a Argentina dos veces (1973, 1978), ello no fue impedimento para que en 1979 fuera elegido constituyente representando a una facción trotskista. Fue el primer senador trotskista peruano. Luis de la Puente Uceda, originalmente aprista comprometido, se aleja de ese partido en 1956 cuando el APRA opta pragmáticamente por conciliar sus intereses con la oligarquía agrario-minera. Su continuo criticismo le cuesta la expulsión en 1958. Se convierte en fundador del Movimiento de Izquierda Revolucionaria en 1961, y dos años más tarde se interna en la selva peruana iniciando la lucha armada de inspiración guevarista. La guerrilla será derrotada en 1965 y de la Puente perecerá durante un enfrentamiento con el ejército.

Finalmente, la tropa empieza a desalojar violentamente a los campesinos y Ledesma se encuentra de pronto ante una disyuntiva: ordenar o prohibir la reacción, autorizar o no el enfrentamiento. Los campesinos, aún en sus precarias condiciones, están decididos a combatir con la tropa. Ledesma se siente perdido: «Los partidos que debían apoyarnos, nos han abandonado. ¡No tenemos cuadros, no tenemos armas, no tenemos medios, no tenemos nada!» (LTDR: 257).

En tales circunstancias el tal Scorza le recomendará confiar en las masas y ordenar el ataque, y busca consolar la soledad del líder con la siguiente frase: «Más adelante te reencontrarás con la compañía de quienes combaten, de quienes mueren sin rendirse» (LTDR: 257). Sin embargo, Ledesma se empecina: «No se trata de matar ni de morir. Se trata de vivir para tomar el poder [...] Antes de enviar gente a la muerte, con uniforme o sin uniforme, prefiero que me fusilen. ¡Prefiero morir inocente y no vivir culpable!» (LTDR: 257)[14].

Los últimos momentos de la novela se ubican durante el golpe de estado que derroca al presidente Prado y lleva al gobierno a la Junta Militar de Pérez Godoy. La Junta, aduciendo la necesidad de aplastar una conjura comunista, realiza una coordinada redada nacional. A la misma hora, en todo el país, son encarcelados dirigentes políticos, magisteriales, sindicales y en general cualquier sospechoso de afiliaciones izquierdistas. Posteriormente, los líderes más conocidos son trasladados a la colonia penal El Sepa. Entre ellos va Ledesma, que mientras sobrevuela la selva reflexiona amargamente:

> ¡Hemos fracasado! La esperanza duró menos que este relámpago, ceniza ya de la oscuridad. Y lloró de nuevo. Porque sobre la lápida de esa sublevación, nadie borronearía el más pobrísimo epitafio. (LTDR: 267)

Así finaliza el último capítulo de *La tumba del relámpago*, titulado «Lápida».

---

[14] Recordemos las frías reflexiones de Ledesma cuando, al presenciar los enfrentamientos entre campesinos, concluye que los campesinos en vez de matarse entre ellos debían matar al hacendado.

Un prematuro epitafio

> Porque el hombre ha despertado,
> y el fuego ha huido de su cárcel de ceniza
> para quemar el mundo donde estuvo la tristeza.
>
> Scorza

Afirmar que la derrota de este levantamiento significa el fin del relámpago revolucionario que había encendido los Andes equivale a concederle a este intento un lugar especial frente a los anteriores. Ahora bien, el levantamiento fracasa igual que los anteriores: también aquí mueren los campesinos, los líderes terminan encarcelados, se expulsa a los comuneros de las tierras recuperadas. Queda comprobado que los campesinos actuando por su propia cuenta o con el apoyo de políticos *profesionales* no alcanzan su objetivo. Es más, hay una severa crítica al accionar de la clase política que tradicionalmente apoya la causa de los campesinos, la izquierda. Se los describe tan inmersos en profundas discusiones teóricas que aún antes de llegar al terreno de combate ya están divididos; su prioridad pareciera ser un intenso afán de frustrar cualquier tipo de acción emprendida por la facción contraria.

Las observaciones de Ledesma, por otro lado, revelan su contemplación de una manera de actuar diferente a la suya, a tal extremo que en ciertos momentos le resulta incluso incomprensible. Este detalle revela ya la presencia de un colectivo con prácticas, actitudes, tal vez incluso sistemas, en principio distintos de la tradición de la cual proviene o a la cual se adscribe Ledesma. Esta comprobación en sí misma es un serio argumento que cuestiona la existencia de una única manera de ser en esta sociedad. Hay más de una manera de actuar, de luchar, de ser. Sostener que el patrón de conducta del campesinado alterna períodos de larga pasividad con explosiones de furia revolucionaria constituye un ejemplo más de una visión parcial. Parcial ya que si afirmamos que no existe una única lógica que rige a todos los grupos humanos, aún la visión del grupo con el poder suficiente para imponer su versión no constituirá al fin y al cabo más que *una* versión, aunque pretenda erguirse como *la* versión. Si los levantamientos y las explosiones revolucionarias no constituyen el único punto de referencia para medir la magnitud de la lucha de estas comunidades, la *resistencia* sería otro concepto que no debería ser dejado de lado al abordar la dinámica de las rebeliones campesinas: «[…] any history or theory of peasant politics that attempts to do justice to the peasantry as a historical actor must necessarily come to grips with what I have chosen to call everyday forms of resistance» (Scott 1985: 36).

Scott señala además en *Weapons of the weak* que cuando la revolución llega puede eliminar muchas de las taras creadas por el antiguo régimen, pero nunca implica la desaparición absoluta de la resistencia campesina. Las diversas variantes de resistencia que él estudia, «tenaces, persistentes e irreductibles», son calificadas como las inequívocas armas de los débiles: existen antes y después de las revoluciones (Scott 1985: 302-303).

Uno de los aspectos que distingue a *La tumba del relámpago* es lo que puede considerarse la ruptura de la innovadora propuesta de cuestionamiento de conceptos fundamentales abordada en las otras cuatro novelas. La dificultad del planteamiento es perfectamente comprensible, si se considera que a lo largo del siglo XX la necesidad de transformaciones drásticas y radicales sintetizada en el ideal revolucionario no podía funcionar al margen de la idea de la toma del poder estatal. La revolución tenía como meta la toma del poder para, desde allí, llevar adelante su programa de cambios. Esos eran los términos, prácticamente unívocos, de concebir la lucha social. El otro concepto clave lo constituía la noción de la organización necesaria para coordinar cualquier proyecto liberador. El partido era el núcleo al cual se arribaba, sea cual fuera el método elegido para llegar a esa meta única, la toma del poder.

Lo que precisamente destaca nuestro análisis de la pentalogía de Scorza es el intento de confrontarnos con la existencia de una lógica diferente. Éste resulta un punto de partida de esencial importancia si queremos acercarnos al *otro*, al campesino que no necesariamente funciona ni se guía por los paradigmas de la lógica hegemónica que los demás manejan. Sin embargo, abordar la concepción de la lucha campesina en términos ajenos a la toma del poder constituía un paso tal vez impensable para Scorza. Nos encontramos ante un comprometido *ser político* de su tiempo, embebido en las lecturas elementales del pensamiento socialista y activo participante de los ensayos que intentaron llevar a la práctica dicha perspectiva.

El lector reconoce, intuye –y allí está el logro del lenguaje literario de Scorza– el intento de cuestionar concepciones tradicionales, hegemónicas, inamovibles. Scorza no despliega ante el lector un desgarrador paisaje andino simplemente para impresionarlo, sino que lo invita a acercarse al universo paralelo de las comunidades de Cerro de Pasco. Con esa intención aborda el concepto de la Historia, la trascendencia de los símbolos que condensan la noción de patria, las estrategias de esa lucha campesina. Al llegar al tema de la lucha por el poder nos encontramos, de pronto, ante un discurso reconocible, inmerso en una lógica de pensamiento tradicional que, consecuentemente, no puede menos que expresarse en términos de batallas perdidas. En esta última novela Scorza se revela como un escritor convencido de una propuesta en su opinión viable, la más factible de su tiempo, como un intelectual consecuente con el pensamiento y las inquietudes revolucionarias de su época.

VIII.

El lugar de las comunidades

Serán el transcurso del tiempo y la evolución de los acontecimientos los que, como en sus anteriores novelas, asuman la tarea de completar los presagios scorcianos, llevando al terreno de lo real la epopeya de sus páginas. Hablamos ahora de presagios y para hacerlo cabe preguntarse si efectivamente existe una propuesta, políticamente válida, que no considere la toma del poder como su meta final. Así como el análisis que se ha seguido hasta aquí pone de manifiesto la deconstrucción de la nociones tradicionales de historia, de patria, de lucha, ¿hubiera sido posible también remecer los pilares de la idea del poder político?

El planteamiento de transformar las estructuras, aspirando a crear un *mundo nuevo* sin tomar el poder, aún más, sin la aspiración de constituirse siquiera en partido y, yendo más lejos aún, sin hacer uso de la violencia, lo encontramos por ejemplo en discursos como los del Ejército Zapatista de Liberación Nacional (EZLN). Las declaraciones del portavoz del movimiento, el Subcomandante Marcos, durante una entrevista con *Le Monde Diplomatique* parecían responder a esa cuestión. No sólo sobre la existencia, sino más que nada, sobre la implementación, ya en la práctica, de otra lógica de concebir el poder:

> Porque nuestro quehacer político no es tomar el poder. No es tomar el poder por las armas, pero tampoco por la vía electoral o por otra vía, putchista, etcétera. En nuestra propuesta política, nosotros decimos que lo que hay que hacer es subvertir la relación de poder, entre otras cosas porque el centro del poder ya no está en los estados nacionales. De nada sirve, pues, conquistar el poder. Un gobierno puede ser de izquierda, de derecha, de centro y, finalmente, no podrá tomar las decisiones fundamentales. [...] De lo que se trata es de construir otra relación política, ir a una ciudadanización de la política. Finalmente, los que damos sentido a esta nación somos nosotros, los ciudadanos, y no el Estado. Vamos a hacer una política sin pasamontañas, pero con nuestras mismas ideas. (Ramonet 2001: en línea)

En la misma dirección se encaminan las palabras de Ramiro Reynaga cuando aborda, en *Tawa Inti Suyu* –la «primera historia de los Andes escrita por un indio andino», al decir del texto de tapa–, la posible ubicación de los kheswaymaras al interior de un terreno político que él denomina «criollo», «amestizado»:

> No somos conservadores, revolucionarios, fascistas, marxistas, demócratas, progresistas, nacionalistas, internacionalistas, clasistas, socialistas, republicanos, ni nada parecido. Ninguna clasificación europea nos contiene, identifica, mide ni moviliza. [...] Ingresar a la política sin ser tragados es nuestra misión. Si tenemos demasiadas esperanzas en aquella confundiremos herramientas con objetivo. [...] Participaremos con eficacia teniendo propósitos precisos, no buscando «la toma del poder». (Reynaga 1989: 317-318)

Para entender mejor la cuestión conviene recapitular el recorrido que se ha seguido hasta ahora. Para empezar, la lectura de la pentalogía scorciana requiere, para una mejor ubicación de los sucesos a los cuales alude, de un sucinto conocimiento de ciertos momentos claves de la historia peruana. La peculiar situación socioeconómica y política por la que atravesaba el país, que se había iniciado ya en la década del cincuenta, fue creando las condiciones en las cuales el malestar campesino, a nivel nacional, fue agravándose hasta producirse el estallido, a comienzos de los años sesenta. El fenómeno del núcleo rebelde, ubicado en la zona de La Convención, en el Cuzco, requiere especial atención para comprender en qué contexto surgen y cómo se van extendiendo los primeros brotes de reivindicaciones radicales. Si se hace referencia a La Convención no se puede dejar de lado a Hugo Blanco, el líder troskista, figura esencial de las movilizaciones. Es determinante, también, el estudio de las peculiaridades del sindicato campesino y específicamente del sindicato del Centro del Perú, con notables diferencias de los modelos sindicales tradicionales del sector urbano. Su desempeño resultará determinante y característico en los conflictos con las haciendas y las empresas mineras, y así queda reflejado en la pentalogía.

Una vez ubicados en el contexto de los sucesos que narra la Guerra Silenciosa la lectura de las novelas alcanza su pleno sentido. El enfrentamiento con la Historia, entendida como una versión oficial del pasado construida de manera cuidadosa y estratégica, recorre toda la pentalogía. Scorza aborda, precisamente, eventos y figuras tradicionales de este relato grandilocuente para poner en evidencia la exclusión del sector indígena. Con un toque de ironía reconstruye nada menos que la Batalla de Junín, el mayor emblema de la gesta emancipadora, como una cuestionable empresa de guerra y un episodio centralista, ejemplo de manipulación de los campesinos. A continuación se ocupa de la recurrente tradición formalista de las proclamas independentistas, para evidenciar la orfandad de sus letras al comprobarse que, ciento cincuenta y dos años más tarde, los mismos pueblos que asistieron a la proclamación continúan hundidos en la miseria de siempre. Simón Bolívar y los Húsares de Junín no quedan a salvo luego de una blasfema comparación con el avance de Guillermo El Carnicero y su tropa. Bodenaco sólo parece distinguirse de El Libertador por desempeñar una tarea diferente, el violento desalojo de los campesinos rebeldes en 1960; por lo demás, se trata simplemente de *otro militar*. En la misma línea, la guerra con Chile también servirá de escenario para ejemplificar la existencia del relato no contado sobre el sector indígena participante. Todos estos momentos trascendentales de la historia nacional son desenmascarados en su aspiración a erigirse como el relato oficial, objetivo, uniforme sobre la nación peruana, y todos tienen en común que pasan por alto un elemento, el del protagonismo indígena. La denuncia de la ausencia de este colectivo proclama, a la vez, la presencia de una narración paralela. Scorza profundiza en esta alternativa evidenciando ese *otro relato* de hazañas, heroísmos y de la memoria de aquéllos hasta ahora considerados como un pueblo sin historia.

La divulgación de esta propuesta desde la literatura encuentra eco y es probable que haya alimentado también, a su vez, el discurso renovador esgrimido por la historiografía en esos momentos. Entre los *heraldos* de esa tendencia denominada la Nueva Historia se encontraban intelectuales de la talla de Pablo Macera, Manuel Burga, Wilfredo Kapsoli y Flores Galindo, entre otros. La comprobación de la existencia de una versión diferente de la Historia no es, sin embargo, el único objetivo del afán scorciano. En su próxima etapa ingresa al terreno de aquellos símbolos que sintetizan el ideal patrio peruano. Es necesario adentrarse en un recorrido por la tradición, producto de la cual la bandera y el himno nacional se afianzan como símbolos, apuntalados a su vez por una consistente labor educativa. Sólo así se consigue comprender la trascendencia del aspecto emocional de los rituales de reafirmación patriótica que ellos presiden. Los valores a los cuales se vinculan los símbolos patrios –libertad, independencia e igualdad entre peruanos; la protección por ley de la cual gozan y la automática inclusión que implica el compartir estos símbolos–, son los que explican que en momentos de crisis, en una comunión de fe, los campesinos de la pentalogía recurran a ellos. Las novelas, en ese sentido, constituyen el relato de la pérdida irreversible de credibilidad en los símbolos cuando, en las manos de los campesinos, esos mismos símbolos no consigan convocar los principios de origen. Si dar la espalda a la simbología equivale a cuestionar el ideal de unidad nacional que ellos representan, una vez que los campesinos inician la búsqueda de representaciones propias puede afirmarse que el descontento ha alcanzado un momento crítico. El enfrentamiento final, entre la bandera y la wifala –el emblema del Tahuantinsuyo–, proclama el quiebre definitivo de la ficción de unidad nacional. Nos encontramos ante dos versiones históricas, dos memorias, dos universos mentales. El resquebrajamiento de la Historia y la simbología patria, conceptos que sustentan el ideal unitario nacional, evidencian la exclusión del colectivo indígena desvalorizando así el modelo vigente de nación. La Guerra Silenciosa es, sin embargo, la epopeya de la lucha campesina; Scorza, al evidenciar la injusticia histórica contra esta mayoría, no ha culminado aún su relato.

Tres de los protagonistas analizados en este libro son seres *condenados* a la noche, a la oscuridad: será de ella, sin embargo, de donde extraigan su poder y de ella brotará también el instrumento de su liberación. Completamente despojados, estos habitantes de la nada forjarán precisamente de esa nada su mejor arma. Por un lado, cada personaje representa una fase en la toma de consciencia de la necesidad de la rebeldía, una tarea nada simple si consideramos que los campesinos nacen, crecen y viven sometidos a la explotación y la miseria y a constantes humillaciones. Pero eso no es todo, porque los protagonistas de Scorza también nos revelan una indomable capacidad de batallar, de luchar desde el universo en el que habitan, un universo al que se presumía desposeído de toda posibilidad, de fuerza y valor.

Héctor Chacón, El Nictálope, es el primero que ante la resignación de su comunidad y tras múltiples derrotas, descubre en su ira un arma de combate muy suya. Él mismo se encarga de alimentarla, de educarla, de encauzarla para actuar en la dirección y en el momento que él considere adecuados. La esencia de su existencia radica en esa cólera a la que se aferra para poder seguir definiéndose como un ser humano inmune al miedo y a la cobardía, que para su comunidad han significado una suerte de muerte en vida. La cualidad *fantástica* que Chacón aporta a la conjura contra el hacendado, su nictalopía, no es más que una alusión a su capacidad de *ver* más allá de la oscuridad de su mundo, más allá de la resignación de su pueblo. Es eso lo que hace que irrumpa en el mundo vedado de la luz y del poder reservado a los blancos. Una vez en ese hemisferio consigue ver –y comprender– la debilidad del hacendado, su condición de mortal, y entonces concibe una solución radical. Convertido por la visión de libertad y justicia a la que ha accedido, asume el sacrificio personal que arrastra consigo el asumir el rol de ejecutor de la eliminación del Juez, que será el papel que le corresponda desempeñar en el proceso del despertar comunitario. Así, se constituye en el ejemplo vivo destinado a exorcizar el miedo del pueblo: si Chacón puede, cualquiera de los otros podrá. El precio que pague será alto: está dispuesto a perder la vida (al final lo encarcelan, pero él estaba preparado para morir), pero esto no lo amedrenta porque la definición de valor que él acaba de descubrir –que le ha sido revelada– incluye la superación del espectro de la muerte. Sólo de esa manera podrá garantizar la vida (es decir, la recuperación de la valentía) de su comunidad. Chacón representa la fase del reconocimiento, en sí mismo, del potencial reservado a la osadía comunera, ya que carece del don de convencimiento que fluye con naturalidad en el protagonista del segundo cantar: Garabombo El invisible.

La invisibilidad como punto de partida para la discusión sobre la libertad y el poder es una constante abordada ya desde Herodoto y Platón hasta Ralph Ellison y Foucault, entre otros. La peculiaridad de la transparencia de Garabombo, como se ha visto, radica en el hecho de que se evidencia solamente cuando intenta presentar reclamos o cuando protesta: es entonces que las autoridades blancas no lo ven. En una inicial etapa de aprendizaje, ayudado por los presos políticos en la escuela de la cárcel, descubre que en realidad los poderosos no quieren verlo. Invisibles eran no sólo los campesinos, sino sobre todo sus quejas y protestas. Será necesaria una experiencia con los propios comuneros, cuando ellos en cierta ocasión finjan no verlo, lo que le permita descubrir el poder de la mirada como arma de combate. Su invisibilidad se convierte así en poderoso argumento para derrotar el temor y movilizar a los comuneros hacia la insurrección. Paralelamente, revertirá y explotará en su favor la convicción de los blancos sobre la incapacidad y la carencia de valor indígenas. El indio rebelde no existe; oculta bajo la certeza de esta aseveración la hazaña del Invisible irá tomando forma. Garabombo recorre las comunidades convertido en convincente conversor de voluntades. Divulga entre los pueblos la osadía de su invisibilidad como protección contra las balas y promete reaparecer para conducirlos al triunfo en el enfrentamiento final. La dimensión de esta promesa es mucho más trascendental de lo que a primera vista aparenta. Garabombo combate intensamente la internalización de la invisibilidad colectiva, ya que el cataclismo que los amenaza es la posibilidad de que los propios campesinos terminen concibiéndose a sí mismos en los términos del opresor. La eficaz utilización de la mirada como instrumento de poder queda refrendada por el uso que el opresor mismo hace de ella. Los límites de la explotación ejercida por el Juez llegan a convertirlo en inaccesible e intocable y también, hasta cierto punto, en invisible. Las dimensiones sobrehumanas que aspira a alcanzar tienen como objetivo desdibujar la realidad de las limitaciones físicas que comparte con los demás mortales, y que podrían tener repercusiones en la disminución de su poder.

El objetivo que El Invisible persigue es conseguir la movilización de los pueblos: superando el recorrido del Nictálope, Garabombo ha comprendido que no sólo se trata de eliminar la persona del opresor sino también de atacar la infraestructura de su poder. Uno de los nefastos efectos del ejercicio de ese poder es el mal de la pasividad y del temor indígenas. De allí que Garabombo no conciba el momento final en términos de derrota, porque comprende que aquello que ya han conquistado, la recuperación de sí mismos, la consciencia de su valor, no se los podrán arrebatar ya, ni siquiera en el caso de que los eliminen. La estrategia de lucha que muestran los comuneros –basada en la entrada y salida del mundo de la oscuridad a la luz, en el intercambio de la invisibilidad y la visibilidad, e incluso en la explotación del estereotipo del indígena no-existente y no-visto– posee una profunda dimensión política. Esa dimensión política puede constatarse cuando observamos la manera en que movimientos campesinos posteriores usan, literal y activamente, estas construcciones en sus discursos. El EZLN (1994) y su polifacético enmascarado, el Subcomandante Marcos, el Movimiento Indígena Boliviano (2000) o los indígenas ecuatorianos (2000) han citado a menudo en sus proclamas imágenes sobre la visibilidad de los invisibles para darle explicación a su realidad y a sus aspiraciones. En varios casos incluso se menciona explícitamente a Garabombo como una forma de aludir a la emergencia de los pueblos que llegan a su presente desde las brumas de la Historia.

El contenido de esta noción de Historia, que en su versión tradicional había sido ya puesta en cuestionamiento, será redefinida por Raymundo Herrera, El Jinete Insomne, el tercer protagonista de la pentalogía de Scorza. La enfermedad que lo hacía permanecer despierto y su constante afán de mantener viva *la queja* hacen de Herrera una autoridad desconcertante. Herrera representa también la memoria de su comunidad, lo cual queda comprobado por sus alusiones a pasajes de la vida comunitaria que se remontan a 1881, 1824 o incluso a 1705. Pero su imagen no corresponde a la del simple testigo, sino que se yergue como un severo crítico de los errrores cometidos por anteriores autoridades en los sucesivos intentos por alcanzar la libertad. En su actitud observamos una recusación velada a la afirmación del estatismo o simplismo de los movimientos indígenas, presuntamente incapaces de aprender de sus errores o corregirlos. Herrera es un líder que interpreta su insomnio como un recordatorio constante de una misión mayor que le ha sido encargada. Su larga y sacrificada cabalgata a lo largo de la novela desorienta incluso al lector, ya que el objetivo final fracasa y el anciano se acerca a la muerte. Sin embargo, su respuesta a los reproches es de una rebeldía profunda: «¡He probado que no podemos probar nada! Y cuando todos los hombres comprendan que es imposible probar una causa justa entonces comenzará la Rabia. Les dejo de herencia lo único que tengo: mi rabia.» (EJI: 215-216) Su insomnio, en ese sentido, equivale al *ver* en la oscuridad del Nictálope. Herrera en sus horas de desvelo contempla «desnudo el abuso», y son tan torturantes las visiones que se vale de todo para arrastrar a la comunidad, con él, en su sueño de libertad. Para entender el aporte esencial de Herrera tiene que interpretarse su insomnio en el contexto de la expulsión ancestral de los indígenas de todo aquello que constituye el *mundo cotidiano*, incluidas la historia, la patria, la modernidad, incluso el avance del tiempo. La vigilia sería la consecuencia lógica del cataclismo histórico que despojó de todo rumbo a la comunidad indígena. La queja de Herrera es precisamente el reclamo por la esencia del despojo: la tierra. El sueño, que equivale en cierto modo al olvido o al descanso, le ha sido vedado mientras no cumpla con la tarea de encauzar a la comunidad rumbo al futuro. El hoy de estos pobladores no logra concebir el mañana porque el ayer les es desconocido, y la visión esperanzadora está dada por la alusión a una raza de insomnes, predecesores, coetáneos y herederos de Herrera. Entre ellos se cuentan Atusparia y Tomás Katari, destacados protagonistas de sendos levantamientos indígenas. La conquista fundamental, legado de Herrera, se encuentra en aquello que recupera para la comunidad durante la cabalgata para levantar el plano: recupera la memoria, factor esencial en la reconstrucción de la historia comunal. Lo esencial de este rescate es que, paso a paso, van descubriendo la narración de su pasado, que parece estar *escrito* en la tierra misma. Los llamados *hitos imposibles de destruir* son las piedras al fondo de las lagunas, los matices del color de la tierra o las inscripciones en las campanas. Yanacocha empieza a revivir en los relatos que emergen de estas fuentes. La reposesión de la territorialidad, la manera en que los testigos vuelven a poseer lo que poseyeron, a recordar aquello que habían olvidado es la mejor garantía de que Herrera pueda finalmente descansar. A partir de ese momento el pueblo, habiendo retomado su pasado de modo que les permita ubicarse en el hoy, podrá asumir la construcción de su mañana y la defensa de ese futuro. Este relato de construcción de la historia a partir de fuentes, definidas en sus términos propios, constituye una prueba contundente de la existencia de una dinámica propia de funcionamiento en los procesos que viven estas comunidades. La pentalogía revela, de este modo, la vinculación entre la territorialidad y la concepción de la historia, un nexo inseparablemente ligado al devenir de estos pueblos.

Cada una de las cuatro primeras novelas de la pentalogía culmina con el dramático fracaso de los proyectos de los líderes. Como se ha visto en el análisis, es posible rescatar, aún del sacrificio y la masacre, la enseñanza, la herencia, la esperanza o la promesa. La quinta novela, *La tumba del relámpago*, constituye, como su propio título sugiere, la tumba del intento rebelde, de la chispa revolucionaria. El tenor general del relato, que narra la hazaña del líder Genaro Ledesma, obedece a otro matiz descriptivo[1]. Encontramos entrelazados con los eventos extractos de textos de intelectuales peruanos como José Carlos Mariátegui y del discurso socialista, así como la irrupción del mundo de *la política profesional*.

Raymundo Villena, el intérprete de los ponchos, en esta novela una figura subordinada a Ledesma, es el campesino que continúa la zaga trazada por los anteriores protagonistas. Lo que resulta interesante, en este sentido, es observar las rutas paralelas que ambos líderes siguen, que si bien podría fusionarlos –a fin de cuentas, persiguen el mismo objetivo– contribuye más bien a evidenciar sus diferencias. Villena se dedica a profundizar el conocimiento del futuro de su comunidad en los famosos ponchos tejidos por la anciana Añada. Así comprende, interpretando los signos de las escenas, que ha llegado el momento de liberarse. Una vez que se convierte en conductor de un regimiento indígena que recuperará las tierras usurpadas por la hacienda, sus

---

[1] Las similitudes entre Garabombo, Chacón y Herrera, el parentesco entre ellos radica en una dinámica de visibilidad-invisibilidad que es lo que precisamente les trasmite vigor mítico a sus levantamientos. El rol de Genaro Ledesma en la quinta novela es diferente: él es el *líder profesional* que, pese a estar dotado de una visión política y estratégica sólidas, no alcanza el clímax épico de los anteriores. Lo que más bien revela es una colisión –en Scorza– entre el elemento mítico que tan bien había capturado en las primeras novelas y su agenda política propia, esto aleja al personaje de esa *ambivalencia* tan a menudo descrita como característica de los levantamientos indígenas. El escritor trabaja a fondo el matiz *mítico* en sus primeras novelas convirtiéndolas en una saga incomparable pero a la vez alejándolas de la última. Sería muy interesante profundizar en esa *ambivalencia* indígena y su rol esencial en el universo andino, ya que sin duda supera los simplistas calificativos de indeterminación, incapacidad o indecisión política adjudicados a los andinos.

lecturas de ponchos lo ayudarán a superar dificultades prácticas. Sin embargo, descubre que un excesivo apego a esas fuentes puede llegar también a esclavizarlo. Villena opta por asumir el protagonismo de sus acciones, deja de ser una figura reproducida en un tejido. Igualmente concluye que su comunidad no alcanzará su libertad mientras siga mandatos ajenos, aún aquellos que provengan de la ciega. ¡Estamos vivos!: ése será el grito con el que proclame no sólo la potencialidad de lucha del pueblo que ha recuperado el coraje, sino también el triunfo, como colectivo y como cultura, sobre una larga historia de exterminio y sufrimientos.

Genaro Ledesma, un abogado con firmes convicciones de izquierda, es otro tipo de líder. Sin embargo, desde el comienzo de su encuentro con el mundo real de la sierra mucho de su saber teórico se verá puesto a prueba. La convivencia con los campesinos y su sufrimiento cotidiano terminarán conduciéndolo al enfrentamiento con las autoridades y con la empresa extranjera. Ya convertido en líder sus lecturas, plagadas de conceptos en los que él confía firmemente, se verán una a una superadas por la dinámica campesina, que se le revelará por momentos incomprensible y por momentos asombrosa. El mejor ejemplo del choque de estilos puede encontrarse en el tema de la logística del ataque. Tras un sesudo análisis estratégico de la actuación militar se llegará a un acuerdo con los campesinos. Sin embargo éstos, al conocer el relato de la visión que uno de ellos recibe en sueños, adelantan el ataque sin pensarlo dos veces. Ledesma adapta, reformula sus fórmulas teóricas mientras el enfrentamiento empeora. La transformación que la realidad produce en Ledesma lo alejará del núcleo tradicional de sus aliados políticos. La negativa de apoyo del Partido Comunista, tras una larga discusión en la cual prima lo libresco mientras cierran los ojos ante la realidad, constituye una agria crítica al rol de los partidos políticos tradicionales de izquierda en el contexto de una verdadera revolución campesina. En el momento final, ante el avance de la tropa, los campesinos esperan de Ledesma la orden de atacar y él, desesperado, sólo atina a decir que no se trata de morir ni de matar, sino de vivir para tomar el poder. Una vez preso reflexionará sobre el fracaso, sobre el epitafio de la sublevación y la tumba del relámpago revolucionario. Es la insistencia en el fracaso revolucionario la que le otorga un carácter especial a esta novela. Es la única de la pentalogía cuyo final apunta en esa dirección.

En una entrevista de 1978 Scorza responde así a una observación sobre la visión derrotista de su última novela:

El libro no propone una salida, muestra una desintegración. Y si se llama *La Tumba del Relámpago*, es porque celebra el sepelio de una ilusión: Los sueños de la generación que hacia 1960 creyó que era posible cambiar el mundo en América. Ahora, ya no hay mito donde refugiarse. (Alat 1978: 14-15)

Si bien la lectura hace énfasis en la potencialidad de la creación scorciana, que desbordó su momento asomándose al futuro, en la última novela es reconocible un claro enfrentamiento entre el Scorza novelista y el Scorza militante político, que resulta en que se privilegie la visión del último y hasta cierto punto se postergue la del primero. Como escritor comprometido de su tiempo, Scorza trazó desde la literatura el largo recorrido de lucha de estos pueblos, para finalmente verter en el último libro lo que, de acuerdo a sus convicciones, constituiría el intento o la fórmula más cercana al triunfo que la causa indígena pudiera alcanzar. Una vez fracasado este último intento, la ilusión se apaga. El de Scorza fue un sentir coherente con las experiencias de la generación de intelectuales de izquierda de su tiempo ante el fracaso de los levantamientos campesinos.

Scorza, que a lo largo de sus cuatro novelas emprende la deconstrucción de conceptos sacrosantos como la historia y la patria, confrontado esta vez con el tema de la toma del poder muestra una comprensible resistencia que lo conduce, por así decir, a una conclusión prematura, al asumir como novelista el discurso del militante político. Conclusión, eso sí, coherente con la lógica de pensamiento dentro de la cual la idea de triunfo va de la mano con la noción de la toma de poder. Dicha lógica, sin embargo, no parece ser aquella que hemos venido rastreando en las anteriores novelas. Raymundo Villena lanza –antes del enfrentamiento final– su ¡Estamos Vivos! en alusión a una lucha que no necesariamente se define en base a los resultados de las grandes batallas sino más bien a la resistencia, segundo a segundo, de una colectividad amenazada con la extinción en todo momento, continuamente y desde diversos frentes. Dentro de esta concepción, el solo hecho de ser o de estar constituye un triunfo básico, elemental, previo inclusive a la discusión del poder del estado, tal como lo define Ledesma con su «vivir para tomar el poder».

Si volvemos la mirada a la propuesta de los movimientos campesinos posteriores puede corroborarse que su lucha se define en términos que no necesariamente incluyen la toma del poder, ni siquiera la idea del partido o que incluso ni siquiera contemplan el uso de la violencia. En esa medida, la lectura que hemos seguido de la pentalogía descubre en ella el germen de lo que postulará luego la irrupción de nuevos movimientos indígenas.

Ya no es posible continuar discutiendo sobre la integración, la asimilación o la absorción de estos pueblos al seno de las construcciones nacionales existentes. Los conceptos de país, nación, patria, Estado, el ideal de homogeneidad, la unidad obligatoria que sustenta estas ideas no pueden aplicarse al contexto de una realidad evidentemente plural. El contenido mismo de estos conceptos no es compartido por todos los grupos humanos que coexisten en un mismo territorio. Y es que de antemano en el principio de todas estas construcciones culturales sobrevive la idea de una manera única de ser sociedad, algo que la multiplicidad de prácticas culturales presentes desmiente. Mientras la definición de la peruanidad, la ecuatorianidad, la bolivianidad, etcétera, siga partiendo de la presunción de que existe una manera (pre)determinada de serlo en cuya construcción no se haya tomado seriamente en cuenta el aporte indígena, seguiremos condenados al conflicto.

Esta lectura de la pentalogía descubre cómo es posible, desde la literatura, confrontar conceptos básicos como la historia, la patria o la idea de batalla final como la única medida del triunfo. No obstante, el análisis también evidencia los desafíos que siguen presentando conceptos como el de la toma del poder, en la raíz de los cuales se halla sólidamente instalada la lógica de un modelo hegemónico. Es difícil superar la inseguridad que produce la toma de consciencia de que cada una de las nociones sobre la que descansa nuestro ficticio orden del mundo es relativa, y que todo puede ser continuamente recreado, redefinido y adaptado. Ahora bien, tampoco hay que perder de vista que éste es sólo un lado de la medalla: paralelamente, la redefinición de nuestros conceptos básicos también trae consigo una dosis de continuo enriquecimiento, ampliación y bienestar armónico. Como bien dijera José María Arguedas en el *El zorro de arriba y el zorro de abajo*: «Las dos naciones de las que provenía estaban en conflicto: el universo se me mostraba encrespado de confusión, de promesas, *de belleza más que deslumbrante, exigente*» (Arguedas 1983: 10; énfasis mío).

Bibliografía

ALAT (1978): «Alguien con urgencia de ser feliz. Cantar de Manuel Scorza». En *Estampa. Suplemento Dominical de Expreso*, 26 de febrero.
ALEM, Beatriz (1998): «La voz de los espectros. Imagen y política en la Argentina de fin de siglo». En *Revista Latina de Comunicación Social* 10: <http://www.ull.es/publicaciones/latina/a/31ensayocx.htm>.
ANSIÓN, Juan (1989): *Pishtacos, de verdugos a sacaojos*. Lima: Tarea-Asociación de Publicaciones Educativas.
ANZALDÚA, Gloria (ed.) (1990): *Making Face Making Soul. Haciendo caras. Creative and Critical Perspectives by Feminists of Color*. San Francisco: Aunt Lute Books.
AQUÉZOLO CASTRO, Manuel (ed.) (1987): *La polémica del indigenismo*. Lima: Mosca Azul.
ARGUEDAS, José María (1983): *El zorro de arriba y el zorro de abajo*. Lima: Horizonte.
BARRY, Peter (2002): *Beginning Theory. An Introduction to Literary and Cultural Theory*. Manchester: Manchester University Press.
BASADRE, Jorge (1992): *Perú, problema y posibilidad y otros ensayos*. Caracas: Biblioteca Ayacucho.
BENGOA, José (2000): *La emergencia indígena en América Latina*. Santiago de Chile: Fondo de Cultura Económica.
BLANC, Jacques (2001): «Marcos ou l'épopée des zapatistes». En *Libération Tribunes*, 26 de marzo: <http://www.liberation.fr/tribune/2001/03/26/marcos-ou-l-epopee-des-zapatistes_359059>.
BLANCO, Hugo (1972): *Land or Death: Peasant struggle in Peru*. Canada: Pathfinder Press.
— (2002): «Historia de un luchador social. Autobiografía de Hugo Blanco Galdós». En *CCP Confederación Campesina del Perú*: <http://movimientos.org/es/cloc/ccp/show_text.php3%3Fkey%3D2164>.
BOIME, Albert (1998): *The Unveiling of the National Icons. A Plea for Patriotic Iconoclasm in a Nationalist Era*. New York: Cambridge University Press.

BONILLA, Heraclio (1972): «Guano y crisis en el Perú del XIX». En Lumbreras, Luis Guillermo *et al.*: *Nueva Historia General del Perú*. Lima: Mosca Azul, 123-137.
— (2001): *Metáfora y realidad de la Independencia en el Perú*. Lima: Instituto de Estudios Peruanos.
BONILLA, Heraclio & CHAUNU, Pierre & HALPERIN, Tulio & HOBSBAWM, E. J. & SPALDING, Karin & VILAR, Pierre (1972): *La independencia en el Perú*. Lima: IEP, Campodónico.
BORGES, Jorge Luis (1985): *Prosa completa 2 (1930-1975)*. Barcelona: Bruguera.
BRAVO BRESANI, Jorge; Francisco Sagasti y Augusto Salazar Bondy. *El reto del Perú en la perspectiva del tercer mundo*. Lima: Moncloa-Campodónico Editores Asociados, 1972.
BURGA, Manuel (1988): *Nacimiento de una utopía. Muerte y resurrección de los incas*. Lima: Instituto de Apoyo Agrario.
BURGA, Manuel & FLORES GALINDO, Alberto (1981): *Apogeo y crisis de la República Aristocrática*. Lima: Ediciones Rikchay.
BURKE, Peter (1992): *New Perspectives on Historical Writing*. Cambridge / Oxford: Polity Press.
CAMPO, Juan del (2000): «Notas sobre Arica». En *Guerra del Pacífico-Historia del Perú site*: <http://members.tripod.com/~Guerra_del_Pacifico/NOTASARICA.html>.
CIORAN, Emil M. (1996): *Conversaciones*. Barcelona: Tusquets.
COLEBROOK, Claire (1997): *New Literary Histories. New Historicism and Contemporary Criticism*. Manchester: Manchester University Press.
CORONIL, Fernando (1996): «Beyond Occidentalism: Toward Nonimperial Geohistorical Categories». En *Cultural Anthropology*, 11/1: 51-87.
— (1997): *The Magical State*. Chicago: University of Chicago Press.
COTLER, Julio (1974): «Haciendas y comunidades tradicionales en un contexto de movilización política». En Ortega, Julio (ed.): *Realidad nacional*. Lima: Retablo de Papel, 335-365.
CHAVEZ GARCÍA, Teresa (2006): *La enseñanza de la historia del Perú en la educación secundaria durante la segunda mitad del siglo XX*. Lima: Fondo Editorial Pontificia Universidad Católica del Perú.
CHURATA, Gamaliel (1981): «Alzamiento de los Pizarro». En Tamayo Herrera, José (ed.): *El pensamiento indigenista*. Lima: Mosca Azul.
DEBRAY, Regis (1992): *Vida y muerte de la imagen. Historia de la mirada en Occidente*. Barcelona: Paidós.
— (1996): «Los laberintos del fracaso». En *La Jornada Semanal*, 25 de agosto: <http://cs.nyu.edu/~mplaza/Docs/che-jornada.html>.
DEGREGORI, Carlos Iván (1978): «Ocaso y replanteamiento de la discusión del problema indígena (1930-1977)». En *Indigenismo, clases sociales y problema nacional*. Centro latinoamericano de Trabajo Social. Lima: Ediciones CELATS.

DELGADO, Washington (1990): «Cuándo se jodió el Perú». En Milla Batres, Carlos (ed.): *En qué momento se jodió el Perú.* Lima: Milla Bartes: 29-74
DÍAZ FERNÁNDEZ, José Fernando (2000): *El proyecto histórico del pueblo mapuche. Una lectura misionológica desde un horizonte no-sacrificial.* Tesis de doctorado, Pontificia Universidad de Teología Nossa Senhora de Assuncao, Sao Paulo.
DÍAZ-POLANCO, Héctor (1994): «Autonomía y racismo». En *Memoria* 63: 18.
DORFMAN, Ariel (1970): *Imaginación y violencia en América.* Santiago de Chile: Editorial Universitaria.
DUSSEL, Enrique (1998): *Ética de la liberación en la edad de la globalización y de la exclusión.* Madrid: Trotta.
ENDARA TOMASELLI, Lourdes (1998): *El marciano de la esquina. Imagen del indio en la prensa ecuatoriana durante el levantamiento de 1990.* Quito: AbyaYala.
ESPINOZA SORIANO, Waldemar (1972): «La sociedad andina colonial y republicana siglos XVI-XIX». En Lumbreras, Luis Guillermo *et al.*: *Nueva Historia General del Perú.* Lima: Mosca Azul, 195-230.
FANON, Frantz (1963): *Los condenados de la tierra.* México: Fondo de Cultura Económica.
FLORES GALINDO, Alberto (1988): *Buscando un Inca.* Lima: Instituto de Apoyo Agrario/Editorial Horizonte.
FOUCAULT, Michel (1976): *Vigilar y castigar, nacimiento de la prisión.* Buenos Aires: Siglo Veintiuno.
FRANCO, Carlos (1991): *La otra modernidad.* Lima: Centro de estudios para el desarrollo y la participación (CEDEP).
GALEANO, Eduardo (1999): «Espejos blancos para caras negras». En *La Jornada – Ventanas,* 21 de agosto.
GARCÍA MÁRQUEZ, Gabriel (1998): *Cien años de soledad.* Barcelona: Plaza & Janés.
GIBRAN, Kahlil (1995): *Prophet, Madman, Wanderer.* London: Penguin Books.
GIRARD, René (1972): *La violencia y lo sagrado.* Barcelona: Anagrama.
GLAVE, Luis Miguel (1996): *Imágenes del tiempo. De historia e historiadores en el Perú contemporáneo.* Lima: Instituto de Estudios Peruanos.
GONZÁLEZ SOTO, Juan (2000): «La guerra silenciosa de Manuel Scorza: poesía, crónica y parodia». En *Hispanista. Primeira revista electronica de los hispanistas de Brasil* I (1): <http://hispanista.com/br/artigo04.htm>.
GREENBLATT, Stephen (1983): «Murdering peasants: Status, Gender and the Representation of Rebellion». En *Representations* 1: 1-29.
— (1989): «Towards a Poetics of Culture». En Veeser, H. A. (ed.): *The New Historicism.* Nueva York/London: Routledge.
GUAMÁN, Felipe (2001): «Entrevista a Felipe Quispe. Preparando la revolución indígena en Bolivia». En *Rebelión,* 8 de febrero: <http://www.rebelion.org/hemeroteca/sociales/entrev_quispe080201.htm>.

GUEVARA ESPINOZA, Antonio (1978): *Historia del Perú y del mundo para el 3er año de secundaria*. Lima: Ediciones Bruno.

GUHA, Ranajit (1996): «The Small Voice of History». En *Subaltern Studies* IX. New Delhi / Bombay / Calcuta: Oxford University Press.

HALL, Stuart (1997): «The Spectacle of the Other». En Hall, Stuart (ed.): *Representation: Cultural Representations and Signifying Practices*. London: Sage / The Open University.

HERNÁNDEZ, Max & LEMLIJ, Moisés & MILLONES, Luis & PÉNDOLA, Alberto & ROSTWOROWSKI, María (1987): *Entre el mito y la historia. Psicoanálisis y pasado andino*. Lima: Ediciones Psicoanalíticas Imago.

HERNÁNDEZ NAVARRO, Luis (2000): «Leer las noches, nombrar las estrellas». En *La Jornada online*: <http://www.jornada.unam.mx/2000/feb00/000220/mas-leer.html>.

HOBSBAWM, Eric (1997): *On History*. London: Weidenfeld & Nicolson.

ITURRI SALMÓN, Jaime (2000): «Tratando de entender la crisis. La voz de los "invisibles"». En *La Razón*, 3 de octubre.

KANTOROWICZ, Ernst H. (1957): *The King's Two Bodies. A Study in Mediaeval Political Theology*. New Jersey: Princeton University Press.

KAPSOLI ESCUDERO, Wilfredo (1975): *Los movimientos campesinos en Cerro de Pasco: 1800-1963*. Huancayo: Instituto de estudios andinos.

— (1977): *Los movimientos campesinos en el Perú 1879-1965*. Lima: Delva Editores.

KARAM, Tanius (2000): «El subcomandante Marcos y el horizonte de la traducción intercultural». En *Razón y Palabra* 18: <http://www.razonypalabra.org.mx/anteriores/n18/18tkaram4.html>.

KERTZER, David I. (1988): *Ritual, Politics and Power*. New York: Yale University Press.

KOKOTOVIC, Milos (1999): «Manuel Scorza, el mito y la historia: cultura indígena y agencia política en La Guerra Silenciosa». En *Torre de Papel* 9 (2): <http://www.iowa.edu/~spanport/torre/v9/9-2p62.htm>.

LEIBNER, Gerardo (1999): *El mito del socialismo indígena en Mariátegui. Fuentes y contextos peruanos de Mariátegui*. Lima: Fondo Editorial de la PUCP.

LEWIS, Ioan (1977): *Symbolism and Sentiments. Cross-Cultural Studies in Symbolism*. London: Academic Press.

LUMBRERAS, Luis Guillermo, et al. (1972): *Nueva historia general del Perú, un compendio*. Lima: Mosca Azul.

MARCOS, subcomandante insurgente (1995a): «Carta para agradecer apoyo desde el extranjero». En *Comunicados EZLN*: <http://www.ezln.org/documentos/1995/19950317b.es.htm>.

— (1995b): «Grande es su fuerza de ustedes si una se hace. Pronunciamiento 12 marzo 1995». En *Cartas y Comunicados del EZLN*: <http://palabra.ezln.org.mx/>.

— (1995c): «La flor prometida» (epístola). 17 de marzo. En *Cartas y Comunicados del EZLN*. <http://palabra.ezln.org.mx/>.

— (1996): «Tres definiciones para días aciagos: libertad, lucha, historia. Comunicado 18 mayo 1996». En *Cartas y Comunicados del EZLN*: <http://palabra.ezln.org.mx/>.
— (1999): *Desde las montañas del sureste mexicano*. México: Plaza & Janés.
— (2000): «Insurgentas y La Mar en Marzo (carta 6.e). La historia del aire de la noche», 8 de marzo. En *Cartas y Comunicados del EZLN*: <http://palabra.ezln.org.mx/>.
— (2001a): «Carta a Mumia Abu-Jamal». En *Nuestra arma es nuestra palabra*. New York: Siete Cuentos, 210-214.
— (2001b): «Chiapas: El sureste en dos vientos, una promesa y una profecía». En *Nuestra arma es nuestra palabra*. New York: Siete Cuentos, 23-38.
— (2001c): «Villa Olímpica. Subcomandante Marcos: El otro jugador». Texto presentado en el encuentro intercultural «Los Caminos de la Dignidad: Derechos indígenas, memoria y patrimonio cultural», 12 de marzo. En *Cartas y Comunicados del EZLN*: <http://palabra.ezln.org.mx/>.
MARIÁTEGUI, Javier (1990): «Reflexión preliminar sobre la frustración peruana». En Milla Batres, Carlos (ed.): *En qué momento se jodió el Perú*. Lima: Milla Batres: 107-123.
MÁRQUEZ, Ismael P. (1994): *La retórica de la violencia en tres novelas peruanas*. New York: Peter Lang.
MARTÍNEZ, Gregorio (1999): «El mariscal borrado». En *Caretas* 1572: <http://www.caretas.com.pe/1999/1572/maris/mariscal.htm>.
MATO, Daniel (ed.) (1994): *Teoría y política de la construcción de identidades y diferencias en América Latina y el Caribe*. Caracas: Nueva Sociedad.
MATOS MAR, José (1987): *Desborde popular y crisis del estado. El nuevo rostro del Perú en la década de 1980*. Lima: Instituto de Estudios Peruanos.
MELGAR BAO, Ricardo (2007): «La Memoria Sumergida». En Centro de Documentación de los Movimientos Armados: <http://www.cedema.org/uploads/La%20memoria%20sumergida.pdf>.
MERCIER H., Juan Marcos (1979): *Nosotros los Napu-Runas. Napu runapa rimay. Mitos e historia*. Iquitos: Publicaciones Ceta / Educación Bilingüe / Ministerio de Educación.
MICHAUD, Yves (1980): *Violencia y política*. Barcelona: Ruedo Ibérico.
MILLA BATRES, Carlos (ed.) (1990): *En qué momento se jodió el Perú*. Lima: Milla Batres.
MONTOYA, Rodrigo (1998): «Historia, memoria y olvido en los Andes quechuas». En *Ciberayllu*: <http://www.andes.missouri.edu/andes/Especiales/RMMemoria/RM_Memoria1.html>.
N/A (1993a): «Referendo. ¿Se debe cambiar el escudo nacional por otro que refleje el nuevo Perú». En *Caretas* 1276, 2 de septiembre.
— (1993b): «Nos escriben… y contestamos». En *Caretas* 1277, 9 de septiembre.
— (1997): «El Zorro de arriba». En *Caretas* 1495, 11 de diciembre: <http://www.caretas.com.pe/1495/zorro/zorro.htm>.

Neira, Hugo (1968): *Los Andes tierra o muerte*. Madrid: Editorial ZYX.
Olmedo, José Joaquín (1869): *La victoria de Junín. Canto a Bolívar*. Bogotá: Imprenta de Medardo Rivas, Banco de la República.
Orobitg Canal, Gemma (1994): «Por qué soñar, por qué cantar...memoria, olvido y experiencias de la historia entre los indígenas Pumé (Venezuela)». En García, P. & Izar, M. & Laviña, J. (eds.): *Memoria, creación e historia. Luchar contra el olvido*. Barcelona: Publicacions Universitat de Barcelona.
Orrego Penagos, Juan Luis (2014): *El Perú del siglo XX*. Fondo Editorial Pontificia Universidad Católica del Perú.
Orrillo, Winston (1975): «Scorza y sus redobles». En *Estampa- suplemento dominical de Expreso*, 12 de enero: 14-15.
Ortega, Julio (ed.) (1974): *Realidad nacional* -Tomo I. Lima: Ediciones Retablo de papel (Instituto nacional de investigación y desarrollo de la educación).
Osorio, Oscar Wilson (2001): «El humor y la acción, dos formas de confrontación al poder en La Guerra Silenciosa». En *Ciberayllu*: <www.andes.missouri.edu/andes/Especiales/OWOScorza/OWO_Scorza0.html>.
Penedo, Antonio & Pontón, Gonzalo (eds.) (1998): *Nuevo Historicismo*. Madrid: Arco Libros.
Peña Jumpa, Antonio (1998): *Justicia Comunal en los Andes del Perú: El caso de Calahuyo*. Lima: Fondo Editorial Pontificia Universidad Católica del Perú.
— (2001): «Un análisis socio-antropológico del Derecho para el Perú». En *Foro Jurídico. Revista de Derecho* I (1): 166-178.
Pereyra Plasencia, Hugo (1984): «La campaña libertadora de Junín y Ayacucho». En Salazar Vera, Víctor (ed.): *La gloriosa Batalla de Junín*. Cusco: Editorial Andina, 27-32.
Petras, James & Veltmeyer, Henry (2002): «El campesinado y el estado en América Latina». En *Rebelión*, La página de Petras, 7 de marzo: <http://www.rebelion.org/hemeroteca/petras/petras070302.htm>.
Pinedo García, Paola (2002): «El legado de Bolognesi». En *El Peruano*, diario oficial, 7 de junio: <http://www.editoraperu.com.pe/edc/02/06/07/inf.htm>.
Platón (2000): *La República*. Madrid: Edimat Libros.
Pons, María Cristina (1996): *Memorias del olvido. La novela histórica de fines del siglo XX*. México: Siglo Veintiuno.
Pons Muzzo, Gustavo (1962): *Historia del Perú: emancipación y república*. Lima: Editorial Atenea.
Porras Barrenechea, Raúl (1984): «Junín 6 de agosto de 1824». En Salazar Vera, Víctor (ed.): *La gloriosa batalla de Junín*. Cusco: Editorial Andina, 21-22.
Portela, Ena Lucía (2000): *El viejo, el asesino y yo*. La Habana: Letras Cubanas.
Pranzetti, Luisa (1987): «Elegía y rebelión en los Cantares de Manuel Scorza». En *Revista de crítica literaria latinoamericana* XIII (25): 109-119.

Puccini, Dario (1986): «Manuel Scorza, el cronista de la epopeya india». En *Revista de crítica literaria latinoamericana* 12 (23): 63-71.

Ramonet, Ignacio (2001): «Haremos política sin el glamour del pasamontañas». Entrevista al Subcomandante Marcos. En *El País*, 25 de febrero: <http://elpaiscom/diario/2001/02/25/internacional/983055606_850215.html>.

Reynaga, Ramiro (1989): *Tawa-Inti-Suyu. Cinco siglos de guerra kheshuaymara contra España*. Lima: Consejo indio de Sud América.

Rivera Serna, Raúl (1958): *Los guerrilleros del centro en la emancipación peruana*. Lima: Talleres Gráficos Villanueva.

Roth, Michael S. (1995): *The ironist's cage. Memory, trauma and the construction of history*. New York: Columbia University Press.

Rowe, William (2002): «Memoria, continuidad, multitemporalidad». En *Revista Actual Investigación* 51 (35): 35-42.

Said, Edward W. (2003): *Orientalismo*. Barcelona: Random House Mondadori.

Salazar Vera, Víctor (ed.) (1984): *La gloriosa Batalla de Junín*. Cusco: Editorial Andina.

Scorza, Manuel (1977): *El Jinete Insomne*. Caracas: Monte Ávila.

— (1981): *La tumba del relámpago*. México: Siglo Veintiuno Editores.

— (1984a): *Cantar de Agapito Robles*. Barcelona: Plaza & Janés.

— (1984b): *Garabombo El Invisible*. Barcelona: Plaza & Janés.

— (1986): «Epístola a los poetas que vendrán». En *Poesía*. Lima: Municipalidad de Lima Metropolitana, 34.

— (1997): *Redoble por Rancas*. New York: Penguin Books.

Scott, James C. (1985): *Weapons of the weak. Everyday forms of peasant resistance*. Massachusetts: Yale University Press.

Sendrin, José Carlos (2003): «La construcción imaginaria del otro africano por los medios de comunicación». En *Rebelión*, 20 de enero: <http://www.rebelion.org/hemeroteca/africa/sendrin200103.htm>.

Sentís Maté, Roser & González Soto, Juan (1998): «La historia de Cecilio Encarnación. Milenarismo y conciencia en la obra de Manuel Scorza». En *Gazeta de Antropología* 14: <http://www.ugr.es/~pwlac/G14_11Roser_Sentis-Juan_Gonzalez.html>.

Shell, Marc (1978): *The economy of literature*. Baltimore: The Johns Hopkins University Press.

Silva, José Miguel (2014): «El Perú del siglo xx: Juan Luis Orrego Penagos». En *Blog Clío, Historia y actualidad del Perú y el Mundo*, agosto: <http://clioperu.blogspot.nl/2014/08/libro-el-peru-del-siglo-xx-de-juan-luis.html>.

Spivak, Gayatri Chakravorty (1989): «The New Historicism: Political commitment and the postmodern critic». En Veeser H., Aram (ed.): *The New Historicism*. H. London: Routledge / Chapman and Hall, 277-292.

STAVENHAGEN, Rodolfo (1975): «Siete tesis equivocadas sobre América Latina». En Instituto nacional de investigación y desarrollo de la educación: *Dominación y subdesarrollo*. Lima: INIDE: 197-217.

SUÁREZ, Modesta (1984): «Entrevista. Manuel Scorza habla de su obra». En *Socialismo y participación* 27.

TANIZAKI, Junichiro (2003): *El elogio de la sombra*. Madrid: Siruela.

TAUSSIG, Michael T. (1980): *The devil and commodity fetishism in South America*. North Carolina: University of North Carolina Press.

THOMAS, Brook (1991): *The New Historicism and other old-fashioned topics*. Princeton: Princeton University Press.

THOMPSON, E. P. (1989): *La formación de la clase obrera en Inglaterra*. Barcelona: Crítica.

THORNDIKE, Guillermo (1997): «25 años se cumplen de *Redoble por Rancas*: Manuel Scorza se resiste al olvido». En *La República*, 21 de septiembre.

VALCÁRCEL, Luis E. (1927): *Tempestad en los Andes*. Lima: Amauta.

VANINI BENVENUTO, Alfredo (1998): «Historia y mito en la obra de Moiko Yaker». En *Márgenes – Encuentro y debate* 16, diciembre.

VASCO URIBE, Luis Guillermo (2002): *Entre selva y páramo. Viviendo y pensando la lucha india*. Bogotá: Instituto Colombiano de Antropología e Historia, <http://www.luguiva.net/libros/detalle1.aspx?id=255&l=3>.

VEESER, Aram (ed.) (1989): *The New Historicism*. London: Routledge / Chapman & Hall.

VERA HERRERA, Ramón (2000): «Retornan indígenas ecuatorianos a los páramos y las montañas». En *La Jornada*, Quito, 23 de enero: <http://www.lajornada.unam.mx/2000/01/24/mun2.html>.

VILLORO, Juan (2001): «Chiapas: the return of the untouchables». En *Autodafe* 2, otoño: 75-82

WILSON, Richard & DUTTON, Richard (eds.) (1992): *New Historicism and renaissance drama*. London: Longman.

WOODWARD, Kathryn (ed.) (1997): *Identity and difference*. London: Sage Publications & The Open University.

YEPES, Ernesto (1992): *Economía y política. La modernización en el Perú del siglo XX. Ilusión y realidad*. Lima: Mosca Azul.

www.ingramcontent.com/pod-product-compliance
Lightning Source LLC
Chambersburg PA
CBHW020611300426
44113CB00007B/602